1989年4月25日。大学の壁新聞。胡耀邦の追悼がされている

公仆们：
人民才是
5月4日。デモに参加する学生

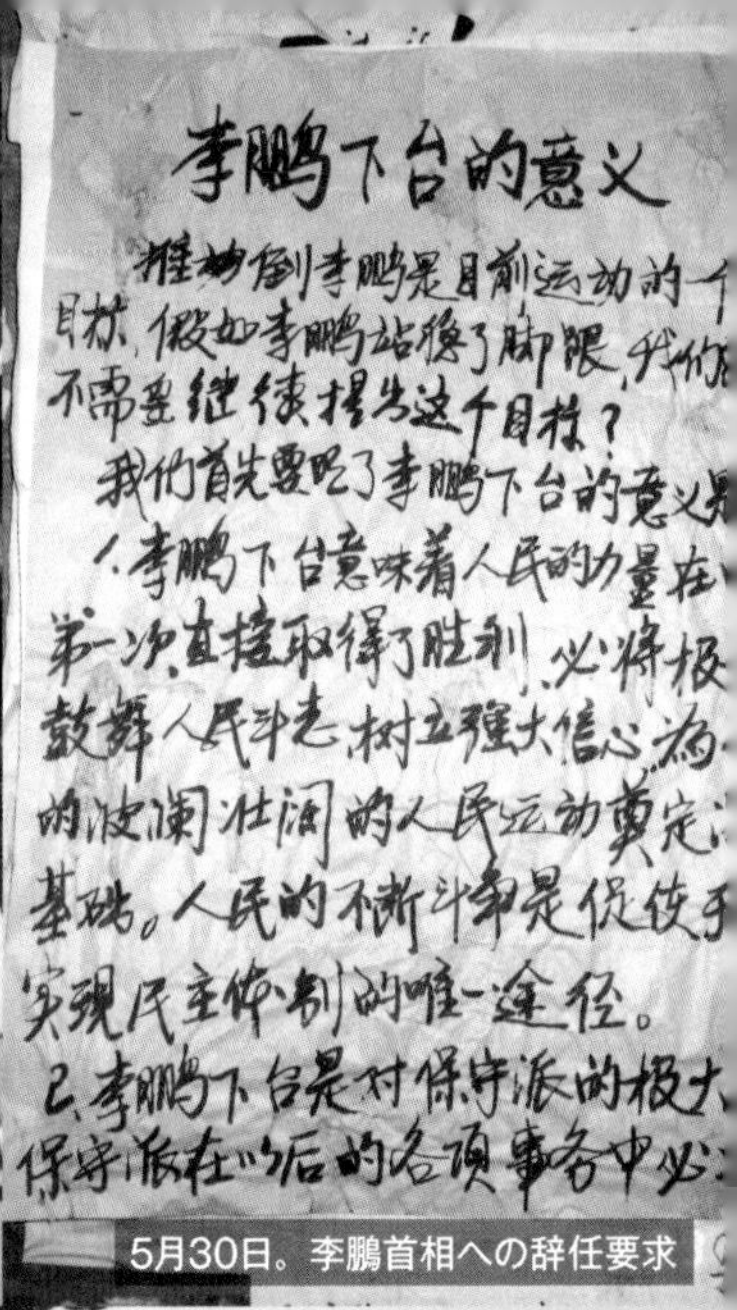
李鹏下台的意义
推动倒李鹏是目前运动的一
目标，假如李鹏站稳了脚跟，我们
不需要继续提出这个目标？
我们首先要明了李鹏下台的意义
1.李鹏下台意味着人民的力量在
第一次直接取得了胜利，必将极
鼓舞人民斗志，树立强大信心，为
的波澜壮阔的人民运动奠定
基础。人民的不断斗争是促使
实现民主体制的唯一途径。
2.李鹏下台是对保守派的极大
保守派在以后的各项事务中必
5月30日。李鹏首相への辞任要求

5月4日。抗議デモに集まる若者たち

5月4日。自転車部隊が北京市内を走った

6月1日。
広場の民主の女神を取り囲む人たち

5月4日。デモ行進する学生たち

5月4日。
ニュースは社会の良心と掲げている

6月1日。天安門広場を占拠した学生のテント村

6月1日。テント村には病院もつくられていた

2019年9月15日。銅鑼湾の路上を埋め尽くす「和理非」の抗議者

2019年10月1日。油麻地付近に展開する香港警察

2019年10月1日。「親中国的」としてデモ隊に襲撃された吉野家の店舗

2019年9月29日。湾仔付近で催涙弾に備える勇武派たち

進撃する香港警察。2020年2月に取材したころには、
報道陣にも容赦なく胡椒スプレーを噴射するようになった

2019年9月29日に見かけた集団。
ネットの暗部が現実に染み出し、
デモを暴走させた

2019年9月28日。
習近平や林鄭月娥の似顔絵や写真を
踏みつけさせる

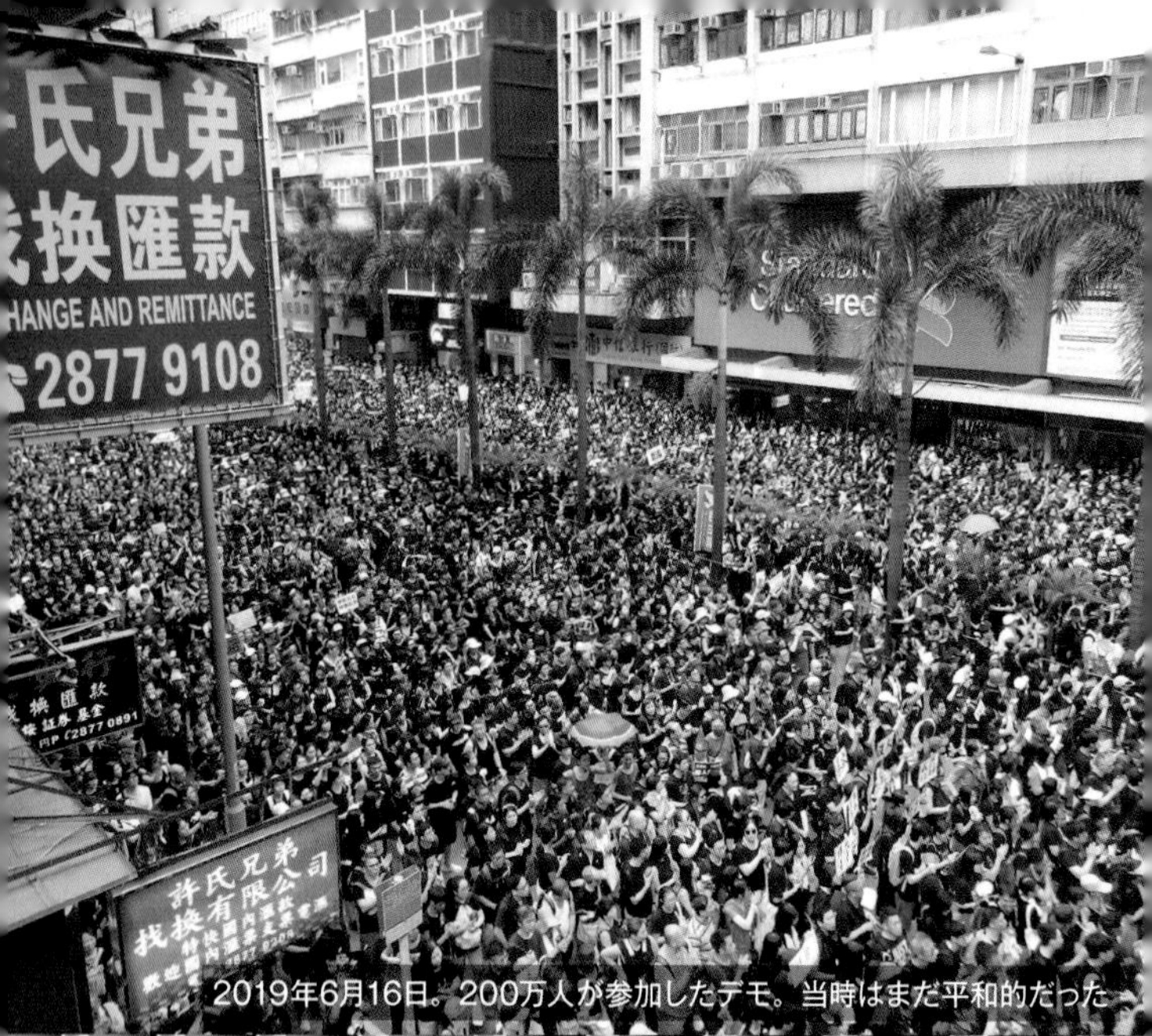

2019年6月16日。200万人が参加したデモ。当時はまだ平和的だった

2019年9月15日。胡椒水の放水を浴びたとみられる現地の女性記者

八九六四　完全版

「天安門事件」から香港デモへ

安田峰俊

角川新書

目次

「八九六四」当時の所在地：中華人民共和国　北京市内
取材地：日本国　東京都内のマリオットホテル、ペニンシュラホテル
取材日：２０１７年11月、12月

22 石平……327
事件当時27歳、在日中国人留学生・神戸大学大学院修士課程学生
取材当時55歳、評論家
「八九六四」当時の所在地：日本国　関西地方
取材地：日本国　大阪市北区の中華料理店など
取材日：２０１８年1月4日、2月21日

あとがき……337

新章　〇七二一　香港動乱……341

はじめに……342

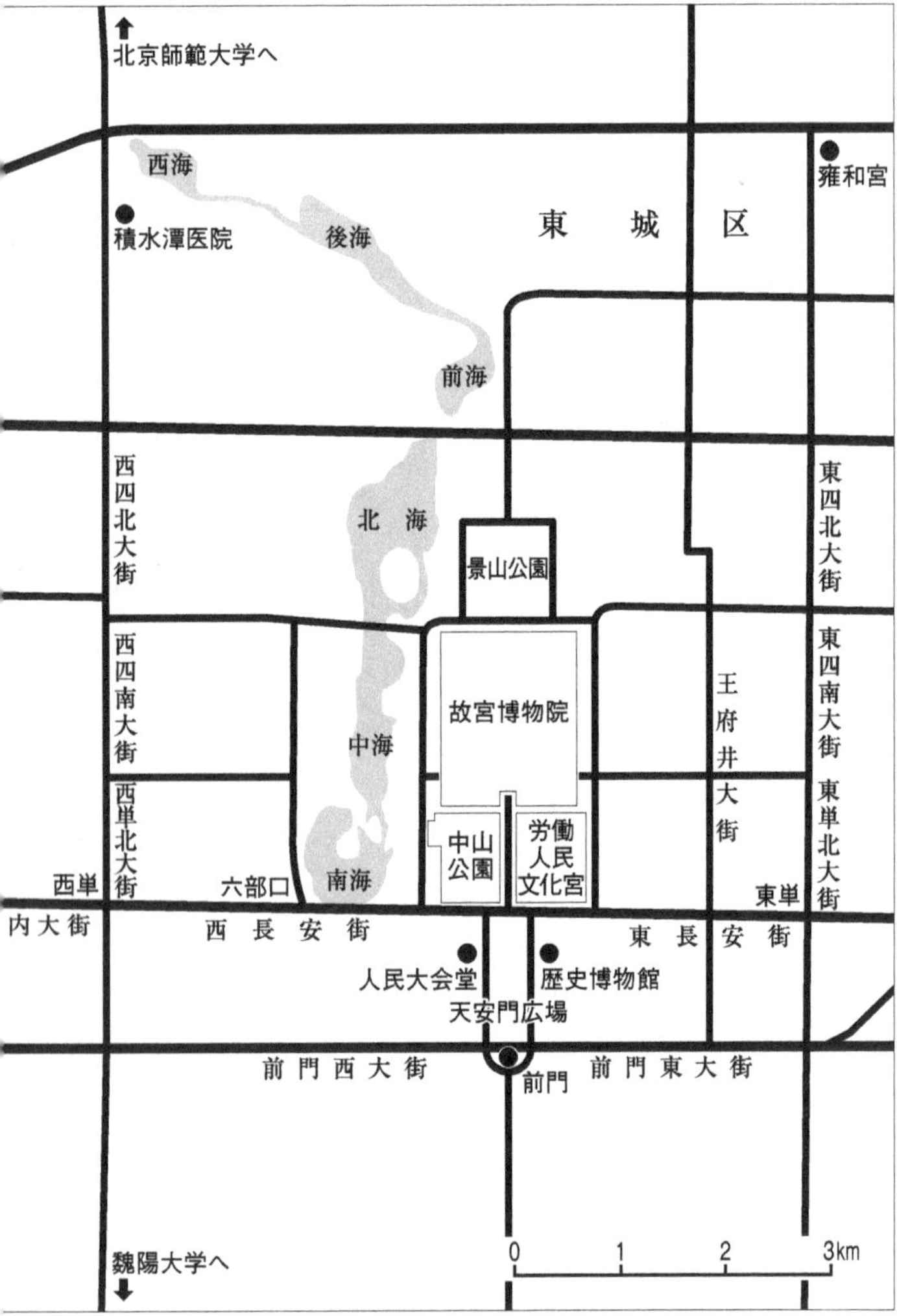

北京師範大学へ
西海
積水潭医院
後海
東　城　区
雍和宮
前海
西四北大街
北　海
景山公園
東四北大街
西四南大街
故宮博物院
王府井大街
東四南大街
中海
西単北大街
中山公園
労働人民文化宮
東単北大街
西単
六部口
南海
東単
内大街
西　長　安　街
東　長　安　街
人民大会堂
歴史博物館
天安門広場
前門西大街
前門
前門東大街
魏陽大学へ
0
1
2
3km

天安門事件関係図
北京大学へ
北京北駅
西直門
車公荘
第三環状線（三環）
第二環状線（二環）
西　城　区
阜成門
里河路
玉淵潭
月壇公園
軍事博物館
郵電医院
公主墳
木樨地
復興門外大街
復興門
復興門
蓮花池

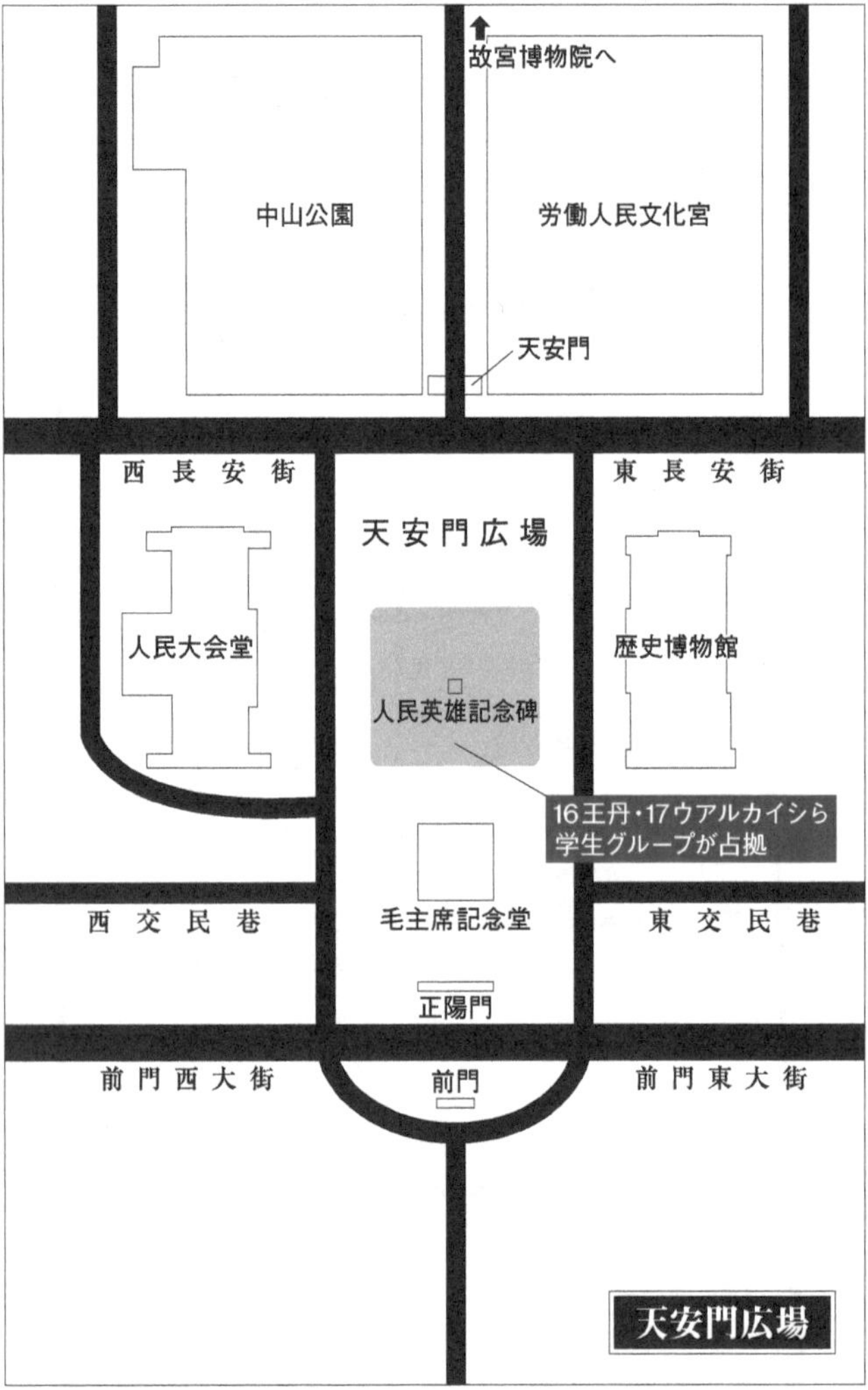
故宮博物院へ
中山公園
労働人民文化宮
天安門
西長安街
東長安街
天安門広場
人民大会堂
歴史博物館
人民英雄記念碑
16王丹・17ウアルカイシら
学生グループが占拠
毛主席記念堂
西交民巷
東交民巷
正陽門
前門西大街
前門
前門東大街
天安門広場

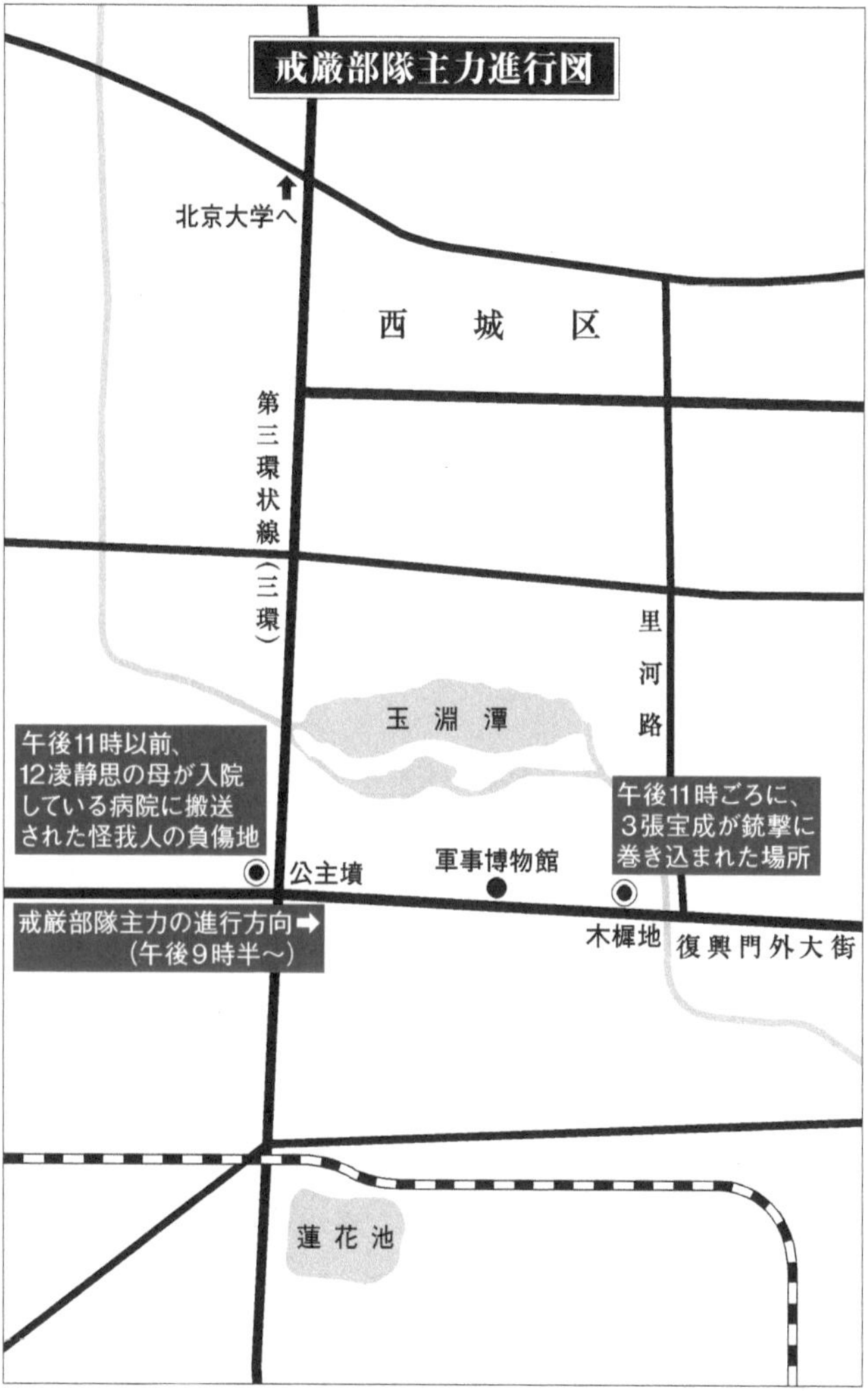

戒厳部隊主力進行図
北京大学へ
西城区
第三環状線（三環）
里河路
玉淵潭
午後11時以前、
12凌静思の母が入院
している病院に搬送
された怪我人の負傷地
公主墳
軍事博物館
午後11時ごろに、
3張宝成が銃撃に
巻き込まれた場所
木樨地
復興門外大街
戒厳部隊主力の進行方向➡
（午後9時半～）
蓮花池

序章

君は八九六四を知っているか？

武力鎮圧を数日後に控えた1989年6月1日、天安門広場の学生占拠地。運動が長期化するなか、地方の学生も大勢やってくるようになっていた。

1　郭定京（仮名）

事件当時19歳、浪人生　取材当時41歳、書籍編集者
「八九六四」当時の所在地：中華人民共和国　北京市内
取材地：中華人民共和国　北京市　東城区の大衆食堂
取材日：2011年12月9日

タブーだけれど話したい物語

北京《ぺきん》は北方民族の街だ。そんなことを思った日だった。

二〇一一年一二月九日の昼下がり。私は人を待っていた。かつて清《しん》の雍正帝《ようせいてい》が即位前に住居としていた雍和宮《ようわきゅう》にほど近い、下町の民家をリノベーションしたゲストハウスのロビーである。

やって来た人物は、中国のさる大手出版社に勤める郭定京《グオディンジン》（仮名）だった。生っ粋の老北京《ラオベイジン》（北京っ子）である彼は、当時四一歳。体型はやせ型で、知識人らしく非常に美しい北京官話を喋《しゃべ》った。母方が清朝の旗本階級である満洲《まんしゅう》旗人の家系だといい、本人も自分のルーツへのこだわりが強い。近ごろ清朝史の書籍を編集したという。

「ようこそ北京へ！　日本の友人よ、さあ食べてくれ飲んでくれ」

郭は日中関係が良好だった一九八〇年代に青春時代を送ったせいか、日本へのあこがれや親近感が強い。そもそも今回の待ち合わせも、日本事情を中国語で紹介する書籍の企画を私に提案してくれたためだった。

郭はまず私を連れて職場を案内し、しばらく打ち合わせをおこなった。やがて太陽が翳《かげ》りはじめると「仕事はここまで」とばかりに、彼は私を胡同《フウトン》（横丁）の奥にある涮羊肉《シュアヤンロウ》の店に引っ張り込んだ。元《げん》代にモンゴル人が考案し、満洲人である清の皇帝たちも好んだ羊肉のしゃぶしゃぶ料理である。冬の北京の風物詩だ。

「次の党総書記はきっと習近平《しゅうきんぺい》だろう。よくわからない男だけれど、北京生まれの人間が中国のリーダーになるのは喜ぶべき話なのかな――」

老北京の男はタフでハートフルだ。そして三度の食事よりも政治の話が好きである。郭は喋りながら燕京《イエンジン》ビールを何瓶も空け、蒸気機関車のようにぼうぼうとタバコの煙を吐いた。下町の食堂の石油ストーブの空気によく合う振る舞いだった。

「……ところで、君は六四《リヨウスー》を知っているか？」

やがて、酔いも手伝って互いに打ち解けたころ、彼は唐突にこんなことを言い出した。

六四。もしくは八九六四《バージヨウリヨウスー》。すなわち一九八九年六月四日に発生した六四天安門《てんあんもん》事件だ。中国の政治改革を要求した学生や市民のデモに対して、当時の中国共産党の最高指導者・鄧小《とうしよう》平《へい》らが人民解放軍の投入を決定し、武力鎮圧をおこなった。公式発表でも三〇〇人以上、一般的な解釈では数千人から一万人以上の犠牲者が出たとされている。

「知っていますが、当時の私は小学二年生でしたから、リアルタイムの記憶はないんです」

「事件を知っている日本人は多いのかい？」

「新聞やテレビで、たまに特集が組まれています。世界史の教科書にも出てきます。名前くらいは知っている人は多いはずですよ」

郭は「そうなのか」としばらく黙り込んだ。

「……あの事件の話は中国ではタブーだ。おおやけの場で論じてはならない」

自分から話の口火を切っておいて「タブーだ」もないだろう。案の定、私が何も言わずにいると、彼は勝手に思い出話を語りはじめた。

いまデモが起きても「たぶん行かない」

あの春、郭定京は一九歳の浪人生だった。

デモの主要なリーダーの一人である北京大学の王丹《ワンダン》は一歳年上で、ほぼ同年代である。郭も北京市内を覆った体制変革の予兆に興奮し、しばしば天安門広場に行って座り込んだ。街頭デモにも参加し、体制の民主化や党指導者の退陣を求めて声を張り上げた。

北京はただのアジアのいち都市などではなく、五〇〇〇年にわたり人類史上に燦然《さんぜん》と輝く偉大なる中華文明の中心である。また一九一九年に起きた五四運動からこのかた、中華の覚《かく》醒《せい》の焔《ほむら》は常に北京から燃え上がってきた。とりわけ北京の若き知識人は、中国の政治変革の先陣を切る役割を担うことを運命づけられてきた——。

往年の郭もまたそう信じ、壮大な夢を描いた若者の一人だった。

やがて六月四日未明、デモ隊への武力鎮圧が発生した。郭青年と仲間たちは激怒し、その次の日には大勢で軍用車に石を投げて抗議してみせたという。

「自分の前の方で頑張っていた連中は、みんな捕まってどこかに連れていかれた。僕はそれを見て慌てて走って、胡同の奥に逃げたから無事だった。危なかった」

中華文明の未来を担う若者を無残に殺して回るような、めちゃくちゃな政権の統治が長続きするわけはない。祖国の目覚めは近い。諦《あきら》めずに戦い続けよう。

郭青年は、なんとか助かった仲間たちと互いに論じあった。

しかし、未曾《みぞう》有の惨劇の翌日も、そのまた翌日になっても、ずっと中国共産党は倒れなかった。祖国は目覚めず、変革の夢は戦車の前に砕け散った。

——それが郭が私に語った八九六四だった。

「現代の中国で、また天安門の学生デモみたいなことは起きるでしょうか？」

話が一段落したところで尋ねると「難しい」と即答された。

「いまの若者はみんな一人っ子で、命を賭《か》けるような行動は両親への孝行に反する。両親も子どもが民主化デモに行くなんて言い出せば必死で止めるだろう。それになにより――。社会が当時と比べ物にならないくらい豊かで便利になったからね」

天安門事件の勃発《ぼっぱつ》直後、世界の先進各国は人権弾圧に抗議して一斉に対中投資を引き揚げた。だが、経済の停滞を憂慮した鄧小平が、一九九二年から積極的な外資誘致と事実上の市場経済の実現を呼号すると、安価な無尽蔵の労働力と巨大なマーケットに魅了された各国はすぐに中国に戻ってきた。こうして現在まで四半世紀も続く、奇跡の高度経済成長が始まった。

イデオロギーは嘘をつくが、カネは嘘をつかない。好景気のなか、中国の人々は目の前のチャンスをつかむべく狂奔した。やがて気づいたときには、誰もが携帯電話やパソコンを持ち、広大な国土がキメの細かい高速鉄道網で結ばれ、あちこちの主要都市の地下を最新式の地下鉄が走る現代中国の社会が生まれていた。

そんな社会で育った若者が、往年のようにリスクを覚悟で戦うことは難しいという。

「じゃあ、デモに参加した郭さんみたいな人はどうですか。またやらないんですか？」

「同じことだよ。例えばいま僕はとても幸せだ。子どもはいないけれど女房との仲はいいし、家も買った。仕事も面白くてやりがいがある。お金持ちじゃないけれど、日本に観光旅行に行けるくらいには暮らしの余裕もある」

ややや複雑な表情を浮かべて、郭が次のタバコに火をつけた。

「中国は民主化しなくても没問題《メイウエンティ》（大丈夫）だったのですね」

「そうは認めたくない。ただ、現代の中国には社会問題が山積みだけれど、国民が体制を変えるために立ち上がるほどひどい国でもないんだ。癪《しゃく》だとは思うけれど、中国共産党はすでに大きな功績を挙げてしまった。その事実は認めざるを得ないさ」

「じゃあ、仮にいま、北京で民主化デモが起きたらどうします？」

「たぶん行かない」

沈黙があった。

「――もう時代が違うんだよ。昔だからああいうことができたのさ」

動詞の主語に、「中国」も「自分自身」も代入できそうな口ぶりだった。

その後、郭とは出版の約束をしたものの、やがて二〇一二年の尖閣《せんかく》国有化問題と大規模な反日デモが起き、日中関係が緊張してお流れになった。互いに何となく気まずくなっていると、彼はいつの間にか会社を移ったらしく、メールもつながらなくなった。

清朝の残り香をほのかに漂わせた老北京との晩餐《ばんさん》は、完全に記憶のなかに閉ざされた。

だが、この日の会話が私にこの本を書かせたと言っていい。

2 葉子明（仮名）

事件当時26歳、在日中国人留学生　取材当時51歳、民主化活動家
「八九六四」当時の所在地：日本国　東京都内
取材地：日本国　関東地方某都市のサイゼリヤ
取材日：2015年2月13日ほか

「うんざり」する天安門の話

「あんた、天安門の本を書くったって、いつものやつは勘弁してくれよ」

こちらは二〇一五年二月一三日、私が日本国内で最初に話を聞いた、ある在日中国人の民主化活動家による開口一番の言葉である。本人の意向でオフレコなので、仮に名前を葉子明《イエヅウミン》としておこう。

「学生たちの望みは正しかった。当局の弾圧はよくなかった。当たり前の話だ。だが二五年も前の事件だぞ。私の立場としては公言できないけれど、天安門事件はもう過去だ。非常に

重要なのは確かだが、それはあくまでも歴史的事件としての話でしかない」

あの春、二六歳の葉は日本に留学中だった。やがて五月二一日に五〇〇〇人、鎮圧当日の六月四日に一万人が参加したともいう在日中国人の街頭デモの一員となった。故郷の北京で起きた惨劇を聞いて、怒り心頭に発した彼は、事件の三か月後にパリで成立した世界的な中国民主化団体・民主中国陣線（民陣）の日本支部の結成に参加する。

だが、最初は大勢いたはずの仲間はいつの間にか脱落していき、日本支部どころか民陣の本部も分裂状態になった。葉自身、ひとまず現在も活動家の看板を下ろしてはいないが、街頭デモや在日中国大使館前での抗議行動といった、表立った行動にはほとんど参加しなくなった。

母国に帰れない身とはいえ、気付けば日本での暮らしが人生の半分を占めた。ちょっとしたビジネスをおこない、まずまずの車を買い、それなりに生活の基盤もできてしまった。

「正直、天安門の話で取材を受けるのは、うんざりしているんだ。当時は誰がどんなひどい目に遭ってかわいそうだったか、共産党政権の罪をどう思うか、みんな似たような質問をして似たようなメモを取って、同じ結論を記事に書くだけの話だろう？　最近はあなたのような取材者に会うたびに、『もういいよ。やめとけって』と内心で思ってしまってね」

なんとも意気の上がらない話だが、言わんとすることはわかる。

私も取材の準備段階で、過去のさまざまな報道や関連書籍に目を通した。かつて学生時代に歴史学を専攻していた私にとって、現代史のトピックとしての天安門事件は、文化大革命や日中戦争など他の歴史的な事件と同じく興味深いものだった。

だが、この四半世紀を通じての事件の取り上げ方については、やはり「うんざり」した思いを抱いたのも確かだった。

現代中国を語るうえで「六四天安門事件」はかなりの重量感を伴う言葉だ。

国連常任理事国に名を連ねるアジアの大国の政府が、体制改革を要求する一般人のデモに軍隊を投入して武力鎮圧し、一党専制体制を強引に延命させた出来事なのだ。重要さは言うまでもない。

だが、天安門事件とは何だったのか。考えるほど首をかしげてしまうのも確かである。

もちろん、当時の北京で起きた出来事のディティールについては多くの情報が出ている。香港《ほんこん》や台湾では当時の学生リーダーや一部の党指導者の回顧録がたくさん出版され、武力鎮圧の負傷者や遺族の証言もかなりの分量にのぼる。これらには日本語で読めるものも少なくない。アメリカのカーマ・ヒントン監督のドキュメンタリー映画『天安門』も有名だ。

二〇一七年一二月には、機密扱いが解除された事件翌日の英国大使館の外交文書の内容が香港メディアによって報じられている。当時の中国国務院の関係者が、犠牲者数について従来の国際社会の想定よりも多い一万人規模にのぼったと見積もっていたことが明らかになった。

また、毎年六月四日の前後になると、香港をはじめ世界各国の民主派の中国人が追悼集会を開く。

この時期には日本でも、新聞やテレビの報道番組がしばしば事件を特集し、社説で大いに論じる。一般人にも関心の高い人がいるらしく、日本語のツイッターを検索すると毎日数件は事件に言及した新規の書き込みが見つかる。中国の人権問題を憂慮するリベラル派から、中国人に人種的な嫌悪感を抱くネット右翼的な人たちまで、投稿者たちの政治思想は左右の別を問わない（もっとも「右」の人たちの方が、中国の現体制にとって大きなタブーであるこの事件を好んで論じたがる傾向はある）。

いっぽうで中国共産党の側も、近年は言及が少ないものの、党員向けの文書や外交部の定例記者会見などでは事件への評価を述べている。穏健に言えば「八九年の政治的トラブル(八九年《バージョウニエン》 政治《ヂエンヂー》 風波《フォンボー》)」、厳しく言えば「反革命暴乱《ファンゲエミンバオルアン》」。もちろん、いずれもネガティヴな評価だ。

事件は政権の暗部なので、当局は現在もセンシティヴである。むしろ近年の習近平政権はイデオロギー統制の強化に努めているため、毎年六月四日の前後は国内の治安警備が従来以上に強化される。この時期は反体制活動家が監視や拘束を受けるのはもちろん、スマホ決済の送金機能で「六四」元や「八九・六四」元の金額指定が不可能になるほど、当局は躍起になって事件の痕跡《こんせき》を隠したがっている。

事件に対する国外の評価も中国当局者の評価も、非常にわかりやすい。

しかし、私のモヤモヤした思いは消えない。

理由のひとつは、事件に価値判断を下すメッセージがいずれも極めて紋切り型だからだ。中国当局の主張が教条的なのは当たり前だが、実は事件に批判的な言及をおこなう側もあまり変わらない。一九八九年の北京市内で何が起きたかは掘り下げて書いていても、記述の全体を貫く論調はいずれも同じなのだ。

——民主主義は正しい。ゆえに民主化運動は正しい。それを潰《つぶ》すのは悪い。

（なので、きっと将来いつか正義は勝つ）

その通りだ。民主主義国家の国民としては、この解釈が正解だと考えるべきでもある。

だが、正論だけに空々しい響きもないではない。たとえ正しい意見でも、同じ主張にばかりに触れていると飽きてきて、敬してこれを遠ざけたい気になってくる（「うんざり」するのはこういう理由だ）。

また、「正しい」民主化運動が「悪い」武力鎮圧に歯が立たなかった点は仕方ないとしても、なぜその後もながらく、民衆の間で民主化の要求が強まらないのかも不思議である。

当時、中国全土で命懸けで声を上げたように見えた数百万人の若者（心情的なシンパを含めればもっと多い）は、果たしてどこに行ったのだろうか。事件後も意見を発信できるような有名人はともかく、あの渦のなかにいた一般人は事件をどう思っているのだろうか。

彼らは夢を諦めていないのか、現実と折り合いを付けながら若き日の記憶を大事にしているのか、それともすっかり当時の思いを忘れて恬然《てんぜん》としているのか。

天安門事件についての「正論」の説明は、これらについて何も答えを教えてくれない。

「最も美しいとき」のあとも人生は続く

「全共闘のシンボル」といわれた男は、瀬戸内海の小島で自動車修理工場を営んでいた。日大全共闘議長だった秋田明大《あけひろ》さん（61）。50代半ばで20歳年下の中国人妻と再婚し、

4歳の息子と3人暮らし。過疎化が進む島で、経営状態は決して良くない。油まみれの作業服にジャンパーを羽織り、盛んにたばこに火をつけた。

「運動せんかったら、と考えることもありますよ。船乗りになっとったらとか、若いうちに工場を始めてりゃあ、もっともうけられたとか。まあ似たりよったりの人生とも思うけど…」

秋田さんは「自分でも、あんなことをやるとは思わんかった。たまたま社会科学研究会に入っとっただけで、最初は水泳サークルじゃったしね。革命とか言っとる者もおったけど、わしはマルクスもレーニンもかじっただけじゃし…」。

当時の状況を尋ねても反応は鈍い。

中枢メンバーの名前を何人か出しても、「はあ、昔のことじゃけえ、よく覚えとらん」。1万人もの学生を指揮したことについても、「あのまま号令をかけて、クワを持たせて農場でも始めれば違った道があったかもしれん」。

こちらは、産経新聞取材班が二〇〇九年に刊行した『総括せよ！　さらば革命的世代』（産経新聞出版）に登場する一節だ。上記の日大全共闘のリーダー・秋田《あきた》明大をはじめ、日本赤軍元最高幹部の重信房子《しげのぶふさこ》、赤軍派元議長の塩見孝也《しおみたかや》（二〇一七年一一月死去）……といった往年の有名人から、名もなきデモ学生、鎮圧側に回った警官まで、全共闘世代の元運動関係者へのインタビューをまとめた本である。

社論が保守寄りの産経新聞としてはめずらしく、往年の学生運動を高みから一方的に断罪するような編集方針は取らず、淡々と当事者の姿を描いている。登場する元闘士たちは、すっかり政治から距離を置いた人から現在もなお闘いの残り火にしがみつく人まで十人十色。だが、字面を追ううちに、彼らが敗れた理由やその後に過ぎ去った時間の重みがじわじわと伝わってくる。

日本において、すでに全共闘運動が「歴史」に変わり、いっぽうで当事者が存命しているからこそ可能になった特集だろう。

二〇一一年の北京で郭定京の話を聞いてから、私はこれとやや似た取材を、天安門世代の中国人たちに対してやってみたいと考えるようになった。

四半世紀以上も昔の事件は「歴史」なのだが、七〇年代の全共闘運動と較べると圧倒的に生々しい。自国が別の未来を選択したかもしれない大事件に直面した当時の若者たちはいまや四〇代から五〇代になり、現代中国の社会を担う立場にいる。

大人になった彼らは、事件は過去の話だと嘯《うそぶ》きつつも、酔っぱらうと当時の武勇伝をやけに語りたがる。そんな人もめずらしくない。

——彼らは語りたい。私はそれを聞いてみたい。

ゆえに私は数年の時間をかけて、天安門事件の思い出を持っていそうな中国人のおっさんやおばちゃんを国内外で探し続けた。また、偶然出会った人間にもできるだけ質問をぶつけてみた。当時、北京にいなかった人や、それほど大変な目には遭わなかった人、事件に何も興味がなかった人なども含めて、六〇人以上に話を聞いたはずである。

この本で紹介するのは、なかでも印象深かった十数人の目から見た天安門事件の姿と、その後の彼らの生きざまだ。さらに第六章では、彼らの人生になんらかの影響を与えた往年の学生リーダー二人にも、私なりの切り口からご登場を願うことにした。

「ぼくは二十歳だった。それが人生で最も美しいときだなんて誰にも言わせまい」

元フランス共産党員で第二次大戦で戦死した作家、ポール・ニザンの著書の一節だ。たとえ青春の輝きが消え失《う》せても、本人が生きている限り人生は続く。その人生は、若き日よりも美しいものとなったか否か。その評価は、事件後の彼らが社会人となって担ってきた、現代中国の社会全体の性質を考えるうえでも参考になるかもしれない。
私がこの本に記すのは、正しくも悪くもない、うんざりしない天安門の話である。

※なお、本書における単語のルビは省レベル（一級行政区画）の地名や、日本の教科書やメディアに登場するレベルの人名はひらがなの日本語読み、それ以下の行政単位の地名や人名はカタカナの普通話《プウトンホア》読みとした。香港の地名は、カタカナの英語もしくはひらがなの慣用読み、一部の人名や会話表現はカタカナの広東《かんとん》語読みとした。

第一章

ふたつの北京

張宝成

3　張宝成

事件当時29歳、家具店経営者　取材当時55歳、無職・前科二犯
「八九六四」当時の所在地：中華人民共和国　北京市内
取材地：中華人民共和国　北京市　某所
取材日：2015年4月5日

中国レジスタンス史の生き証人

「取り調べ中に殴られることたあなかったが、罵倒《ばとう》は散々にやられたね。連中は何日もこっちに眠らせやしねえで、同じ尋問を何遍《なんべん》も繰り返しやがんだ。看守所《カンショウスオ》（拘置所）へ移された後はさ、素っ裸に剝《む》かれてチンコの皮のなかまで調べられた。たとえ話じゃねえ、本当のことさ」

警察《サツ》沙汰《ざた》には慣れている、大したこたあねえ――。

彼はそう話すが、常識的に考えて耐え難い仕打ちだ。

中国において、犯罪を起こしたり当局の機嫌を損ねた（と表現せざるを得ない）りした人物は、公安に身柄を拘束されて看守所に入れられる。期間はまず、最長三七日間。その期間中に罪状が固まれば、改めて逮捕されて検察へ送られるなどして、獄中にいる期間がさらに延びていく仕組みだ。

この人物――張宝成《チャンバオチエン》は二〇一四年四月、北京《ペきん》市海淀《ハイデイエン》区裁判所において「群衆擾乱《じょうらん》公共場所秩序罪」（公共の場所で人を集めて秩序を擾乱した罪）なる罪名で有罪判決を受けた。中国の裁判は二審制であり、六月に控訴の内容が退けられて「罪」が確定した。刑事拘束期間中にハンスト抗議をおこなって不当な拘束に抗議し、その後もことあるごとに突き付けられた罪状認定書類へのサインを拒否するなどして抵抗したものの、実刑は避けられなかったという。刑務所へ送られてからも、休憩なしで長時間の正座を強いられたり家族からの差し入れを阻止されたりと、ずいぶん苦労したらしい。

彼が獄中生活を終え、やっと釈放されたのは翌年三月三〇日だ。

私はそんな張から、北京市内の某所で話を聞いていた。取材当時は五五歳。釈放直後であるため、住所はあれども職業はなし。角刈りで武骨な風貌《ふうぼう》の壮年男性だが、愛想がよい人であり、私にしきりにお茶とタバコを勧めてくれた。

「監獄にぶち込まれりゃあ、胆も据わろうってもんよ。俺は一生、戦い続けるだけさ」

張は相声《シャンション》（中国漫才）のラジオ放送を思わせるべらんめえ調の北京弁で、弾丸のように話し続けた。

張宝成が捕まった理由は、習近平《しゅうきんぺい》政権の成立直後の二〇一三年三月三一日に、北京市内の繁華街・西単《シーダン》で、党官僚の財産公開を求める横断幕を掲げる活動をおこなったことだ。これは新公民運動という体制改革運動の一環としてなされたもので、彼はその主導団体「公盟《ゴンモン》」（公民《ゴンミン》）のメンバーだった。

新公民運動は、人権派の法学者・許志永《シュイチーヨン》らが提唱した社会運動だ。中国共産党の統治をひとまず容認したうえで穏健な体制改革を考えていたとされる。中国では民間で自由に集会を開くことが難しいため、毎月末の土曜日に賛同者が集まる「食事会」を全国各地で開催し、社会問題を議論する活動をおこなっていた。組織の一般メンバーにすぎない張自身が知っていたかはさておき、運動に対しては政権内の改革派や中国版の「赤い貴族《ノーメンクラトゥーラ》」の開明派勢力からの強い後押しもあった模様だ。

胡錦濤《こきんとう》政権の末期だった二〇一〇年前後は、党の統治がゆるんで腐敗が横行したいっぽうで、社会に自由な雰囲気が生まれていた。ネット上では現在と比較にならないほど活発な体制批判がおこなわれ、都市住民を中心に社会問題に関心を持つ人も増えはじめていた。結果、新公民運動の食事会参加者は最盛期で一〇万人近くに達した。

運動が勢いを得たことで、公盟のメンバーたちは官僚腐敗の撲滅を訴えて街頭に出はじめた。だが、改革派の影響下にある社会運動は、保守的な習近平の権力が固まると目の敵《かたき》にされた。張はこのデモで特に目立った活動をしていたことで、仲間とともに拘束されたのである。

当初、張たちは反体制的なネットユーザーから「西単の君子」として讃《たた》えられた。だが、やがて公盟が「反党集団」に認定され、代表者を含む組織のメンバーやシンパらが大量に拘束されたことで、張たちの逮捕は相対的に印象がかすんだ。新公民運動も弾圧を通じて立ち消えた（公盟の壊滅間際に北京を脱出して、最終的にタイに亡命した顔伯鈞《イエンボオジュン》という活動家がいる。私はひょんなことから、彼のスリリングな逃亡記を編訳して『「暗黒」中国からの脱出』（文春新書、二〇一六年）として刊行しているので、興味がある方はあわせてご覧いただきたい）。

そんな事情であるため、出獄直後の張宝成への取材はアポ取りからして難航した。彼の携帯電話は盗聴されており、ネットでの連絡もかなりの慎重さが必要だったからだ。私は何人かの仲介者を経て自分の年齢や人相風体を先方に伝え、ようやく約束を取り付けた。自分の宿から一時間で移動できる場所に住む相手と会うのに、何千キロも離れた海外在住の人たちまで経由しないと連絡がつかない点からも、張が置かれている立場がわかる気がした。

先方が指定した待ち合わせ場所は、北京市郊外の四車線道路の中央分離帯にある路線バス乗り場だった。現場は見通しがよく、尾行に気付きやすいのだろうと思われた。

「おう、あんたが××の友達かい？　よく来たなあ」

やがてやってきた張は、私が待ち人であることを確かめて破顔一笑した。事前にこちらが日本人だとは伝えていなかったが、大して驚く様子もない。やはり胆が据わっているようだ。

「六四《リョウスー》の思い出を聞きたいって？　願ってもねえ話だが、俺は六四以外にもいろいろ知っているぞ。四五《スーウウ》のときだって天安門広場にいたし、西単の民主の壁もこの目で見たんだ」

なんと張は「六四」の天安門《てんあんもん》事件だけではなく、文化大革命末期の一九七六年四月五日に発生した「四五天安門事件」（第一次天安門事件）に参加した経験まであった。さらに話を聞くと、彼は一九七〇年代から現代まで、北京で起きたほぼすべての民主化運動や反体制運動に庶民の立場から何らかの関係を持っていた。現代中国のレジスタンス史の生き証人のような人間だ。

偶然とは恐ろしい。私が張と待ち合わせた日は、ちょうど二〇一五年の四月五日だった。

――張の出獄からたった六日後の話である。

四五天安門事件の参加者

「物心がついた頃から共産党が気に食わなかったね。俺の家《うち》は階級成分《ジエジイチエンフエン》が悪くてさ、文革中は黒五類《ヘイウウレイ》だってずいぶん批判されたもんよ」

張宝成は一九五九年、後に北京市地下鉄一号線が通ることになる市内西部の街で生まれた。七歳で文革がはじまり、父は出身階級を理由に激しい批判を受けた。

もっとも、文革当時に攻撃のターゲットにされた「黒五類」（地主・富農・反革命分子・犯罪者・右派）のうち、張の実家は革命以前に多少の人を雇っていただけの「富農」にすぎない。悪徳地主でも犯罪者でもないのに迫害を受けた理不尽は、幼い彼の心に消えない傷を残すことになった。

小中学校では文革と毛沢東《もうたくとう》思想を絶賛する教育を受けたが、反逆児の張はそんなものに好感は持たなかった。やがて彼が一六歳になった中学三年生の春、北京で大きな事件が発生する。

穏健派の総理・周恩来《しゅうおんらい》の死をきっかけに、天安門広場に追悼にやってきた市民が、イデオロギー優先の文革政治に反発する詩文やスローガンを発表しはじめたのだ。これに対して、当時の権力者だった四人組は、デモを反革命事件であるとみなして群衆を暴力的に排除する。通称「四五」、すなわち第一次天安門事件の勃発《ぼっぱつ》だった。

張もまた、群衆の一人としてその場に立っていた。

「後年の六四は学生が中心だったが、四五は完全に北京市民の運動だったなあ。いろんな階層の人間がいたんだが、文革の影響で学生はいなかった。はじめは周恩来の追悼が目的でさ、周が死んだ一月八日の午後から群衆が集まって献花したんだ。俺も人づてに話を聞いて、この日から毎日行ったもんよ。みんなが持ってきた花輪や詩はどんどん増えていった」

　彼はそう言って、四人組を批判する当時の詩文の何首かをすらすらと暗唱してみせた。

　後に私が調べたところでは、献花の活発化は三月一九日（もしくは三〇日）からだとされる。張の単純な記憶違いかもしれないが、閉鎖的な毛沢東時代の中国の出来事は外部からの検証が難しいため、あるいは資料の記述のほうが間違っている可能性もある。

　ともかく、張少年は連日、天安門広場で花を手向けた。当時の中国は政治闘争が続きすぎたせいで国民が疲弊し、仕事や学校を勝手に休んでも誰にも怒られない。いかにも社会主義国家らしいルーズな雰囲気が世の中を覆っていた。

　知識の体系も教育システムも徹底的に破壊された文革末期の庶民は、自由や民主主義といった難しいことは何も考えていなかったようだ。広場に集まった群衆の頭のなかには、現状へのモヤモヤした不満と、政治に対する失望、四人組への嫌悪感だけがあった。

「四月五日に工人民兵《ゴンレンミンビン》が棒でぶん殴って市民を排除したが、誰も死ななかったはずだ。少なくとも俺はその場で見ちゃいねえ。ずいぶんしょっ引かれたようだがな。花輪は全部、トラックが持っていっちまった」

後の記録によると、数十万人の群衆に対して、四人組の指示を受けた一万人の民兵と数千人の軍人・公安らが鎮圧に動員された。だが、ケガ人こそ多かったものの死者は出なかったとされる。一三年後に同じ街で起こる惨事と比べれば、やや牧歌的な匂いすら漂う鎮圧劇だった。

もっとも、この四五天安門事件には、将来の六四天安門事件の雛型《ひながた》となる要素が揃っていた。

老いた独裁者（毛沢東・鄧小平《とうしょうへい》）の統治のゆるみのもとで民衆が政治に異議を唱えた点、独裁者の歯止め役になっていた大衆的人気のある政治家（周恩来・胡耀邦《こようほう》）への追悼行為がデモに発展した点、天安門広場が舞台になり最終的に強制排除によって終わった点……と、類似点はかなり多い。

この四五事件はひとまず「反革命事件」として鎮圧を受けたものの、毛沢東の死後に四人組が失脚したことで、一九七八年一二月に「偉大な群衆運動」として評価を修正された。

同年の秋から北京の西単にある通称「民主の壁」に、毛沢東への批判や体制の民主改革を訴える壁新聞が大量に張り出される事件・北京の春が起きたが、このことも党の決定に影響を与えたとされる（ちなみに張宝成は壁新聞の起草こそやらなかったが、やはり現場でこれを読んでいたという)。

四五天安門事件の評価が逆転した歴史は、民主化シンパの中国人たちが現在もなお六四天安門事件の「平反《ピンファン》」(再評価)を期待する大きな理由にもなっている。

天安門は熱気にだけは満ちていた

毛沢東が死に、高校と専門学校を卒業した張宝成は小さな家具会社を開いた。

六四のほうの天安門事件が起きたのは会社を作って三年後、二九歳のころである。中国ではそれ以前の一九八六~八七年にも学生運動があり、知識人を中心に政治や経済の改革を要求する気運が出ていた。

「四五とは違って、デモをやったのは学生だった。俺はもう社会人だったから、水や果物を差し入れして応援する立場だったよ。当時の市民にはそういうやつが多くいた」

一九八九年四月一五日、改革派の指導者だった胡耀邦が死去した。翌日から学生の追悼活動がはじまり、やがて大規模なデモになった。張は四月下旬までに、毎日現場に行って声援を送るようになった。

「リーダーの王丹《ワンダン》やウアルカイシもこの目で見たよ。二言三言だが、言葉を交わしたこともある。感想かい？　あの当時の大学生は知識人のタマゴだってんで、言うなりゃ将来の博士様か大臣様よ。俺たち庶民にとっちゃ尊敬の対象だった。熱い心を持った凄《すげ》え若者が大勢いる、こいつらはホンモノの英雄なんだ——。って思いしかなかったな」

デモは自然発生的に広がった。当初、共産党当局はこの運動にいかなる態度を示すべきかを決めかねており、党総書記の趙紫陽《ちょうしよう》や全人代常務委員長の万里《ワンリィ》など、デモに同情的な心情を持つ改革派の幹部も多かった。だが、保守派の総理・李鵬《りほう》を中心とした反発の声もやはり大きく、やがて最高指導者である鄧小平の意向も彼らの側に傾いた。

時間とともにデモが全国に飛び火するなか、李鵬ら保守派は四月二六日に党機関紙『人民日報』紙上に、学生運動を完全に否定する内容の社説「旗幟《きし》鮮明に動乱に反対せよ」を掲載させる。政治動乱に慣れた北京市民のなかには、潮目の変化を感じ取って慎重になった人もいたようだが、張の熱は冷めなかった。

「学生と一緒にスローガンを叫んだし、旗を持って応援した。旗に何が書かれていたかは忘れちまったが、スローガンはまだ覚えてるぜ。『李鵬李鵬《李鵬よ李鵬よ》、混昏無能《物事のわからぬ能無しめ》。再当総理《まだ総理でいるならば》、天理難容《お天道様が許さぬぞ》』ってな」

これは「応援する立場」ではなく、ほぼ参加者だと言うべきだろう。

天安門広場の周囲は、デモ隊に水やパンを持ち寄る群衆と野次馬で埋め尽くされた。

「反官倒《ファングァンダオ》」（官僚のブローカー行為反対）を主張する手書きのプラカードや旗が溢《あふ》れ、報道規制への抗議を示す意味から新聞紙で作った服を着ている大学教員も出現した。労働者も共産党員も、果ては個人的にやってきた軍人や警官までもデモに参加していた。

当初、現場のスローガンは、李鵬の退陣や腐敗撲滅を訴える比較的単純なものが多く、あくまでも党体制の枠組みのなかで異議を唱えるものだったという。五月半ばまでは「社会が根本的に変わったり、党が倒れたりする雰囲気は感じられなかった」とのことで、後年の私たちのイメージとはやや異なった空気感だったようだ。

「もっとも、官倒への抗議、腐敗撲滅なんて言っても、実際のところ今に比べりゃあ当時の腐敗なんてかわいいもんだったと思うぜ。デモ学生も市民も、本気で『腐敗』の被害を感じていたやつはほとんどいなかった。俺自身もそうだったさ」

大部分の人間が、自分の実感がない社会問題の解決を訴えていたのに、熱気だけは満ちているという不思議なデモだった。

かいつまんで説明するなら、刺激や娯楽の少ない社会で体制の圧迫感から解放される非日常感と、「もう少しましな世の中にしてほしい」といった程度の現状改善欲求、それらに異議を唱えた李鵬たち保守派への反発が、人々が行動する動機になっていたのである。

だが、五月後半になると風向きが変わってきた。

民主主義や自由を求める、濃厚な政治性を持つスローガンが増えはじめたのだ。後世の記録では、学生組織が分裂して主張の一貫性がなくなり、地方から上京した学生が広場に多数流入して「統制が取れなくなった」と評された時期である。一方で当局は北京市内に戒厳令を敷き、緊張感が高まった。

「国外の報道を多く聞くようになって、ひょっとして党体制がぶっ倒れるんじゃねえかと思いはじめた。だが、一方でデモ側の主張は混乱していたし、新しい参加学生たちには、マナーが少しばかりいただけねえ連中も増えてきた。市民はなにも明確な考えを持っちゃいなかった。『こりゃあ成功するわけねえよ』とも思っていたね。気持ちは複雑だった」

当時の妻（後に離婚）には「こういう運動に参加すれば後で必ず捕まるから行かないで」と止められた。長女が三歳になったばかりで、そのことも張宝成の気力を削《そ》いだ。

だが、それでも今後の展開が気になり、彼は天安門広場に通い続けた。

一九八九年六月三日——。

後に現代中国史上の汚点となる武力鎮圧の夜は、彼らのそんな日常の先にやってきた。

銃口を向けられた、あの夜

張宝成はこの日の午後も天安門広場にいた。もっとも学生が固まる中心部ではなく、周辺の野次馬のなかに混じっていたという。

党内部の流出資料を含むとされる『天安門文書』（文藝春秋、二〇〇一年）によれば、ちょうどこのとき、鄧小平を除く中国共産党の最高幹部たちは緊急会議を招集していた。午後四時から始まった会議では、李鵬らによってここ数日間に戒厳部隊と市民や学生との小競り合いが頻発している事実が報告され、同日深夜（四日）の午前一時から朝六時までに広場の学生を平和的に立ち去らせることが決定された。同時に、戒厳部隊が移動する途中で「妨害行為」に直面した場合には「必要とするすべての」手段で対応し、広場からの無血退去作戦を必ず遂行することも全会一致で決定された。

この夜、広場内部で虐殺が起きなかったことは、現場に最後まで残っていた台湾人歌手の侯徳健《ホウデエジエン》や、広場内の学生の無血撤退に尽力した文学者の劉暁波《りゅうぎょうは》など複数の当事者が証言している（ただし二〇一七年一〇月に明らかになった英国大使館の機密文書には広場内での虐殺を示す詳細な記述があり、議論は再燃している）。ともかく、六四天安門事件において最大の悲劇の舞台となったのは、郊外から天安門広場まで東西を貫いて延びる大道路・長安街《チャンアンジエ》の沿線をはじめとした市内の各地だった。

先の党内緊急会議の決定は、要するに人民解放軍と武装警察が学生の無血退去作戦を実行するために、道中での武力行使を事実上容認する方針を示したものだった。

午後九時過ぎから、戒厳部隊の多くは東西南北の各ルートを通って市内への進軍をはじめた。テレビは盛んに市民の外出禁止を呼びかけた。

広場周辺にいた張宝成が、軍の動きを知ったのはその一時間後である。

「兵士が銃をぶっ放しやがった、って話が聞こえてきた。当時、俺は姉妹《きょうだい》と一緒にいたんだが、どうやら真剣に危ねえようだから家に帰ろうって話になったんだ」

結果的に言えば、情報が乏しいなかで彼らが下した判断は危険極まりなかった。なぜなら当時の張の自宅は、広場から長安街を一二キロ西に向かった玉泉路《ユイチユエンルー》にあり、戒厳部隊の主力「西線」の進行ルートと完全に同じ道を逆走する形になったからである。この西線部隊は北京軍区の三八軍・二七軍・六三軍からなる約二万人で、戦車や装甲車など軍用車両数百台を擁する精鋭の機械化軍団だった。

広場からしばらくは自転車で移動できたが、途中の西単では戒厳部隊の市内侵入をはばむためにバスが路上に放置され、混乱した通行人が立ち往生をして進めなくなっていた。それでも人込みをかき分けて徒歩で前進し、ついに広場から西五キロにある木樨地《ムーシーディー》に至った。

——木樨地。

市民や学生数千人が戒厳部隊に抗議してこの場所に集まった結果、天安門事件で最多の死傷者を出したとみられている地名である。『天安門文書』所収の国家安全部「重要情報」は、ちょうど張たちが現場にさしかかった同日午後一一時ごろの現地の状況をこう報告している。

建物のあいだや、車道を区分している緑地帯の低木に身を隠していた市民や学生は「ファシスト!」「人殺し!」「悪党!」などの言葉の弾幕を張り、部隊に石塊を投げつづけた。兵士たちは(注・抗議者が路上をふさぐために停めていた)数台のトロリーバスとその他の障害物を片づけると、再び銃口を群衆に向けた。石塊を身に受けて自制心を失った一部の兵士は、「ファシスト!」と叫んだり石塊やレンガ片を投げたりする者には、見境なく乱射し始めた。少なくとも百人の市民と学生が路上の血の海に倒れ、その大部分は仲間たちの手で近くの復興病院にかつぎ込まれた。

頭上を旋回するヘリコプターの爆音と路上の射撃音。復興門外大街に住む市民は家の窓から兵士に悪態をつき、物を投げつけた。このため兵士はさらに撃ち返した。木樨地と全国総工会本部とのあいだの約五百メートルの道の両側に建つビルに弾丸が当たってあちこちに跳ね返った。その夜、（注・路上以外でも）二十二号と二十四号部長級宿舎に住む三人が被弾して死亡した。

諸資料によれば、当初は部隊側も発砲をためらい、退去勧告や威嚇射撃を繰り返したという。だが、やがて党中央の命令通りに天安門広場に向かうため、指揮官は武力行使を決定した。一人を殺害すると、その後の実弾掃射は雪崩式に拡大していった。

「兵士が同じ中国人をバンバン撃ち殺している光景を見て、あたりが見えなくなるほど滅茶苦茶に腹が立ったさ」

そんな光景を張宝成も見た。さすがに声をひそめて続ける。

「だが、兵士どもに怒鳴り声を上げて、もっと前に出ていこうとしたところで妹に止められた。親を残して先に死んじゃいけねえってな。あのとき妹がいなきゃ、俺も『暴徒』の一人として軍隊に撃ち殺されていただろうよ」

惨劇を前に張は我を忘れ、姉妹たちは泣き出した。そんな彼らにも銃口が向けられ、慌てて路上に伏せた。ついにそれまでのデモでは聞かれなかった「打倒共産党《ダアダオゴンチャンダン》！」を叫ぶ声がどこかで上がったが、すぐさま大量の銃弾を撃ち込まれて沈黙した。

周囲の人間がバタバタと倒れるなか、彼は水平射撃の弾幕のなかを姉妹を連れて逃げ回り、ついに近所のビルに駆け込んだ。やっと一息をつき、ビルの五階から路上の惨劇を眺めた。もっとも高層階にも銃弾は飛んでくるし、実際に階上の住民が死亡した事例も後に確認されている。見ているだけでも危険な代物だった。

やがて戒厳部隊は路上の「暴徒」と障害物を排除すると、広場を目指して進んでいった。深夜一時を回るころには状況が落ち着き、張と姉妹は徒歩で二時間を掛けて家路をたどった。

その夜は少し眠ったが、神経が昂《たか》ぶっているためかすぐに目が覚めた。

「俺は生きていたのか」

やがて外に買い物に出ると、パニックを起こした市民の買い占めによって店先から商品が消えていた。近所を歩いたところ、自宅にほど近い五棵松《ウウクーソン》の十字路で肉味噌《みそ》のようにすり潰《つぶ》された人間の死体を見つけた。戦車に轢《ひ》かれたようだった。

――これが、張宝成が経験した八九六四だった。

バラバラ殺人と汚れた魂

北京には鎮圧から一年ほどはピリピリした空気が漂っていたが、やがて中国の経済発展とともに新たな日常がそれを押し流した。張宝成もまた、あの夜の怒りは次第に薄れ、家具会社の経営に没頭するようになった。経済が上り調子の社会では家具の需要は高く、会社はいつしか多額の現金を扱いはじめた。張は最初の妻と離婚した後、三八歳だった一九九七年に、河北《かほく》省の農村出身の二〇代の女性と再婚した。

「……続きの話をする前に、俺の個人的な恥を説明させてくれ。取材するあんたにしっかり伝えておかなきゃ公平じゃねえからな。俺は二〇〇六年に、政治問題とはまったく関係がないことで、三年間服役している。当時の女房が経済犯罪がらみで人を殺しちまって、俺も証拠隠滅罪に問われたんだ」

後に調べたところ、張の再婚相手の劉彩霞《リウツアイシャア》は二〇〇四年八月、ビジネスパートナーだった三四歳の女性を、言い争いの末に殺害。事情を実父と夫の張に話し、三人で遺体を捨てている。

しかも事件はこれだけで終わらなかった。

二〇〇六年四月、妻の劉は三九歳の元不倫相手の男性と経済トラブルを起こし、睡眠薬を飲ませてまたもや殺害、やがて死体をバラバラにするという凶行に手を染めた。張は再び遺体の始末を手伝わされた。

八九六四の兵士たちと同じく、人間は一人を殺すと心が闇に呑《の》まれるらしい。

張自身も認める通り、救いがたい凶悪事件だ。もっとも、彼が受けた刑罰は懲役三年以下であった（日本の法律では死体遺棄罪になるが、中国の法廷では証拠隠滅罪に問われたためである）。年下の妻に言葉巧みに丸め込まれたことが情状酌量の余地ありとして求刑や判決に反映されたのかもしれない。

だが、事件で会社は潰れ、張の社会的生命も断たれた。妻は死刑になった。かつて二度の天安門事件に参加して中国の改革を夢見た男の魂は、カネと女に目がくらんで汚れ切っていた。

五〇歳で刑期が明けた張は、今後の人生を世の中のために使おうと考えたという。胡錦濤時代の中国は、ネット上で体制批判的な議論が盛り上がり、当局の規制も後手に回っていた。失うものもない身の張はこれらの情報に触れ、実際の行動にも参加するようになった。

こうして、彼は本格的な民主化活動家に転身した。

「茉莉花革命《モーリーホアゲエミン》（中国ジャスミン革命）のとき、ネットのアピールを見て王府井《ワンフウジン》（北京市内の繁華街）の集合場所に行ってみた。もっとも、現場は野次馬と、それよりも大勢の警官《サツ》しかいなかった。当時の俺はまだ政治的にマークされてなかったから、職務質問を受けただけで釈放されたよ。どうやら何も起きやしねえってんでそのまま家に帰った。この件はそれだけだ」

この中国茉莉花革命は、二〇一一年初頭に中東で起きた民主化運動「アラブの春」に呼応する形で、ツイッターや微博《ウェイボオ》を中心に中国の民主化や共産党体制の打倒が呼びかけられた事件だ。

もっとも、最初の行動日とされた二月二〇日には北京や上海《しゃんはい》など全国の集合地点に野次馬を含めた数百人が集まったが、大きな動きには至らず、現場で数人が拘束された程度で終わった。張宝成が見に行った第二回はさらに低調で、やがて運動は何の盛り上がりもないまま雲散霧消してしまった。

告知が出た時点では主宰者が不明、受け皿となる大規模な組織もない。一方で主張は極めて急進的――。と、そもそも成功させる気があるのか首をかしげる「革命」の呼びかけだった。事件後に無関係な人権活動家がとばっちりを受けて拘束されたこともあり、この運動は海外の中国民主化組織や活動家の間でもあまり評価が高くない。

やがて、新たな活動の場を探していた張宝成は、冒頭で述べた新公民運動の主宰組織「公盟」に出会う。先の中国茉莉花革命よりもはるかに穏健な主張を掲げていたグループだ。「教育の権利の平等、弱者の保護、官僚の財産公開。どれもこれも中国に必要なことばかりさ。特に腐敗の反対は、共産党の痛いところを突く主張だぜ。既得権を持つ人間以外で、これを支持しねえ中国人は誰もいやしねえからな」

過去の罪を語ったときはやや沈みがちだった口調が、公盟の話になると元気になった。天安門事件の当時は霧の向こうの言葉に過ぎなかった中国の腐敗問題は、いまやあらゆる庶民を苦しめる凶悪なモンスターに姿を変えていた。

「いまの習近平政権も反腐敗運動をやっているが、ありゃあ国民向けのパフォーマンスだよ。腐敗は官僚だけじゃねえ。教師や医者や法曹関係者の腐れぶりもひでえもんさ。これを解決しなきゃ、世の中はよくならねえ」

張は熱を帯びた口調でそう語る。そんな彼が、二〇一三年の三月末に官僚の財産公開を要求する横断幕を掲げたことで拘束され、実刑を受けたことはすでに述べた。

張は公盟の活動のなかで新たに妻となる女性と知り合う。彼女は獄中の夫を献身的に支えた。釈放後の張は、政治的にも経済的にも厳しい立場に立たされているものの、少なくとも精神面では安定した暮らしを営むようになった。

やはり活動家はモテるのかもしれない。死刑になった殺人犯の元配偶者で、本人も前科二犯かつ「バツ2」の中年男でも、いい奥さんが見つかってしまうのだ。

許されざる過去を背負っているとはいえ、彼はそんな第二の人生を送っている。

娘には民主化運動をやってほしくない

ところで、体制の打倒を訴えた中国茉莉花革命と、ひとまず中国共産党の支配を認めたうえで憲政の確立や自由の拡大を求める新公民運動では主張がかなり異なっている。公盟の上層部は売れっ子弁護士や党籍を持つ大学教員など体制内のエリートで占められ、胡錦濤政権の子飼いである共青団系の大物政治家・李源潮《リイユエンチャオ》らとも連絡を取っていた。あくまでも体制内の改革運動だ。

また、過去の当事者たちにイデオロギーと呼べるほどの明確な思想があったかはさておき、四五天安門事件や六四天安門事件で掲げられた主張も、やはり茉莉花革命や公盟とは異なっている。

「現在の国内外で、中国の民主化についての統一した思想はあるんでしょうか？」

私が思わず尋ねると、案の定こんな答えが返ってきた。

「正直なところ、ねえんだよ。例えば公盟にしても、みんな自発的な参加者ばかりだから組織はゆるやかだし、『上』から思想を統一しようみたいな動きもなかった」

張宝成は各運動の違いをあまり気にしていないようだ。

「まとまらない民主化陣営に対して、中国共産党はかなり強固なイデオロギーと組織力で内部を固めていますよね。彼らと戦うのは、正直に言ってかなり厳しくないですか？」

「あんたの言う通りだ。この中国の社会で、民間で共産党以外の強い組織を作るだの、イデオロギーを統一するだのは簡単にできることじゃねえ。最も頭の痛い問題だな」

私は取材前、タイに亡命中の顔伯鈞からも似たような話を聞いたことがある。顔はかつて北京工商大学の准教授を務めた知識人で、公盟では最上位クラスの幹部の一角を占めていた人物だ。

運動を率いる側も加わる側も同じような問題点を認識しているのに、その解決が難しいとなれば、彼らが「勝つ」ことは期待しづらい。また、そんなあやふやな集団が何らかのラッキー・パンチを当てて最高権力を握ってしまい、中国を切り盛りすることになれば、私ならずとも政権担当能力に不安を覚えはしないか。

張宝成は五〇歳から民主化運動の世界に身を浸した決断については、「後悔は一切ねえ。これからの人生を捧《ささ》げる」と確信に満ちた口調で言い切る。だが、私は気になった。

「奥さん以外のご家族は張さんの運動をどう言っていますか？」

「二人の娘は政治向きのことに関心はねえな。ただ、理解はしてくれている。下の娘は『正しいことなんだから、お父さんが思うようにしたらいい』と言ってくれた。こんな俺が言うのもなんだが、ずいぶんできた娘に育ったもんさ」

目を細め、活動家から父親の顔になる。

「じゃあ、娘さんが中国の民主化運動に関心を持ったら、応援しますか？」

「そりゃあ答え辛《づれ》え話だな。本人がどうしてもってんなら……。いや、最後は自分の意思で決めることだと思うんだが、それでも親としちゃあ複雑だ。上の娘の結婚のときも、なにより政治的な理由で苦労をかけちまって、ずいぶんかわいそうなことをした。娘たちは危ない目になんて遭わねえで、幸せになってほしい。親父《おやじ》としてそう思う気持ちはあるよ」

偽らぬ感情だろう。

張と仲間たちが捕まった二年前の春、当局は公盟の本格的な弾圧に乗り出した。主要なメンバーのほぼ全員が拘束されるか行方不明となり、拘置所では虐待すれすれの取り調べを受けた。彼らは釈放後も監視下に置かれ、正常な仕事や家庭生活を送ることはほぼ不可能だ。

あらゆる通信を盗聴され、外出時には尾行がつく生活を、自分の子どもに送ってほしいと考える親はいない。事実、私に張を紹介した顔伯鈞も、本人は亡命を果たしたものの、彼の家庭や従来のキャリアは完全に崩壊状態にある。張自身、私の取材後もしょっちゅう拘束されており、中国の人権侵害問題を多く報じる米国系国際放送『ラジオ・フリー・アジア』中国語ニュースの常連メンバーのようになっている。

体制に異議を唱えただけでこうした目に遭わされる社会は決定的におかしい。たとえ成功の見込みが薄くても、現状を変えるために声を上げる行動には意味があるだろう。

しかし——。現代の中国は、こうした正論への関心さえ持たずにいれば、それなりに人生の幸福を享受して生きていくことも可能な世の中になっている（民主化問題や維権《ウエイチユエン》運動（人権擁護運動）に関心を抱ける程度の、知力や論理的思考力を持つ都市市民ならばなおさらだ）。

前妻がらみの事件への先入観を排して言えば、張宝成はまっすぐな性格の正義漢で、自分自身や運動にとって不利な話もすべて包み隠さず話してくれる人だった。取材者の立場からは好感を持てる相手だったと言っていい。

だが、そんな彼の話だからこそ、天安門事件が鎮圧された後の中国における民主化運動の行き詰まりや、後継者の獲得の難しさを痛感させられたのも確かだった。

私は複雑な思いを抱きながら丁重に礼を述べ、彼のもとを辞した。

4 魏陽樹（仮名）

事件当時19歳、某警察系大学学生　取材当時44歳、投資会社幹部
「八九六四」当時の所在地：中華人民共和国　北京市郊外
取材地：中華人民共和国　北京市　亮馬橋付近のレストラン
取材日：2015年4月

酔うと天安門を語る男

「あの春の天安門広場はお祭りだったなあ。大学の授業は休みばかり。友達みんなと、太陽の下でご飯を食べてタバコを吸っておしゃべりをして、テントやバスのなかで寝る。今と比べて娯楽が少ない時代に、考えられないほど刺激的だった。特に一八歳や一九歳の学生だとね、とにかくそのことが面白くて来ていた連中が全体の五割……。いや、八割だったかもしれない。僕自身もそうだったんだ」

遠い目をして当時の広場内部の状況を語るのは、やはり私がこの北京滞在中に会った魏陽《ウェイヤン》樹《シュー》（仮名）である。

彼は陝西《せんせい》省出身で、北京市内の大学に進学。一年生の一九歳で八九六四を迎えた。事件後の一九九〇年、大学を中退して日本に留学した後、財閥系の大手商社に就職。日本での生活は二〇年以上に及び、やがて友人数人と投資会社を立ち上げた。

取材時点から一年ほど前に北京へ居を移した。奥さんは年下の日本人女性で、魏本人も非常に流暢《りゅうちょう》な日本語を話す。私との待ち合わせ場所も、市内東北部の日本人街・亮馬橋《リャンマアチャオ》のレストランだった。

魏陽樹とは数年前に、日本での友人との飲み会の席で一度挨拶《あいさつ》を交わしたことがあったが、いざ連絡を取ってみると先方はこちらの記憶がなかった。なのに私が魏を覚えていたのは、あのときに酔っ払った彼が、若き日に見た広場の様子をちらりと口にしていたからである。

「デモ隊の主張への共感は……。当時はそりゃあ、明らかにあったね。党幹部の息子みたいな特権階級じゃなくても、公平なチャンスがもらえる社会が来たらいいよなあと思っていた。広場で熱く語る別の大学の先輩や友達がすごくカッコよく見えて、演説に『なるほど』って頷《うなず》いていた。リーダーの柴玲《ツァイリン》の演説も自分の耳で聞いた。本当に感動したこともあったんだ」

とはいえ、魏の立場はちょっと複雑でもあった。

「天安門は、一人の大学生としては広場に遊びに行く立場だったんだけど、当時の自分の学校の性質上、デモ隊を抑える側でもあってさ——」

彼の母校は、天安門広場から約二〇キロほど郊外にあった。警察官僚を養成する大学のひとつだったのである。

もとは一般の大学が一九八〇年代前半に警官養成用の大学に変えられた経緯を持ち、校風は「お上《かみ》」の教育施設としてはかなり自由だった。だが、一応は公安部の下部機関であった。

天安門の警備は「野球」だった

一九八九年四月、学生のデモ隊が天安門広場を占拠した。

魏陽樹の大学では他校のように学校単位でのデモ隊は組織されなかったが、彼を含む同級生たちは個人的な立場として、この「お祭り」に大挙して参加した。だがやがて、大学からはこんな指示を受けた。

「同級生たち数百人と一緒に、制服を着て警備に出ろという指示を受けたんだ。五月四日にアジア開発銀行の年次総会が北京で開かれたときと、五月一五日からソ連のゴルバチョフ書記長が訪中したときだった」

外交イベントの舞台は、学生が占拠中の天安門広場のすぐ近所の政府庁舎だ。デモのせいで北京じゅうの警官が人手不足となったため、ただ立っていればいいだけの単純な警備作業は、警察大学の学生を動員することで埋め合わせる形が取られたのである。

「アジア開発銀のときは、僕らは天安門広場の東側の受け持ち。西から来る学生のデモ隊を食い止めていた。だいたい一時間くらいで終わったな。ゴルバチョフのときは人民大会堂の西側にいたっけ。いまの国家大劇院がある場所で、当時は工事現場だった。荒れ地に車を停めていたよ」

もっとも、魏陽樹にとってデモ警備の体験は、個人の立場で占拠学生の側にいたときと同じく「面白い」出来事でしかなかった。

前出の張宝成の話にもあったように、運動はこの五月中旬の時点までは特に悲壮感や切迫感がなく、とりわけ下っ端の学生たちはまだまだお祭りムードを漂わせていた。軍人や中央党校の教員が個人的にデモ隊に加わる例も多くあり、党中央はさておくとしても、末端の治安関係者とデモ隊との関係はそれほど対立的なものではなかったのだ。

「たとえるなら、野球だよね。まずは攻撃側、同年代の学生チームがワーッとこっちを押すので、僕らはスクラム組んで守る。今度は僕らのチームがワーッと押すので、学生チームが守る。で、『おお、勝った勝った。やったぜ』みたいな」

そもそも当時までの中国において、学生運動は（公然と党体制の打倒を主張しない限り）タブーではなかった。大学進学率が数パーセントにとどまった一九八〇年代、大学生はこれから社会を率いていくエリート予備軍だ。未来を担うインテリ青年たちが国を変えるために声を上げる行為を好ましいとみなす風潮は、官民ともに存在していた。

天安門の学生デモに対しても、五月中旬までは当局側の態度はまだまだ穏健で、学生側にも共産党や政府への信頼が残っていた。警備側との押し合いへし合いも殺気立ったものにはならなかった。

「自分はなぜ権力の側にいるんだろう、みたいな難しいことは何も意識しなかったし、警察大学の学生としての役目が嫌だとも思わなかったな。むしろ運動会みたいで、非日常的な場にいることを同級生たちと一緒に面白がっていた。きっと学生側もそうだったと思う」

現場のレベルでは、党の長老や保守派の怒りなど知るよしもない。「野球」の攻撃側も守備側も、彼らの考えはやはり気楽なものであった。

「タマゴがつくなんて最高だ！」

ゴルバチョフの警備から数日後、魏陽樹と同級生たちは新たな任務を与えられる。私が資料を確認する限り、おそらく五月一七日の話だろう。

「学生のハンスト抗議がはじまって、水も飲まないって姿勢になった。でも、人込みで救急車が入れない状態だった。天安門広場の隣に公安部があるんだけど、学生の代表がそこに来て交通整理を依頼したんだ」

例によって警察側の人手不足で、今度は天安門広場の東側で交通整理をすることになった。北京市内では一〇〇万人規模のデモが起き、全国の二七省でも呼応する大規模デモが起きるなど、運動はまだまだ動き続けていた。

「公安部の建物のなかの、玄関から入って右側の場所に、映画館みたいな場所があってね。

われわれはそこで寝泊まりして、ごはんを食べた。食事はおかゆとマントウと、タマゴひとつ。たまに野菜が出た。当時は貧しい時代だし、僕も若かったからこれを粗末な食事だとは思わなくて、腹いっぱいになるから嬉《うれ》しかったな。糧票《リャンピャオ》（食料配給切符。事実上、食料購入専用の通貨だった）なしでタダ飯が食べられる。しかもタマゴがつくなんて最高だ！　って」

　魏は相変わらずだった。もっとも、さすがに公安部から寝食を提供される身の上について多少は意識するようになりはじめた。

「個人として広場にいたときはいろいろ話していた連中でも、このときはデモについての政治的な討論は誰もやらなかったね。広場で他の学校に通う友達を見たとか、あいつはデモ中に彼女ができたらしいとか、面白いことになったなあとか、そんな話ばかりをしていた」

　魏自身を含めて、デモ隊にシンパシーを抱く警察学校生も少なからずおり、誰も運動を積極的に止めたいとは考えていない。一方で現場が混乱しないように秩序を維持するのも大事だし、上からそう言われた以上は命令に服することにも違和感はない。いずれにせよ、暴力を伴った運動の鎮圧を命じられたわけではないのだから――。

　当時の魏たちの考えはそんなものだったようだ。

　いっぽう、まだまだ事態を甘く見ていた末端の学生たちの知らない場所で、政治は風雲急を告げていた。この一七日の夕刻、鄧小平ら八人の党長老は改革派を除く政府首脳を集めて会議を開き、北京市内での戒厳令の発令を決定。やがて来たる決定的な破局に向けて、最初のスイッチが押された瞬間だった。

また、一八日午前一一時には李鵬たち保守派の政府首脳が、王丹やウアルカイシらの学生代表者と人民大会堂で対話をおこなったが物別れに終わる。翌日、すでに政権内では失脚が確定していた改革派指導者の趙紫陽が、秘書の温家宝《おんかほう》をともなって広場の学生たちを見舞い、「われわれは来るのが遅すぎた」と有名な言葉を残した。趙はすでに戒厳令の実施と、デモ隊に宥和《ゆうわ》的な改革派幹部の敗北を認識していたはずであり、この騒動の末路についても思うところがあったのだろう。

そして五月二〇日午前一〇時、北京市内に戒厳令が布告された。郊外に人民解放軍の各部隊が駐屯したことで、一般学生や市民にもようやく緊張が走り、長安街を中心にバリケードが築かれはじめた。

いっぽうで魏たちは、この日を境に従来の警備動員を解除された。公安部門からは引き続き要請が出ていたが、警察学校の校長が「学生を危ない場所に出せない」と拒否した結果だという。結論から言えば、この校長の決断のおかげで魏たちは八九六四の修羅場に放り込まれずに済んだのだった。

反骨心とエリート意識で広場に行く

大学の授業はなく、警備の任務も消えた魏陽樹と同級生たちは、戒厳令下にもかかわらず再び天安門広場に通いはじめた。今度は「抑える側」ではなく、一人の参加者としてである。

「学校からは『広場に行くな』って言われていたけれど、強制的に止められていたわけではないし、別に罰則もない。それに一八歳や一九歳の若者って反骨心が強いじゃない？　学校の言うことを聞くわけないっていうか、むしろ止められるくらいだから行ってやれっていうかさ。『行くもの』なんだよ。そう、だから僕らは行った。自転車をひいひいと漕《こ》いで、一時間をかけてさ」

少し笑う。

「民主や自由については、言葉だけ。それほど深く考えていたわけではなかった。ただ、若者はいつの時代も社会に不満を持つものでしょ。例えば当時、大学生はすごくエリート意識を持っていた。なのに、卒業後の職場は全部国家に決められていて自由に仕事を選べない。職場の先輩や上司は文化大革命の世代だから、学歴は小学校卒業みたいな人も多かった。そんな人たちの言うことを聞きたくない、社会が変わればいいって気持ちは、かなり広く共有されていたし、僕もそう考えていた」

　ややインテリ臭くて嫌味にも聞こえるが、千数百年間の科挙（儒教知識を試す官僚登用試験）の伝統を持つ中国の社会で、学問を修めた知識人には一般庶民への少なからぬ優越感や選民意識がある。また、中国人はなんだかんだで自分の利益がからまなければ行動を起こさない人々だ。魏のデモ参加の動機は、聞き手としては納得できる話である。

「ほとんど毎日、寮のみんなで広場に遊びに行った。現地では相変わらず、友達を探して一緒にごはんを食べておしゃべりをして、カッコいいリーダーの演説にうなずいて……」

　六月初頭になるまで、相変わらずの日々が続いた。制服を脱いだ魏たちは、当時の北京市内のどこにでもいる学生の姿に戻っていた。

十数年に一度来る、中国のいつもの極限状態

「鎮圧のときは大学にいたんだ。六月四日の朝に『暴動が起きた』という校内放送があった。ちょうど、仲のいい先生の奥さんが市内から大学の教員宿舎に戻ってきたので話を聞いたら、銃声がバンバン聞こえて怖い、これから何が起きるかわからないって言っていて」

　やがて、魏陽樹は鎮圧の朝をそんな形で迎えた。

　すぐさま血の気の多い学生たちが市内に向かおうと動きはじめたが、当時の校長が「諸君にもしものことがあれば親御さんに顔向けできない」「頼むから行かないでくれ」と校門で

みずから説いて回って人波を止めた。

「実を言うと、うちの学校の校長や校内党委員会のトップに回ってくるのは、中央の権力闘争に負けた人たちでさ。それ以上の出世の目はないんだ。でも、だからかえって、学生に対して本気で親身になって愛情を持ってくれる人がいたし、学生側もそれを知っていた。だから言うことを聞いた」

校長はもともと、学生のデモ参加には賛成しないが行く者は罰しない、という古き良き中国の教育者らしい姿勢をとっていた。話の分かる人だったことで、かえって学生の反発がそがれたところがあった。地理的にも首都の中心部と離れていた警察大学生たちは、こうして実際の行動の上でも他の学生と道を分かつことになった。


戦車と銃弾が「お祭り」を打ち払った北京には、真っ暗な混沌《こんとん》が急速に忍び寄ってきた。魏陽樹自身も翌日五日、首都を脱出するべく大学近くの駅に行き、行き先も確認せずに列車に飛び乗った。「これから何が起きるかわからない」ことへの怖さが主な理由だったという。

列車内は彼と同じく北京から逃げ出した避難民でごった返し、網棚や座席の下まで人間が詰まっていた。誰も切符を買わず、動く列車があれば車内に駆け込む状態だった。

人々の表情は一様に暗く、車内には不安と怒りが充満していた。近年の日本で言えば、二〇一一年に福島第一原発が水蒸気爆発を起こした直後の、下りの東海道《とうかいどう》新幹線の車内と似た雰囲気だったのかもしれない。

もっとも、八九六四の避難民たちの話題は武力鎮圧のことで一色だったが、中国の民主化が挫《ざ》折《せつ》したことへの怒りの声は聞かれなかった。北京の被害状況や今後の見通しについての、不確定な予測ばかりが乱れ飛んでいた。

市内では二万人が死んだ。いや、一〇万人が虐殺されたらしい。

これから内戦が起きるぞ。中国はまた混乱する──。

事実、天安門の学生デモはその途中から、政権の内部においては鄧小平以下の党長老や保守派（李鵬）と改革派（趙紫陽）の権力闘争の道具に変わっていた。軍内でも一般市民への武力鎮圧を躊躇《ちゅうちょ》したり、改革派に好感を持ったりする部隊や司令官が存在したとされ、彼らがクーデターを起こす可能性は充分にあると見られた。

ゆえに鎮圧発生から数日後まで、日本や香港《ほんこん》の新聞は、人民解放軍が両派に分裂して衝突する内戦の予測をかなりのリアリティを持って伝えていた。気が早くて無責任な香港メディアには、「北京に反旗を翻した広東《かんとん》省の軍隊は既に〇〇省まで北上し──」といった、とんでもない飛ばし情報を流すものもあった。

情報が閉ざされた北京にはこうした話が口コミで伝わり、市民に大混乱が広がっていた。

当時の中国は、人々が基本的にのんびりと弛緩《しかん》した意識で覆われていた時代だった。

事実、学生運動が起きてから約五〇日間にわたり、北京の街では運動に無関心な人はいても、それに公然と文句を言う人は多くなかったとされる。

後年、二〇一〇年代に発生した台湾のヒマワリ学運や香港の雨傘革命では、ビジネスへの悪影響を嫌う経済界から相当に大きな反発が出たが、社会主義経済体制の下にあった当時の中国では仕事が休みでも収入が変わらず、誰も損をしなかった。また、流通体制がもともと不十分な時代だったため、各家庭は普段から食料を備蓄しており、道路の封鎖による生活上の不便も深刻に受け止められていなかった。

何らリスクはなく、困る人間もいない。ゆえに多くの参加学生たちも、魏陽樹のような「抑える側」の末端の人間も、そして大多数の野次馬的な市民も、デモから生まれた非日常的な状況をながらく面白がってきた。そんな「お祭り」の果てに、これまでの社会がちょっと良くなればいいやという淡い期待が、大部分の人に共有されていたせいぜいの認識だった。

だが、甘い時間は人民解放軍の進撃で終わりを告げた。

鳴りやまぬ銃声を前に、人々の呑気《のんき》さは一瞬で吹き飛び、過去の非常時の記憶が取って代わった。すなわち多くの人の頭に浮かんだのは「戦争」の二文字だった。

当時、北京の市民は直近の一〇〇年間だけでも、義和団事件・辛亥《しんがい》革命・民国期の軍閥内戦・日中戦争・国共内戦・文化大革命――と、十数年に一回以上のペースで大規模な動乱を経験していた。首都から脱出する列車に寿司《すし》詰めになった避難民たちは、民主化の挫折などよりも、八九六四が中国に再びいつもの極限状態をもたらす事態を何よりも恐れていた。

「我回来了《ただいま》！」

真っ暗な表情を浮かべた人々に囲まれ、汗と垢《あか》まみれになった魏がやっと実家に帰り着いたのは六月六日の午後である。鄭州《ていしゅう》や西安《せいあん》などで普通列車を三回も乗り継いでいた。

家のドアを開けると、台所にいた母は彼の顔を見るなりその場で泣き崩れた。電話もろくに繋《つな》がらない（そもそも固定電話の数自体が少ない）状況のなかで、彼女は事件発生のニュースをテレビで見て以来ずっと、北京の大学にやった息子の身を案じ続けていたのだった。

地獄の門の向こうにあったもの

「当時の軍内にいた知り合いに聞くと、もともとは発砲するつもりはなかったのに、市民側と兵士側が殺気立って緊張状態になって、なし崩し的に鎮圧がはじまったとも言うけれど――」

軍による八九六四の武力鎮圧について、魏陽樹は多くを語らない。特に鎮圧の評価については、私が何度か水を向けても彼は明らかに言及を避けた。

もっとも三時間以上の取材中、魏は「主張は正しかったが、視野が狭くて幼稚だった」と過去を振り返りつつも、当時の自分がデモ隊や学生リーダーたちにシンパシーを覚えていたことは何度か口にした。

事件後の魏は、当時の中国人エリートの常として日本に留学している。日本では勉学とキャリアアップに勤《いそ》しむかたわら、在日華人作家・譚璐美《たんろみ》の『「天安門」十年の夢』（新潮社、一九九九年）をはじめとした邦文の関連書籍を何冊も読み込み、リーダーの一人であるウアルカイシの来日講演会にも興味を示すなど、あの大事件について自分なりの答えを探そうとした。かつて初対面の飲み会の席で私に思い出話を喋《しゃべ》った点を見ても、彼が天安門の学生デモに何らかの特別な情緒を持っているのは明らかだった。

しかし、それでも魏は鎮圧への批判を口にしなかった。

日本語を使ったとはいえ北京市内での取材だったことや、過去の彼が一般学生よりも体制寄りの立場にいたこと、現在は社会的に成功を収めていることも関係しているのだろう。

だが、鎮圧後の北京脱出のエピソードを聞く限り、理由はそれだけではなさそうだ。

彼自身は語らなかったが、まず容易に想像できるのは身分を失うことへの懸念だ。

魏陽樹は自身の北京脱出について「逮捕を避けるためではなかった」「僕はそこまで積極的に運動をしていなかった」と話すが、すべてを言葉通りに受け取れるかは疑問もある。事件後、各大学では密告の嵐が吹き荒れ、疑心暗鬼のなかで自殺する者も出たとされている。

また、彼自身も認める通り、当時の大学生はエリート予備軍だった。そもそも、この時代の中国で大学生になれる若者の多くは体制内の上流家庭の出身者だ。魏の実家もご多分に漏れず、夫婦ともに一流の科学者だったらしい。

中国人の伝統的な価値観に基づけば、社会を変える力を持つのは若い知識人だ。とはいえ、それは仮に革命運動が失敗した場合には、本人が従来の特権的な地位を失うことも意味する。魏も他の学生たちも、鎮圧とその後の摘発を目にしてやっとその当たり前の事実に思い当たったのではないか。

「……正直、（中国民主化運動を）やらなければよかったと感じることはある。もしも天安門事件が起きなければ、私はその後の中国の社会でもっと面白い仕事をできていたんじゃないかなってさ」

魏と会った日よりも後の話になるが、私が日本で会った民主化活動家の葉子明《イエヅウミン》（序章参照）は、何度目かの取材の帰り道にそんなボヤキを口にしたことがある。

魏はそうなる前に踏みとどまった人間だった。

また、言葉通りに「これから何が起きるかわからない」恐怖も大きかったはずだ。魏陽樹は「お祭り」の終幕後、避難民であふれた列車のなかで、中国の社会が本質的に抱えているカタストロフィの可能性を目の当たりにした。強大な権力の統治がひとたび緩めば、世の中の一切がメチャクチャになる。中国はそういう危険のハードルが極めて低い国だという事実を、身をもって知ってしまったのである。

「中国の五〇〇〇年の歴史は、半分が独裁でもう半分が戦争だった。十数億人も人口がいる国を急に変えようとするのは、実はとても危ないことだったんだ」

事実、魏は武力鎮圧の是非を論じるかわりに、私にそうつぶやいた。

鎮圧発生後の一九八九年六月九日、鄧小平は中南海《チョンナンハイ》に戒厳部隊の軍幹部を招いて労をねぎらった。最高指導者の健在ぶりがアピールされたこの瞬間から、中国の社会は秩序を回復しはじめ、内戦の不安は消し飛んだ。魏自身もこうした状況を見て大学に戻った。

だが、鄧小平が再登場するまでの五日間は、中国の社会を覆っていた薄い平和の皮が剝《は》がれた期間だった。地獄の門の扉が一瞬開いた先に垣間《かいま》見えたのは、過去の歴史上で王朝が滅びるたびに必ず姿を見せてきた、血で血を洗う阿鼻叫喚《きょうかん》の世界だったのである。

このことが、魏のなかに事件の評価について決定的な影を投げかけた。

当時を経験した少なくない一般人も、きっと同様の思いを覚えたのではないか。

「最近、北京で同年代の友達と、みんなでおしゃべりをする機会があった。弁護士だとか社長だとか、全員がいまの社会でそれなりに成功している人だ。でね、もしも天安門が成功していたら——。共産党政権がなくなっていたら中国は大丈夫だっただろうかって話になったんだ」

魏は話題を変えた。

そこそこ知的な中国人のおっさんたちが、気が置けない仲間と集まれば決まって天安門の話題になる。いかなる思想や社会背景を持つ人でも、あの事件が青春の思い出であることに変わりはない。

「結論としては『大丈夫だった』と自信を持って言う人間は誰もいないって話になった。日本でも例があるでしょ？　試しに民主党に政権を任せてみたら、国がグジャグジャになったじゃないか。中国の場合はもっとひどいことになるんだ。仮に当時の学生が天下を取っていたら、別の独裁政権ができただけだろうと思う」

日本の民主党（当時）の話はさておき、中国についての話は説得力がある。過去の辛亥革命も国民革命軍の北伐も社会主義革命も、結果的には袁世凱《えんせいがい》や蔣介石《しょうかいせき》や毛沢東を新たな独裁者として台頭させる踏み台でしかなかったのだ。

「天安門事件の当時は改革開放政策がはじまったばかりで、西側の断片的な情報、つまりよいところしか見えていなかった。思い返せば学生の側だって、いまの人よりもずっと視野が狭かった」

魏は「例えば、同時代の日本の田舎の男子中学生よりもずっと世界が狭かったはずだよ」と自嘲《じちょう》的な表情を浮かべた。

「当時、政府は必死で情報を入れないようにしていた。でも、学生は中途半端に情報を仕入れて、中途半端な理解から、外国を天国なんだと考えた。だからあんなことになった。それが天安門事件の真実だと僕は思うんだよ」

それが彼の答えだった。

「いつか僕もタクシーに乗れる人間になりたい」

「……あのころ僕は、自動車の助手席に乗ってみたかった」

追加のビールが来て会話がしばらく中断した後、魏陽樹は独り言のようにつぶやいた。

「マイカーを買うのが夢だったんですか？」

「そうじゃない。自分の車を持って、ハンドルを握るなんてのは夢のまた向こうの話さ。あのころの僕は助手席に乗りたかった」

私が怪訝《けげん》な顔をしていると「不思議に思うよね」と笑った。

「中国では日本と違って、自動車のいちばんいい席は助手席なんだ。中国人はタクシーに乗るとき、後部座席よりも助手席に座りたがるだろう？　助手席は特別なんだ。自分がいまから進む先の一番いい景色を独占できる、偉い人が乗る席だという考えがあるのさ」

八九六四の時代、中国の庶民は平板車《ピンバンチエー》という三輪のリアカー付き自転車で移動していた。タクシーの運賃は非常に高価で、数も少ない。運転手は人々から「師傅《シーフ》（先生）」と呼ばれ、若い女性が理想の結婚相手に求める職業のナンバーワンだった。そんな社会で自動車の助手席に乗れるのは、相当な権力か財力を持つ人間だけだった。

「大学一年のときの思い出がある。僕は市内の中央音楽学院に遊びに行って、帰りにバスを待っていた。そうしたら、中国人なのに外国人みたいな恰好《かっこう》をした垢抜けた人が、なんと手を挙げてタクシーを停めた。颯爽《さっそう》と乗り込む彼の姿がものすごくカッコよかったんだ。それで思ったんだよ。いつか僕もタクシーに乗れる人間になりたい、この人生で一回でもいいから乗ってみたいって。もちろん座るのは助手席だ。そんな想像をするだけで頭がクラクラした」

現代の中国で、タクシー運転手は低賃金労働者の職業になっている。垢抜けた都市住民はマナーや安全性への不安からあまりタクシーに乗りたがらず、スマホのアプリでシェアライドをしたり自家用車に乗ったり、さらに金持ちならば運転手付きの車で移動する。いまや投資会社の幹部におさまっている魏も、言うまでもなくそれに近い生活を送っている。

だが、四半世紀後の現在までその光景を詳細に記憶しているほど、若き日の彼にとってタクシーの助手席はあこがれの対象だった。

魏は思い出を語り続けた。

例えば一九九〇年ごろ、近所にできたばかりのＫＦＣ《ケンタッキー・フライドチキン》に行った話だ。セットの価格は、数字の上では現在とほぼ変わらない二〇元強。ただし、当時の中国人にとってこの金額は大卒初任給の約三分の二ほどに相当した。

「先輩とＫＦＣに食べに行くことになった前の夜は、楽しみでずっと眠れなかった。当日、僕はどきどきして、カウンターでフライドチキンふたつとビスケット一個と飲み物を注文した。何を頼んだか、今でも全部覚えているんだよ。僕が食べたビスケットはちいさな丸いパンみたいで、表面がサクサクで、中身はフワフワで。こんな不思議な食べ物がこの世にあるのかよって――」

現代の中国人ならば三歳の子どもでも食べ残す、ありふれたジャンクフードだ。

「中国は変わったということなのさ。天安門事件のときにみんなが本当に欲しかったものは、当時の想像をずっと上回るレベルで実現されてしまった。他にどこの国のどの政権が、たった二五年間でこれだけの発展を導けると思う？　だから、いまの中国では決して学生運動なんか起きない。それが僕の答えだ」

思い出話のなかで杯を重ねたビールに瞳《ひとみ》をとろんとさせた魏の基準に照らせば、中国における言論の自由や社会の自由度についても、往年に比べればずっと改善したという。彼は政府が国民の不満を解消するためにこうした変化に積極的な姿勢をとるようになったことが、天安門事件の最大の「功績」だとも話した。

この話題が締めくくりとなり、私の魏への取材の時間は終わった。

中国の国内感覚に照らせば、反論に説得力はない

もちろん、魏陽樹の話には反論の余地が数多くある。

現代中国の社会は一九八〇年代と比べれば相対的に「自由」なのかもしれないが、中国の言論統制の厳しさと社会監視の凄《すさ》まじさは、この章の冒頭で公盟メンバーの張宝成を取材した私が何よりも痛感している。

また、確かに胡錦濤時代までの中国の社会には、権力基盤の弱い政権の下で国民はなんで

もやりたい放題――、といった一種の「自由」さがあったが、それも習近平が権力を握るやいなや一瞬で消し飛んだ。指導者が交代するだけで社会の風通しの良さが大幅に乱高下するのは、やはり中国の政治体制が専制的かつ強権的だからである。

魏が話す経済発展にしても、中国の成長にはひずみが多い。鄧小平は改革開放政策を提唱した際に「豊かになれる者が先に豊かになって落伍《らくご》した者を助ければよい」と呼びかけた(先富論)が、実際には極端な貧富の格差が発生しただけで、落伍した者は助かっていない。

もちろんトータルで見れば、中国の社会は一九八九年当時とは比較にならないほど豊かになった。もはや自動車の助手席やKFCのビスケットは貧困層の人でも縁遠いものではないが、さりとて社会全体の幸福度が高いかと言えば疑問である。みんなが「平等」に近かった八九六四の時代と比べると、凄まじい格差によって中国の社会は深刻に分断され、階層を異にする者同士の共通言語はほとんど消滅している。

なにより、仮に風通しの良い体制の社会がもともと中国に存在していれば、経済発展はもっと早くにはじまっていたはずだろう(ちなみにKFCの日本初出店は一九七〇年だ)。現代の格差問題も環境問題も、まともな民主主義国家ならばもっと効果的な解決の目途《めど》がついているのではないか。

少なくとも私たちのような西側の人間や、公盟メンバーのような民主派の中国人たちはそう考えている。

だが、こうした反論は、かつての魏が目にした避難民の列車の光景と、大部分の中国人が叶《かな》えたタクシーとフライドチキンの夢の前には——。つまり、中国の国内感覚に照らすならば、それほど説得力を持つものではない。

新公民運動の政治活動を理由に投獄されて、いまや無職状態の張宝成。

中国の政治改革に見切りをつけ、事件後の体制に容認的な姿勢を示す成功者の魏陽樹。

極端すぎるサンプルとはいえ、若き日に天安門広場の熱狂に酔いしれた二人の中年男の現在の姿は、あまりにも対照的だ。

それはさながら、この世にふたつの北京が存在しているかのようだった。

第二章

僕らの反抗と挫折

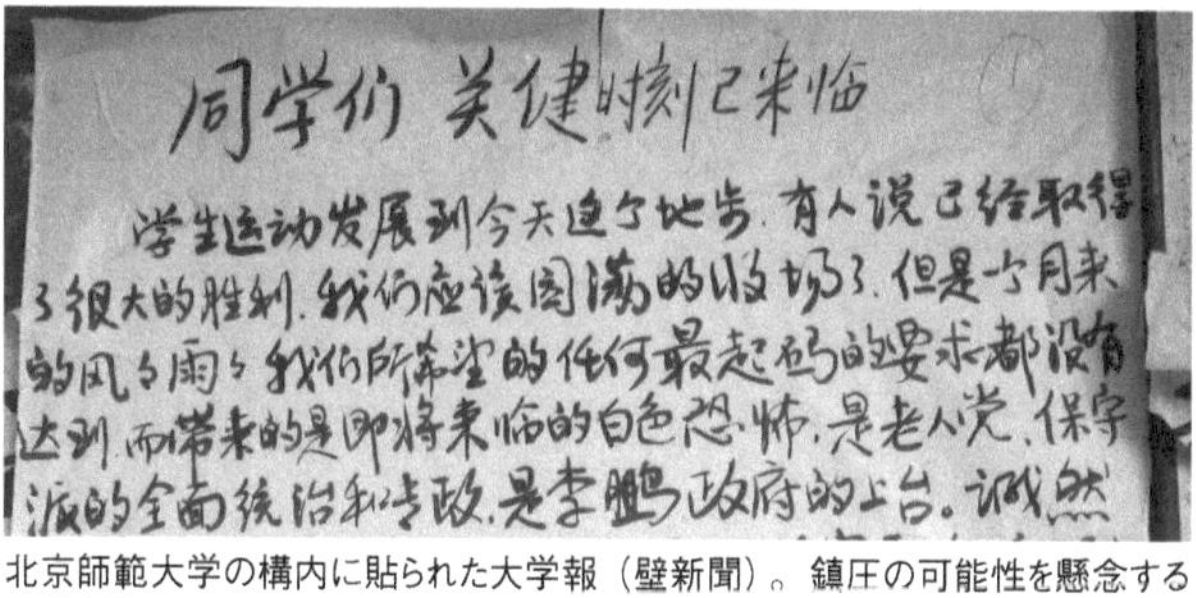

北京師範大学の構内に貼られた大学報（壁新聞）。鎮圧の可能性を懸念する文言も見られる。

5 佐伯加奈子（仮名・日本人）

事件当時23歳、在中日本人留学生　取材当時48歳、主婦
「八九六四」当時の所在地：日本国
（前日まで北京師範大学キャンパス内に滞在）
取材地：日本国　東京都世田谷区の喫茶店
取材日：２０１５年４月24日

6 徐尚文（仮名）

事件当時20代なかば、北京師範大学講師　現在消息不明
「八九六四」当時の所在地：中華人民共和国　北京市内

「今晩鎮圧」

「運動も末期の五月末ごろのことです。広場の東側の長安街《チャンアンジエ》沿いにある、北京飯店《ベイジンファンディエン》や建国門外大街《ジエングオメンワイダージエ》には各国のマスコミが集まっていました。その地域の周辺の人混みを一人で歩いていると、すれ違う通行人がスッとこちらの鞄《かばん》やポケットに紙切れを入れてきたんです」

スリの逆ヴァージョンとも言うべき不思議な行為だが、当時は何度もあったという。紙切れを開くと「今晩鎮圧《ジンワンチエンヤー》」とだけ書かれていた。

彼らの動機は、メディア関係者かもしれない外国人への威嚇なのか、それとも一人歩きを

していた可憐《かれん》な女子学生に危険を忠告する親切心だったのか。その答えを知る前に、終末の日が先に来た。

北京《ぺきん》で暮らしていた日本人である彼女の目にも、天安門《てんあんもん》広場で始まった当初のデモは「お祭り」に見えた。だが、先行きが見えない情勢に苛立《いらだ》った学生たちがハンスト抗議を開始し、対する当局が北京市内に戒厳令を布告した五月二〇日の前後から、学生運動は徐々に重苦しい雰囲気に包まれていった。

――終末の最初の兆候は、セクシャル・モラリティの崩壊だったらしい。

男女が手をつないで歩くだけでも勇気が必要とされた当時の中国では信じがたい現象だったが、屋内外を問わず物陰で性行為に勤《いそ》しむ学生カップルが数多く出現しはじめたのだ。

彼らの様子に、未来への希望に溢《あふ》れた若者たちのロマンチックな愛の語らい、といった美しさはまるでなかった。彼女の表現を借りれば、それは「生命の危機に追い詰められた動物の本能」を連想させる、終末感に溢れた光景だったという。

やがて武力鎮圧の噂が日常的に囁《ささや》かれるようになった。カレンダーが六月に入ると、市内では実弾発砲こそなかったが、ちらほらと姿を現すようになった人民解放軍の兵士たちと学生の間でしばしば小競り合いが起きるようになった。

「キャンパス内に、『こいつらが俺たちを苛《いじ》めている』というスローガン付きで、解放軍の靴と上着が吊《つ》るされていました。中華圏で『靴《シエ》』は『邪《シエ》』と音が通じるので、良いイメージがないんです。いよいよ追い詰められてきたなあ、と思ったのを覚えています」

剣呑《けんのん》な空気が市内を覆っていた六月三日、彼女は北京を離れた。もっとも理由は避難のためではなく、就職活動先だった大手日系企業の北京支店の面接をパスして、いったん東京の本社に行く必要が出たため。すぐに中国に戻るつもりで、当時交際していた中国人の恋人・徐尚文《シュイシャンウエン》（仮名）とも会わずに空港へ向かった。大学の講師だった徐は、当時の北京の青年知識人を絵に描いたような、明るく実直な人だった。

そして——。八九六四の一報は日本で聞いた。

彼女が見ていた世界は、この日を境に大きく色を変えることになった。

民主主義になれば豊かになれる、という理想の未来

二〇一五年四月二四日、私が世田谷《せたがや》区のあるターミナル駅前のカフェで出会ったのが、日本人の佐伯加奈子《さえきかなこ》さん（仮名）だ。上品で物腰の柔らかな女性である。

佐伯さんは関西地方の大学で中国語を専攻した後に社会人経験を経て、一九八八年八月から北京師範大学に留学した。師範大はやがて、天安門の学生デモの震源地のひとつになった。

著名な学生リーダーのウアルカイシが在学しており、また後年に零八憲章（二〇〇八年に中国の知識人多数が発表した民主化アピール）の起草でノーベル平和賞を受賞する劉暁波《りゅうぎょうは》の母校でもあったためだ。

「胡耀邦《こようほう》が亡くなったときは、恋人の家にいました。家族ぐるみで仲良くしていたので、あちらのお父さんやお母さんと一緒にテレビを見ていて。あの後は驚きましたよ。だって生前の胡耀邦って、日本との友好に入れ込み過ぎて失脚した『脇の甘い政治家』だって思われていたんです。亡くなった途端に『立派な人』ってことになってデモがはじまったのは、ちょっと不思議でしたね」

親日家で政治の民主化にも積極的だった胡耀邦は、存命中から中国人にも日本人にも評判がよかったとされる。だが、知識階層の家庭である徐尚文の実家の評価はもう少しシビアだったらしい。こうした評価をくだす中国人もまた、それなりにいた。

そんな胡耀邦の急死がすべてのはじまりである。

やがて学生運動が盛り上がり、大学は開店休業状態になった。講義を受けられない外国人留学生がかわいそうだと、先生たちが特別に補講を開いてくれたこともあったが、ときには先生自身がデモに出ていき休講になった。結果、暇を持て余す時間が増えた。

恋人だった徐は、外国人である佐伯さんの立場を心配してか、デモの現場に連れていこうとはしなかった。だが、彼女は同時代の大事件が気になり、留学生同士でしばしば連れ立って広場へ見物に行った。現地ではアルバイトとしてNHKのリサーチャーも務めていたため、他の留学生よりもデモの情報が気になる立場でもあった。

当時、彼女は四月の胡耀邦の追悼デモの発生から鎮圧の前日まで、一〇〇枚以上の現場写真を撮影している。フィルムを用いていた個人のカメラの撮影数としては膨大な数だ（なお、本書の口絵や一部の章扉に掲載された当時の現場写真はいずれも佐伯さんが撮影したものである）。

北京師範大学の若手講師だった恋人の徐尚文は、他の教師や学生と同じく運動にのめり込んでいた。

当時の青年知識人の例に漏れず、VOA《ヴォイス・オブ・アメリカ》のラジオ放送が大好きで、友人たちと毎日のように中国の理想の未来を論じていたという。

経済の立ち遅れは政治体制のせいだ、アメリカや日本のように民主主義体制を採用すれば豊かになれる、中国人を貧乏から救ってくれるのは民主主義だ——。

もっとも、当時のデモ隊の主張の曖昧《あいまい》さや視野の狭さは、やはり佐伯さんにも感じられた。「学生どころか先生たちも含めて、デモのスローガンに出てくる『官倒《グァンダオ》（官僚ブローカー）』や『太子党《タイヅダン》（特権をむさぼる党幹部子弟グループ）』の実例を誰も見たことがなかったんです。

徐尚文自身も、『なんだか、そういうのがあるらしいんだってさ』といった口調でした」

　さらに一般民衆となると「無知」はいっそう甚《はなは》だしかった。佐伯さんの目に映る彼らは、「いろいろ演説をしている学生のリーダーに、よくわからないけれどワーっと興奮」していただけで、明確に思想と呼べるものはなきに等しいように見えた。


「師範大の学内では、ウアルカイシのアジ演説を見たこともありますよ」

　運動の初期から中期を盛り上げたリーダーだ。当局との対話の席で、総理の李鵬《りほう》に公然と食ってかかった彼の記録映像は、後にドキュメンタリー映画『天安門』をはじめとするさまざまなメディアで引用された。天安門の学生デモを象徴する人物の一人である。

　だが、彼は当時から現在まで、その言動に「あさはか」「短絡的」といった負の評価が与えられることも多い。佐伯さんや徐尚文の印象も同様だった。

「学内の評判はよくなかったですね。彼はウイグル族なので、成績にゲタを履かせてもらって師範大に入学させてもらったとみんなが言っていて。主張も浅いって」

　ただし、主張が浅いだけの人物が数十万人のリーダーになることは出来ない。

「とはいえ、アジ演説をぶつウアルカイシがものすごくカッコよかったのも事実です。後から話の内容をよく考えてみるとあまり中身がないのですが、とにかく勢いがあって魅力的だった。あと、彼はルックスで得をしていた部分も大きかったと思いますよ」

ある意味で、本人たちもよくわからないままデモに参加していた学生や市民を鼓舞するうえでは、ウアルカイシの個性は需要にマッチしていた。活動の後期に、感動的な演説をおこなって運動の顔になった、可憐な女性リーダーである柴玲《ツアイリン》もやはり同様の存在だった。


だが、興奮と感動はやがて重苦しい閉塞《へいそく》感に変わり、八九六四の武力鎮圧を迎える。

鎮圧の夜、徐尚文自身は無事だったが、師範大付属高校に通っていたヤンチャ者の弟が街へ出かけたまま行方不明になった。六月五日、徐は戦車と軍人に支配された街で弟を捜し回り、路上に行き倒れている死体を一人一人ひっくり返して顔を確認し続けたという。数日後、弟は無事に帰宅したが、近所の人には事件の犠牲者がおり、まさに紙一重だった。

日本にいた佐伯さんが北京に舞い戻ったのは、事件発生から一か月ほど後である。

街は暗く、ピリピリしたムードが漂い続けていた。

だが、彼女が何よりも驚いたのは恋人の変化だった。


「俺は海外にコネを持っている」

「すっかり性格が変わっていたんです。斜《はす》に構えてひねくれて。いきなり髭《ひげ》を生やし出したり、自分探しの旅に出たりしはじめた。話をしても、二言目には『国を出たい』しか言わなくなりました。昔は陽気でさわやかな人だったのに」

かつての徐尚文は知的な正義漢で、心の優しい親孝行者。佐伯さんに対しても、自転車の後ろに彼女を乗せて北京の下町芝居を見せに連れていってくれたり、家に遊びに行くたびに食事を作ってくれたりするような人だった。だが、再会以来、そんな姿は見られなくなった。

「以前はわざわざ私を友達に引き合わせたりしなかったのに、事件後は日本人の恋人がいることで見栄を張るような言動が目立ちはじめました。『俺は海外にコネを持っている』『こいつと結婚するつもりだ』なんて、友達の前でわざわざ言うんです」

気配り上手だった以前の彼と同じ人間とは思えない振る舞いだ。

将来は徐と結婚しても構わないと思ってはいたが、プロポーズも何もないまま、二人の未来を自慢話の種にされたことのショックは大きかった。

「私が働きはじめてからは『いくら給料をもらっているんだ』みたいなことも盛んに尋ねるようになりました」

かつて戦乱が多かった国だけに、中国人は真の社会危機を前にすると豹変《ひょうへん》する。一九八〇年代以前から中国にかかわった日本人には、政治的な動乱の前後に、それまで気が置けない関係だった中国人の友人がいきなり金銭の無心をはじめたり、移民の口利きを頼んできたりして失望したエピソードを持つ人がかなり多い。佐伯さん自身、別の知人からそんな態度を取られた経験があり、中国がそんな悲しい面を持つ国であることは理解していた。

また、八九六四の鎮圧後、学生や知識人には無力感が広がり、自分の生き残りだけを考える風潮が高まった。留学熱や海外への移民熱も従来以上に盛んになった。このことも理解していた。

しかし、ただの友人知人ならばともかく、恋人のそんな変化を見るのは耐え難かった。徐自身、ことさら露悪的に振る舞った面もあるのだろう。だが、数週間や数か月間ならばともかく、彼の性格は半年経っても一年経っても元に戻らなかった。

お互いにギクシャクしていた翌年初夏のある日、勤務先の寮に徐尚文から手紙が届いた。夜中に酔っ払って書いたのか、ひがみっぽくて意地悪な文章が延々と続いていた。好きな女の子をわざといじめて構ってもらいたがるような幼稚な文面だった。

ちょうど先方の父親から電話が来た。手紙の概要を伝えると盛んに謝られた。

「息子は変わった。あなたにご迷惑を掛けるのは申し訳ないことです」

そんな会話を経てから電話を切り、悲しいなかでどこかでほっとした気にもなった。

天安門事件の後、それでも徐と交際を続けてきた理由は、過去の彼に対する感情の貯金に加えて、この優しい両親を悲しませたくなかったからだった。だが、もはや感情の貯金はすり減り、彼の両親への義理も多少は果たしたように思えた。

結果、心のなかの最後の糸が切れ、彼女と徐の人生は別々の方向に歩みはじめた。

「何も起きなければよかったのに」

「正直、私はうらめしいんです。事件の武力鎮圧はもちろん、あの年に起きたデモそれ自体も。何も起きなければよかったのに。中国の社会も、私自身も、失ったものが大きすぎる」

佐伯さんはこう話す。北京の街角ののんべんだらりとした空気感も、優しかった本来の徐尚文と過ごした日々も、利害関係を考えなくていい中国人との気楽な付き合いも、すべて八九六四が一夜のうちに奪い去っていったからだ。

彼女はその後、帰国して日本人の男性と結婚し、現在は幸せに暮らしている。

一方で徐尚文は、彼女と別れてほどなく大学の講師を辞め、香港《ほんこん》系の外資企業に転職していったようだが、その後は消息が知れない。

彼が幸福な人生を歩んだのかは不明だが、地頭《じあたま》の出来がすこぶるよい人だったので、少なくとも経済的には「成功」したのではないかという。

「あのとき、仮にデモも何も起きなくたって、中国は多分、徐々にいまと似たような社会になっていたと思うんですよ。だから一層、何も起きなかったほうがよかったと思うんです」

中国の市場経済化を目指す改革開放政策は、天安門事件によってしばらく中断したが、その後はより大胆に進んでいった。

仮に事件が起きなくても、やはり政策は変わらなかっただろう。

だが、向かっていく未来の方角は一緒にせよ、中国社会の変化はもっと緩やかで、一九八〇年代の中国の純粋でおっとりした部分を残しながら現代につながってゆけたのではないか。商売人たちのお金好きは相変わらずかもしれないが、少なくとも学生や知識人は、現在もなお生真面目に夢や理想を語る人たちであり続けられただろう。

なにより、佐伯さんの過去の友人たちや徐尚文も――。きっと、事件前と同じように、屈託のない顔で笑える人たちでいてくれたはずだった。

――向銭看《シヤンチエンカン》（カネに向かって進め）。

事件後、中国国内では政治的な議論がタブーになった。天安門のデモに共感した人たちの多くは、徐尚文のように社会に対して一種のシニシズムやニヒリズムを抱きながら、エネルギーのすべてをカネ儲《もう》けに注ぎ込むようになった。

当局の側も、過去のような人民の平等や共産主義社会の実現ではなく、国民が好きなだけカネを儲けられる社会を担保することを「統治の正当性」の根拠に据えるようになった。「拝金主義」という一点で国家と国民の利害が一致したことで、体制は再び安定した。習近《しゅうきん》平《ぺい》体制になってから野放図な金儲けが規制されて管理社会化が進んでいるが、国民に染み付いた拝金主義はもはや変わらない。

八九六四からの四半世紀にわたって、こうした現代中国を作り出し、その積極的な担い手になったのは、徐のように事件後にいじけて斜に構えた往年のデモ青年たちに他ならなかった。

「何年か前に王丹《ワンダン》の講演会があったんですけど、行かれましたか？」

やがて、話が一段落したところで佐伯さんから尋ねられた。

二〇一二年七月五日、当時の学生リーダーだった王丹が訪日して開いた講演会だ。私は友人の中国ライター・高口康太《たかぐちこうた》と一緒に会場へ行ったが、佐伯さんもその場にいたという。

「安田《やすだ》さんは、王丹の話を聞いてどう思いました？」

「正直に言って微妙でした。『中国社会の矛盾は大きい』『だが、民主化の芽は育っている』と十年一日の話ばかりで。本気で変化が起きるような感じは何も覚えなかったですね。従来のシンパが毎度おなじみで喜ぶだけで、新たな支持は広がらないだろうと感じました」

あの講演を聞いた私と高口の印象は「つまらない」で一致していた。

講演後の質疑応答で、ある若い中国人が「ネットを見ているだけなら明日にでも革命が起きそうなのに、なぜ現実の中国では何も起きないのですか？」といった質問をした際に、王丹が一瞬言葉に詰まった光景も印象的だった。

「王丹って昔は本当に凄《すご》い人だったんですよ。日本人にはいないタイプの頭のよさがある人で、カッコよかったんですけどね……」

佐伯さんはそう言ってから、ちょっと眉《まゆ》をひそめた。「あの講演に、別の点で不満を持った」というのだ。

「王丹が司会者の質問に答えたときに『当時、自分がどんなに危険なことをしているのかわからなかった』『共産党が発砲するとは思わなかった』と言ったでしょう？　あなたの立場でこれを言うの、と思いましたよ」

優しい物腰を崩さなかった佐伯さんが、このときは唯一感情を昂《たか》ぶらせた。

「私はいま思春期の子どもの親になったので、デモや社会運動についても参加者側じゃなく親の視点で見ちゃうんです。ひとさまの子をあんなに危ない目に遭わせた責任者が、いい年になって何を言ってるのって。本気で腹が立ちました」

――天安門の学生デモも、そのリーダーたちも、八九六四の鎮圧も「うらめしい」。

だが、自分の人生を大きく変えた事件の正体は何だったのか。

ゆえに佐伯さんは現在もなお事件の関連情報に一定の関心を向けており、往年の活動家が最近は何をやっているのかを調べたり、王丹の講演会に足を運んだりしている。

しかし、こうして事件の後日譚《たん》に触れるたびに心に膨らむのは、なんとも言えないやりきれなさだ。

もちろん、天安門の学生デモの発生は後の社会主義圏諸国の解体に大きな弾みをつけた。武力鎮圧が国際的な非難を浴びたことで、中国政府は少なくとも胡錦濤《こきんとう》政権の時代までは、海外の目を意識して自国の政策をある程度は穏健化させるようにもなった。そして、現在からはるかに遠い未来のいつかは、事件が中国で再評価される日も来るかもしれない。

だが、多くのものを失った個人の立場から、もしくは中国の急激な変化を憂える立場からしてみれば、そんな事実は大した慰めにはならないこともやはり確かなのである。

7 余 明（仮名）

事件当時26歳、北京大学教員　取材当時52歳、旅行会社経営者
「八九六四」当時の所在地：中華人民共和国　北京市内
取材地：中華人民共和国　北京市東直門付近のスターバックス
取材日：2015年8月11日

天下の大事を憂うのは知識人の役目だ

「中国に民主はないが、北京大学の内部には民主があった。また当時、知識人はその時代に責任を持つべきだという意識があった。学生たちも私自身も、時代を担う者としての自負があったから、ああいうデモをやった」

二〇一五年八月一一日、余明《ユイミン》（仮名）は北京のショッピングセンター内のスターバックスでそう胸を張ってみせた。北京大学に留学経験を持つ日本人ビジネスマンから紹介してもらった人物で、やや発音に癖があるが流暢《りゅうちょう》な日本語を話した。

北京生まれの北京育ち。北京大学を卒業後、同校のコンピューターセンターで講師を務めていた二六歳のときに、天安門のデモを体験した。

「あの年は五四運動からちょうど七〇年目だった。北京大学の大先輩たちがおこなった運動だ。やはり、いろいろ思うところは多かった」

五四運動は、一九一九年にやはり天安門広場で起きた学生デモだ。抗日・反帝国主義の立場からおこなわれたデモで、近代中国のナショナリズムの目覚めを告げた事件として高い歴史的評価がなされている。皮肉なことに、中国共産党もこの学生デモの影響を受けて誕生した。一九八九年の学生デモも、当事者たちの間ではこの五四運動が濃厚に意識されていた。

当時の余は、講師とはいえ年齢的にはほとんど学生と変わらない。毎晩、勤務が終わると自転車に乗り天安門広場へ向かった。

「五月一五日、市内の知識人による大規模な学生支援デモがあった。北京大学では全職員七〇〇〇人ほどのうち、数千人がこのデモに参加したのだが、私は一番前に立って声を出したよ。一番年上の参加者は九〇歳を超えた老人で、五四運動の生き残りだった」

後の記録によれば、この日は市内全域の高等教育機関の職員や研究所員ら、知識人が集中的に集まる形で三万人規模のデモをおこなったとされる。当時はちょうど学生たちのハンスト抗議がはじまったところで、デモの成功への期待がまだ残っている時期だった。

「知識人デモへの参加は、誰の意見で決めたかは覚えていない。ただ、教職員の内部に学生への応援会のような組織があり、ハンストの支持と学生を守ることを決めていた。私自身、倒れたハンスト学生を助けるために医者を広場の中心部の人民英雄記念碑まで連れていったことがあるよ」

その二日後には、一般市民らによる一〇〇万人規模のデモも起きた。余はこちらにも参加し、広場の東側の中国歴史博物館（現在の中国国家博物館）前で、救急車を通すための通路の確保をおこなった。このときは二八時間もぶっ続けで現場にいたという。

その後も、ときに教員として学生を慰問し、ときに個人の立場で座り込みに参加しながら、彼は広場に通い続けた。

「鎮圧を控えた六月三日も、昼までは一人で広場にいた。ただ、午後にたまたま語言学院（現在の北京語言大学。余の勤務先とは別の学校）で友人とテニスの約束をしていたので、現場を離れたんだ」

結果、余は幸いにして惨劇を直接目にしないで済んだ。

翌日になり実家からの電話を受けたことと、負傷した学生がキャンパスに戻ってきたことで、鎮圧の事実を知ったそうである。

「士庶の別」が生む驕り

「知識人こそがモノを言うべき存在だ、中国を救う存在だと考えていた」

そんな言葉からもわかるように、当時の余明の行動の動機は、中国の知識人としての自負だった。同様の傾向はこれまでに登場した郭定京《グオディンジン》や魏陽樹《ウエイヤンシュー》にもあったが、余は名門校・北京大学のOBであり、かつ同校の現役教員だったため、思いはいっそう強い。

もっとも、彼らのこうした物言いには引っかかるところもある。

——知識人でない存在には、中国を救う資格はないのだろうか？


中国は伝統的に「士庶の別」（士《し》大夫《たいふ》と一般庶民の区別）の概念が明確に存在する社会だ。少なくとも宋《そう》代以来の前近代一〇〇〇年近くにわたって、士大夫とは知識人のことであり、政治的には科挙を突破した文人官僚を指す言葉として使われてきた。

中華文明の伝統において、政治は徳のある者により担われることが望ましい。この有徳の士とは、すなわち豊かな儒教的人文教養を修めた知識人のことであり、そのような頭のよい人間のみが自分の脳味噌《みそ》で天下の大事を考える権利と義務を持つことができる。有《う》徳者《とくしゃ》たる士大夫はこまごまとした肉体労働や事務的な雑事に煩わされず、社会の支配階級を構成して大いに天下国家を語る特権的な資格を持つ——。

科挙官僚国家である宋朝の時代に確立した、漢民族の文治政治の理念を支える思想だ。日本と較べれば圧倒的に、伝統的な中国社会における知識人の社会的地位は高い。

もっとも、これは選民主義的な愚民思想と表裏一体である。学徳を持たぬ凡百《ぼんぴゃく》の匹夫《ひっぷ》は、あくまでも賢い士大夫の考えに唯々諾々と従うべき存在であって、政治や政論の主体的なプレイヤーになることは好まれないからだ。また、一定水準までの勉強ができるかどうかは、本人の能力以上に、子どもに大量の教育資本を投入できる家庭環境の有無に左右されるため、結果的に士大夫の一族はほぼ世襲の支配階級となる。

科挙は一九〇五年に廃止されたが、中国では近代以降も、北京大学をはじめとする高等教育機関の卒業生や留学帰国者たちが「士大夫」の地位と自己認識を引き継いだ。天安門経験者たちがしばしば引き合いに出す、一九一九年の五四運動を担ったのもこういう人たちだった。

中華人民共和国の建国後、知識人階層の人たちは反右派闘争や文化大革命で散々に迫害されたが、毛沢東《もうたくとう》が死ぬと一九八〇年代に復権した。二一世紀の中国では知識よりもカネを持つ人間のほうがさらに偉いことになっているが、中国人全員が貧しかった一九八〇年代は、アタマのなかに無形の資産を貯め込んでいる知識人がいちばん偉かった。

「中国の知識人は、一種の特権的な世襲階層です。天安門のデモは、この階層の人たちと知識人予備軍が起こした運動で、純粋な市民運動とは言えなかった。僕は事件の年の四月まで中国にいたんですが、あのデモに対して個人的には共感を覚えませんでしたね」

北京取材の前に日本で私にそう話したのは、ジャーナリストの麻生晴一郎《あそうせいいちろう》である。麻生は一九八〇年代から中国に出入りし、中国国内の庶民的な民主派や人権派の活動家の世界にディープに入り込んだ取材経験が豊富な人物だ。中国の改革運動に親和的な麻生がこう評するほど、天安門のデモの中枢にいた人たちの社会階層は偏っていた。

事実、余明もまた「本当に求めていたのは民主よりも自由だった」と述べ、こう言っている。

「当時はメディアの規制が現在よりも強くて、直接的な政権批判以外でも、言えないことがたくさんあった。学術研究も制限が多くて、知ったり論じたりできないことが多かった。これらをもっと自由にしてほしい、海外の情報を自由に得たい。こうして国家をよくしていくことが知識人の責任だと考えたんですよ」

確かに言論や学問の自由は重要だが、これも意地悪な見方をすれば、知的活動によってメシを食う限られた業界の人たちによる権益の拡大要求にすぎない。当時の彼らが求めていたのは、知識人がその地位にふさわしい待遇を得られる社会の実現でしかなかったのではないか。

中国を救うという大看板を掲げた、知識人の知識人による知識人のための運動。

庶民とは隔絶した偉さと賢さを持つと考えている業界人たちが、その待遇をさらに向上させよと要求した運動。

民主化運動でもなんでもない。天安門のデモには、明らかにそういった面も存在していた。

「それでは、もしも現在、同じようなデモが起きたら余明さんはどうしますか？」

「現在の私が参加するかは微妙なところだね。妻もいる、子どももいる、会社もある」

「あなたの娘さんが、デモに行くと言ったら？」

「賛成しない。親心としては、危ないことはさせたくない」

余にお決まりの質問をしてみると、おおむね予想通りの答えが返ってきた。彼はもう往年のように、屋外に二八時間も立ちっぱなしで体制改革運動を応援するような人ではない。

「新公民運動のような、社会運動についてはどう思いますか？」

「心情的には理解できる気もするが、主張の実現は難しいだろう。表立って応援はしづらいね。ああいう主張をおこなうことが許される世の中になればいいとは思うが」

「香港の雨傘革命についてはどうですか？」

「香港は中国本土よりもずっと自由な場所だろう？　彼らは多くを求めすぎている。同じ中国人なのにわがままだと思うし、賛同できない」

人間はこうして保守化するのだろうか。

中国の士大夫は今もむかしも変わらない。彼らは現実主義的で、政治の風向きに敏感だ。

発する言葉はカッコいいものの、いちど挫折《ざせつ》すると打たれ弱く、新たな現状を受け入れていく。

「とはいえね。中国だって、社会の様子もメディアの報道も、昔と比べればずっと自由になったんだ。習近平の時代になってすこし逆戻りしたが、それでも昔よりはいい」

私が黙っていると、ちょっと気が咎《とが》めたのか、余はこんなことを言い出した。

「でも、習近平の言論統制や社会への引き締めはかなりひどいですよ」

「……ああいう政策は賛成しない。だが、仕方がないじゃないか」

事件当時の武勇伝を活《い》き活《い》きとした目で話していたときとは違い、すっかり困った顔だ。

デモの多くの参加者の一人でしかない彼の「変節」を追及することは本意ではない。また、これ以上話を聞いても他の人たちと同じような意見しか出てこないようにも思える。

私は余に礼を言い、ひとまずここで取材を打ち切った。

8 呉凱（仮名）

事件当時25歳、在日中国人留学生　取材当時51歳、ジャーナリスト
「八九六四」当時の所在地：日本国　東京都内
取材地：日本国　東京都新宿区の海鮮居酒屋
取材日：2015年3月16日

日本で成功した「妖怪」たち

「名前は絶対に出さないでね。ただ、友人として当時の話をするなら別にいいよ」

携帯電話のスピーカーから流暢な日本語が響いた。相変わらずの軽妙洒脱《しゃだつ》な語り口だ。彼は呉凱《ウウカイ》（仮名）といい、ときおりテレビで顔を見る在日中国人ジャーナリストの一人である。

六四天安門事件を挟んだ一九八〇～九〇年代は、世界史上において日本経済がもっとも強かった時代だ。ゆえに中国では日本留学ブームが起こり、国家の最上級のエリート層から一《いっ》攫《かく》千金を夢見るヤマっ気の強い人たちまで、さまざまな中国人が日本にやってきた。彼らの大部分が天安門世代である。

この時期に来日した中国人の若者には、その高い知力とハングリー精神ゆえに日本社会で功成り名遂げた人も多い。一例を挙げるだけでも、ソフトブレーンの創業者で経済評論家の宋文洲《そうぶんしゅう》、ラオックスの社長である羅怡文《らいぶん》、ジャーナリストの莫邦富《もーぱんふ》や段躍中《だんやくちゅう》や石平《せきへい》、政治学

者の朱建栄《しゅけんえい》、文化人類学者で内モンゴル人の楊海英《ようかいえい》、作家で歌舞伎町《かぶきちょう》案内人の李小牧《りこまき》、さらにこの呉凱などが該当する。ほかにも日本国内の大学に勤務する中国人教員を観察すると、その圧倒的多数はこの世代で占められている。

彼らのなかには、一九八九年六月四日に東京でおこなわれた在日中国人学生のデモに参加したり、「天安門事件を機に祖国を見限った」ことをある時期までアピールしていた人が少なくない。だが、中国の経済発展が波に乗った二〇〇〇年代になると、自身の過去や民主化への思いをほとんど語らなくなり、ついに強権的な習近平政権の成立を境に、政治的なことはなにも言わなくなった人が大部分を占めている。

（ちなみに上記のなかで、石平は本書の終章ですこし登場する。ほか、同じく日本に帰化した「歌舞伎町案内人」李小牧は「当時の私は新宿《しんじゅく》の街で生き残るのに精一杯で、天安門なんてまったく興味がなかった」と、私の取材に対してある意味で非常に彼らしい証言をしてくれている）

「むかし、日本でおこなわれた天安門デモの写真は、いま公開するといろいろヤバいんだ。現在はテレビで中国政府寄りの発言をしていたり、日本の大学の教授におさまって中国ビジネスの講義を受け持ったりしている偉い人たちが『デモ参加者』として大勢写っているからね」

「習近平の時代になって、怖がっている人は多いよ。彼らのなかには一時期まで日本の公安機関と仲が良かった人もいれば、習近平が力押しで失脚させた周永康《チョウヨンカン》（元中国公安部門トップ）の人脈に近い人もいる。二重スパイみたいになっていた人もいるんじゃないかな――」

とは、詳しい事情を知る関係者の話である。

事実、近年は朱建栄をはじめ、何人もの在日中国人学者が中国への一時帰国中に当局に身柄を拘束され、何らかの取り調べを受けたことがメディアで伝えられている。こうしたリスクがあることも、危機管理意識の強い彼らが事件を語りたがらない大きな要因になっている。

在日中国人の著名人たちは、いずれも日中両国の政治や経済の風向きにひどく敏感で、変幻自在に姿を変える「妖怪《ようかい》」のような存在だ。呉凱は天安門シンパからの転向組であるにもかかわらず、匿名ながらも取材のオファーに応じてくれた数少ない一人だった。

「中国が民主化する日までヒゲを剃らない」

「あのころは僕も若かった。当時、ヒゲを伸ばしていて『中国が民主化する日までこれを剃《そ》らない』なんて宣言していたんだ。日本人の先生にずいぶん感心されたよ。でも、天安門事件から一～二か月経ったらなんだか気が抜けて、いつの間にか剃っちゃったんだけどさ」

二〇一五年三月一六日。そう語る呉凱と新宿の居酒屋で会った。

北京出身の彼もまた、もとは体制寄りの知識人階層の出身だ。実家は軍医で、ウアルカイシャ佐伯さんよりも在学時期が数年早いものの北京師範大学の学生だった。やがて一九八〇年代後半、日本円換算で一二〇万円ほどをかき集めて私費留学で日本にやってきた。日本語学校を経て、都内のある私立大学に入学したのは一九八九年四月だ。間もなく北京の街で学生デモが発生した。

もっとも、呉は当時日本国内で発生した在日中国人留学生のデモには行っていない。

「だって、真面目な留学生は勉強とバイトで忙しいじゃん。日本でデモに行ったのは勉強のできないやつらばっかりだったよ。僕はあいつらとは違ったのさ」

そう言うが、先のヒゲの話からもわかるように運動への共感はあった。天安門の学生デモは彼の母校が震源地のひとつであり、参加者の多くは自分と同階層の若者たちだったのだ。

当時、日本をはじめとする西側先進国に対して、中国の経済的な立ち遅れは凄《すさ》まじかった。呉自身を含め、当時の中国人の知識層の若者には「民主主義の社会」と「豊かな社会」のイメージを単純にイコールで結んで理解する人も多かったようだ。無邪気な考えだったが、それゆえに民主化の魅力には抗しがたいものがあった。

「仮に内戦が起きたら、自分や両親は共産党と民主化勢力のどっちに付くべきか悩んだ。実家が軍関係の家だから、体制への愛着も強いんだけれど、民主化への思いもあった」

ゆえに八九六四の武力鎮圧にはずいぶん腹を立てた。事件後もモヤモヤした思いを一年ほど抱き続け、潜在的に中国の民主化を支持する考えはむしろ事件前よりも強くなった。

翌年の夏に北京に帰省すると、軍医である父は「人民の軍隊」が市民に銃口を向けたことには批判的だったが、一方で人民解放軍による党体制の擁護の義務をあくまでも強調していた。父の意見も理解できたが、やはり釈然としない思いは残った。日本のテレビで鎮圧の報道を目の当たりにしたショックは、簡単に消えるものではなかったのだ。

「でも、僕にとって考えを一八〇度変える出来事が起きた」

一九九一年八月一九日のことである。

「八九六四」が起きなかった社会を恐れる

「よく覚えている。あの日は大学のゼミで、山梨県の清里《きよさと》へ合宿に行っていた。そのとき、ソ連のクーデターのニュースを聞いた。思わずテレビにかじりついたよ」

ソ連大統領・ゴルバチョフが政権内の守旧派に軟禁され、社会主義体制擁護を主張するソビエト連邦軍部隊と、改革を求める市民がモスクワの街で衝突した事件だ。市民側の抵抗でクーデターは失敗し、ゴルバチョフも救出されたが、事件を契機にソ連共産党は事実上の解体状態に陥った。ソ連の崩壊は同年の暮れのことだ。

「衝撃は大きかった。ソ連と中国は一九六〇年代から対立していたけれど、一方で『同じ赤色』の国だって認識もあったからだ。親の世代は『社会主義の兄貴』だとも考えていた」

　往年の中ソ対立は激しかったが、社会主義体制の受益層の中国人にとって、ソ連は独特な親近感を覚える国でもあった。レーニンやスターリンは毛沢東に次ぐ偉人であり、また以前は第二外国語でロシア語を学ぶ人やソ連に留学した技術者も多かったのだ。加えて、中ソの軍事的な反目のなかでソ連の存在は重く、中国よりも圧倒的に強大な赤い大親分として恐れられてもいた。

「あんなに強かったソ連がボロボロになって、エリツィンみたいな酔っ払い野郎がトップになった。国家は分裂して社会も大混乱だ。同じことが中国で起きてはいけないと思った」


　数年後、呉凱はドイツのミュンヘンに短期留学している。このときも考えさせられた。

「旧西ドイツ人が、旧東ドイツ人をめちゃくちゃに見下していたんだよ。男はどんくさいバカだ、女はイモっころだ、仕事もろくにできない役立たずだってね。ハンガリーなんかの、他の旧東側諸国の出身者たちも同じような目で見られていた」

　東ドイツはかつて東欧の優等生と呼ばれたが、東西統一後の旧地域に往年の面影はなくなっていた。マルクスやレーニンの名前が冠された通りは軒並み改称され、あたかも西側の植民地支配を受けているように見えた。現地の東ドイツ人も、自分が生まれ育った街に住んでいるのに「二等市民」であるかのように自信なげだった。

「事実、東ドイツ人は僕から見ても田舎臭い連中だとは思ったけれど——。でも、彼らに本気で同情したよ。もとは同じ社会主義の仲間だった国の人間が、あそこまでバカにされているんだ。悔しいじゃないか」

中国で天安門事件があった年の夏、東ドイツの市民は汎《はん》ヨーロッパ・ピクニックをおこなって西欧に大量脱出した。やがて同年の秋、彼らはベルリンの壁の崩壊に歓喜の声を上げた。仮に八九六四の鎮圧が起きていなければ、中国でも同じような狂熱の渦のなかで、デモ隊が社会主義体制を倒していたかもしれない。だが、その結果はどうなったか。

「国家が滅びるってこういうことなんだとわかったんだ。そして、東側の人間はたとえ体制を変えたって、もともと西側だった連中からはワンランク下の相手に見られる。一時的な感情に衝《つ》き動かされて、あとさきを考えずに国家を壊したらどうなるか。彼らが得た未来がこれなのかと思ったんだ」

呉は淡々と言う。

「だから——。中国の人民解放軍は、あんな方法を取ってでもデモ隊を止めざるを得なかった。鎮圧は仕方ない。正しいことだったのだと考えるようになったよ」

やがて、日本に戻った彼は中国の民主化を語らなくなり、自身のキャリアアップと仕事に没頭するようになった。垢抜《あかぬ》けた外見とズバ抜けた能力の高さゆえに彼は成功し、日本のお茶の間でも顔をよく知られるほどの、在日中国人の名士の仲間入りを果たすことになった。

仮に一九八九年から現在までヒゲを伸ばし続ける立場を選んでいれば、呉がそんな人生を送ることはあり得なかったに違いない。

「子どもが親に文句を言った行動だった」

六四天安門事件に共感した若い中国人の多くは、「士大夫」の予備軍であるのと同時に、共産党体制の受益者の家庭に生まれた人たちだった。例えば学生リーダーの王丹もウアルカイシも柴玲も、党幹部の家庭の出身である。この本に登場した魏陽樹も徐尚文も余明も呉凱も、やはりそれなり以上の階層の家庭の生まれだ。

「あのデモは結局、子どもが親に文句を言った行動だったと思うんだよ。『お父さんなんとかしてください』ってね。でも、文句を言いすぎて鎮圧されたんだ」

第一章で登場した魏陽樹は、取材の際にこんなことを言っていた。

似た話は他にもある。二〇一二年の王丹の来日講演会の際、登壇していた中国人映画監督の翰光《ハングアン》の言葉だ。

「共産党の洗脳教育を受けていたから、自分にとって共産党は父母と思っていた。（だが）

親は子供を殺したりしない。親じゃないから子供を殺した」

天安門のデモに熱狂した多くの若者にとって、中国共産党は文字通りの「親」だった。これはあながち「洗脳教育」だけが理由ではなく、実際に体制の禄《ろく》を食《は》む家庭で育った人間がかなり多くいたためだ。

王丹や翰光のように、八九六四の後も現在まで党体制に批判的な人たちは、「親」の蛮行を許さずに決別を宣言している。だが、かつてデモを支持した多くの人は、この「親」との縁を切るところまでなかなか踏み込めない。むしろその後の人生では、一時はケンカをした相手となんとなく上手に付き合うようになった。

年月を重ねると、結婚して子どもが生まれて仕事上の成果も上がってくる。体制側の事情もわかり、社会の安定の大事さも実感しはじめる。なによりも経済的な観念に敏感になる。やがて年齢を加えて五〇歳に近くなると、以前の反抗期はただの思い出話でしかなくなる——。

ここまでに登場した人たちの話から感じられるのは、そんなありふれた現実だ。

だが、各人の個人的な人生はそれでいいのかもしれないが、大局的に見れば疑問も残る。

中国共産党の支配体制が現在もなお変わらずに続いている以上、かつての若者たちが覚えたなんらかの矛盾も変わらずに残っている。「中国を救う」「社会を変える」ことの必要性自体は、やはりあるはずなのだ。

では、現在もこうした問題に向き合おうとしている人たちは、果たして何者で、事件をどう考えているのか。

私はそれを追い続けることにした。

第三章

持たざる者たち

姜野飛

ようこそ！　お客様

すこし前までの中国で、外国人の私たちが接する機会が多いにもかかわらず、不愉快な思いを味わうことも多かった相手。それはタクシーの運転手である。

もちろんよい人も大勢いるのだが、たちの悪い運転手だと、平気で回り道をして運賃を水増し請求してくる。服装がだらしなく、ニンニクやタバコの臭いがプンプンする息を吐きながら、横柄な態度で接客する人も少なくない。夜間には釣銭にニセ札を混ぜてくる不届き者もいる。都市によっても違うが、車内が清潔ではないことも多い。車両のメンテナンスが悪く、走行中にいきなり後部座席のドアが開いて乗客が落下する事故は年に何件も報告されている。

ここ数年でシェアライドの滴滴《ディーディー》出行《チューシン》（アメリカのウーバーに近いサービス）が爆発的に普及して既存のタクシー産業が刺激にさらされ、さらに顧客とタクシー運転手の間でもアプリを通じた相互評価システムが広がったことなどで、いまや都市部を中心にサービスや安全性が向上しつつあるが、以前は本当にひどいものだった。

もっとも、従来の運転手たちの背後事情を知れば文句は言えない。

中国のタクシーの初乗り運賃は八～一五元（約一四〇～二四〇円）で、二〇年近くほぼ変わっていない。現地ではインフレが激しく、十数年前に一食が五元程度だった街の食堂のメニューが現在は二〇～五〇元程度に値上がりしたことを考えれば、中国のタクシー運転手たちは物価変動に比して相当な低賃金労働を強いられている。

自動車がめずらしかった八九六四の時代とは違い、現在この仕事を選ぶのは、地方の農村からの出稼ぎ者など社会的にも経済的にも不安定な人たちが多い。必然的に、マナーの向上や安全管理はおろそかになりやすい。

だが、都市面積が広大な中国においてタクシーは貴重な足だ。公共交通機関の乗り換えが面倒な郊外への移動であればなおさらのことである。

――二〇一四年九月初頭。

広東《かんとん》省深圳《しんせん》市を訪れていた私は、繁華街の東門《ドンメン》地区で流しのタクシーを呼び止めた。連れを後部座席に乗らせ、私が助手席に乗り込むと、この国では珍しく白いワイシャツをバリッと着こなし、髪をきれいに整えた中年の運転手がハンドルを握っていた。

「お客様、どちらへお越しですか？」

頬に自信に満ちた微笑を浮かべている。丁寧で穏やかなホテルマンのような口調だ。

やや面食らいながら、郊外の工業地帯の名を彼に告げた。

「かしこまりました。やや遠方ですが、メーター走行でよろしいですか」

「は、はい」

「失礼ながら、お客様は日本の方とお見受けいたしました。目的地まで安全運転で参りますので、よろしくお願いいたします」

軽く点頭して、ゆっくりと車を発進させる。言葉遣いを裏切らない上品なドライビング・テクニックだ。

——なぜだろう？

どうして深圳の街に、京都のエムケイ・タクシーも顔負けの気配り接客ができる運転手がいるのか。

「むかし、ドライバー派遣会社を通じて、エプソンさんの現地法人で運転手をしていたのです。日本人のみなさんは、いずれも清潔な服装で、時間にきっちりしていました。なにより、社員でもない運転手の私に対しても分け隔てなく接してくれました。とても立派な人たちで、それから私は日本びいきになりました」

毎日、出勤前にはワイシャツにきっちりアイロンを掛け、革靴を磨くのが日課だという。エプソンに出入りしていたころに習ったマナーをいまでも守っているそうだ。

勤務先のタクシー会社では使用車両の候補がいくつかあったが、彼はカローラを選んだ。

かつて世話になった日本企業への恩返しの気持ちで、この日本車を大事にメンテナンスして乗っているという。

「日本は人が上品で、法律を守る。いい国です。中国もそんな国になればいいのですが」

それが、私とマー運転手との出会いだった（本人は実名を公開しても構わないそうだが、本書ではひとまず彼の姓を「マー」と音読みで表記するにとどめておく）。

「だから中国はダメなんだ」

「この深圳の街は、パッと見れば繁栄しているように見える。だが、おれに言わせれば偽りの繁栄だね。もっと重大な社会問題や人権問題から、国民の関心を逸《そ》らすための目くらましだよ」

郊外への道中、彼と打ち解けた口調で会話をするようになってからも驚きは続いた。「深圳もずいぶん発展しましたね」と言った私に、マー運転手はこう答えたのだ。

中国で「街の発展」は天気の話と同じ程度にありふれた世間話だ。通常は「そうだね」とひとまず答えて会話がはじまる。加えて深圳は、鄧小平《とうしょうへい》の肝煎《きもい》りで建設された改革開放政策のショールームのような街であり、「発展」を誇りにする住民が多い。

「マーさんはめずらしいですね。ふつう、日本人の私が街を褒めると中国人はみんな喜ぶんですよ」

「おれは変わり者なんだ。でも、言っていることは確かだろう？」

「確かだと思いますよ。でも、このことをはっきり認識している中国人は多くないですし、直接的に口にする人はもっと少ないように見えます」

「党の教育と宣伝とやらに洗脳されているせいだ。愚民政策だよ。だから中国はダメなんだ。外国の人にはすぐわかる真実を、国内では誰もわかっちゃいないんだからね」

彼の意見もやや極端な気がしたが、紋切り型の話をする人よりもずっと面白い。


マー運転手は遼寧《りょうねい》省の出身らしい。

一五年ほど前に家族を連れて深圳に移住した。初対面であり、取材の場でもなかったため詳しく身の上を尋ねなかったが、高校や大学には行かなかったようである。

「だが、娘にはいい教育を受けさせたかった。中国共産党の洗脳を受けない、自由と民主主義がある土地で学んでほしかったんだ。だから英語を勉強させた」

教育の甲斐《かい》あって、娘は勉強が良くできた。

「おれとしては、娘が日本に留学して、場合によっては日本人に嫁いでほしいぐらいに思っていたんだけどね。本人の意向と経済的な問題で、台湾の大学にやったんだ。できれば大学院まで行ってほしいと思っている」

彼はタクシー業で、奥さんはマクドナルドでレジ打ちをして教育費を貯めたという。いずれも現代の中国では低賃金労働の見本のような職場だが、学歴や政治的な背景を持たない外《ワイ》地人《ディーレン》（地方出身者）の庶民では仕事を選べない。

それでも奥さんの勤務先がマクドナルドなのは、せめて「民主主義国家」のアメリカ資本のもとで働いてほしいという彼の考えが反映されたものだった。

明日、民主化デモが起きるなら「参加する」

マー運転手は新公民運動（第一章参照）のような活動への具体的な参加経験はないが、リーダーの許志永《シュイジーヨン》の逮捕をはじめ、この手のニュースを詳しく知っていた。民主化アピールである零八憲章を起草した劉暁波《りゅうぎょうは》や、反体制芸術家の艾未未《アイウエイウエイ》の活動も支持していた。

「メディアが統制されている中国国内で、そういう話をなぜご存じなんですか？」

「ツイッターとフェイスブックだよ。おれはスマホにＶＰＮを入れて、国外の情報を見ている。党の宣伝とは違う真実を知れるんだ」

中国では二〇一〇年ごろから海外サイトへの接続が強力に規制され、いまや普通にネットを使う限り、海外系のＳＮＳやメディアのウェブサイトの大部分が閲覧できない。

これらを見るには、ＶＰＮという暗号化技術を使うしかない。だが、ここ数年は中国国内のＳＮＳサイトが充実してツイッターやフェイスブックを使う必要が薄れたことや、ＶＰＮの接続作業の煩雑さから、ＶＰＮの利用は下火になりつつある。

二〇一四年時点で、それでもなお国外のサイトを見たがる中国人は、海外在住経験者やコアなＩＴマニアでなければ筋金入りの反体制主義者くらいのものである。

マー運転手はそういう人だったのだ。

車は高速道路を降りて、殺風景な工業団地に入っていた。目的地は近い。

「ところで、マーさんは六四天安門《てんあんもん》事件をどう思いますか？」

「天安門事件か！　素晴らしい運動だと思うね。デモの現場もこの目で見たぞ。あのときの天安門広場にこそ民主主義があったんだ」

彼は四九歳で、年齢的には八九六四の学生たちと同世代だった。

「もしも現在、当時のようなデモが起きたらどうしますか？」

「参加する。例えば明日に起きるとすれば、すぐに現場に飛んでいきたいくらいさ」

当時の私はまだこの本を書く予定はなかったが、それでも驚いた。こんな意見を公言する中国人は、たとえ民主化運動を肯定的に見ている人でもめったに出会わないのだ。

しかし、それ以上の話を聞くには時間がなかった。目的地に着いたのである。仕事中の彼を理由なく引き留めることはできない。私は彼の電話番号と微信《ウエイシン》（チャットソフト）のアカウントを教えてもらい、再会を約して別れた。

——その後、私がマー運転手と再会するのは翌年の初夏のことである。

盗聴を警戒して「あなたの若い頃の思い出話と、現在のような意見を持った理由を教えてほしい」と婉曲《えんきょく》な物言いで電話を掛けたところ、すぐに当方の意図を察してくれた。

「いいよ。おれはただの庶民だけれど、公民《ゴンミン》の一人として、社会に対して責任を負うべきだと思っている。こういう取材への協力も、公民ならば果たすべき義務だ」

中国の維権《ウエイチユエン》運動（人権運動）や民主化運動のシンパたちは、中国共産党に服従する民を意味する「人民《レンミン》」という表現を好まない。彼らはかわりに、社会的権利に自覚的な市民を指す「公民」を使うのだ。マー運転手は自分のことを公民だと考えているらしい。

天安門事件の取材は、何よりも対象者へのアポ取りが最大の難関である。「一九八〇年代末の話を聞きたい」と言っただけで取材を断る人や、明らかに何かを隠すような態度で受け答えをする中国人はかなり多い。

こうした彼と同世代の人たちと較べて、マー運転手の態度は非常に潔いものだった。

だが、引き続き彼の物語を述べる前に、別の八九六四の経験者の姿を紹介したい。

その名は姜野飛《ジャンイエフェイ》。

深圳からさらに一七〇〇キロも西南にある、熱帯の都の片隅に逼塞《ひっそく》している男だった。

9 姜野飛

事件当時21歳、自転車修理工　取材当時46歳、無職・難民申請中
「八九六四」当時の所在地：中華人民共和国　四川省成都市人民南路付近
取材地：タイ王国　バンコク市ヤワラート地区京華大旅社の喫茶室
取材日：２０１５年2月27日

よるべなき亡命者はカネがない

「すまない。もうちょっとかかる」

公衆電話からの着信があり、強い四川訛《しせんなま》りの中国語で話す男が盛んに詫《わ》びていた。

待ち合わせの予定時刻をもう一時間も過ぎている。やれやれ、どういうわけか。熱帯の昼下がりの暑気を切り裂いて道路を走り抜けるバイクやトゥクトゥクのエンジン音に包まれながら、私は首を傾げた。

――二〇一五年二月二七日午後。

私が待ちぼうけを食わされていた場所は、バンコクのファラーンポーン駅にほど近い、中華街ヤワラートの京華大旅社《クルン・カセーム・シークルン・ホテル》の玄関である。

このとき、私は休みを取って東南アジアを一人旅していた。だが、仕事を一〇日以上も放り出していることに気が咎《とが》め、帰国便を予約したバンコクの街で、なにか今後につながるネタ探しをしておこうと考えた。

ネットで調べると、タイにも在外中国人の民主化運動組織・民主中国陣線（民陣）の支部があった。現在、国外の中国民主化組織はいずれも分裂や相互対立が激しく、日本国内の民陣関係者に問い合わせても「そんな支部は知らない」という返事がきたが、とりあえずこのタイ支部とやらに連絡を取ってみることにした。

結果、会うことになったのが姜野飛だった。

「本当にすまない。遅くなってしまった」

冒頭の電話からさらに三〇分後、背が低くややずんぐりした体型の中年男がやって来た。下町のナイトマーケットで買ったようなヨレヨレのTシャツと短パン姿に、サンダル履きだ。服装にこだわらない南国のこととはいえ、驚くほど風采《ふうさい》が上がらない。

頭髪は丸刈りである。一般に中国人は丸刈りを好まない。ファッションでそうしている伊《だ》達者を除けば、あえて頭を丸めるのは警官や軍人か僧侶。さもなくば囚人か黒社会の関係者ぐらいである。

少なくとも彼と同世代の、大学卒で正業に就いている学生運動経験者にはほとんど見られない風貌《ふうぼう》だった。

「カネがなくてなあ。地下鉄や市バスに乗らず歩いてきたんだ」

やがて遅刻の原因がわかった。

バンコクの市内交通の運賃はせいぜい数十バーツで、日本円換算だと一〇〇円前後。だが、彼にはこの金額の負担が難しいようなのだ。私は先刻までの自分の苛立《いらだ》ちを恥じた。

しばらく話をしてみると、姜野飛は強面《こわもて》の外見とは裏腹に、プロテスタントの信仰を持つ心根の優しいおっさんであることもわかってきた。しかも彼は無一文であるばかりでなく、これまで中国でもタイでも生存権を脅かされ続ける人生を送って来ていた。

一無所有《イーウスオヨウ》。姜はまさに、何も持っていない人だったのである。

「うちの街ですげえことが起きていると思った」

「物心がついた頃から、国家はうちの家庭に不公平だった」

姜野飛は取材時点で四六歳。文化大革命の勃発《ぼっぱつ》直後、四川省成都《せいと》市の東外れにある農村で生まれた。

実父はかつて、田舎の村ではめずらしく貿易関連の学校を卒業し、経済に通じた人だったという。だが、父はそれゆえに文革で批判され、紅衛兵《こうえいへい》や近隣住民から徹底的に吊《つる》し上げられた。一家は最底辺の生活を余儀なくされた。

「小学校に上がっても『反革命の子』だって批判され通しだった。学校もいくつか転々とした。一九七六年に毛沢東《もうたくとう》が死んだとき、学校じゅうの人間が泣いていたが、俺はどうしても涙が出なかった。泣く理由がなかったんだ」

第一章に登場した張宝成《チャンバオチェン》と似た生い立ちだ。もっとも、張は「反革命の子」とはいえ首都の市民であり、それなりの教育も受けられたが、姜は四川省の農村の出である。その人生は張以上に過酷なものとなった。

父は一九八一年に名誉回復されたものの、迫害のダメージは大きく、一家は文革後も貧しいままだった。姜は高校に行かず、一五歳で働きに出ている。

「俺には学歴がない。だから難しいことがわからないんだ」

取材中に何度もそう繰り返した。事実、姜は会話の途中で、簡体字で「办公室《バンゴンシー》（事務所）」と表記する単語を紙に書こうとして「办工室」と誤記した。文革期にろくな初等教育すらも受けていないので、現在もなお小学生レベルの漢字の書き取りも怪しいのだ。

勉学の機会を得ぬまま、省都の成都市内で自転車修理工として働いた。

六四天安門事件が起きた年の春、姜は二一歳になっていた。


成都は三国志《さんごくし》の蜀《しょく》の都であり、現在もなおゆるやかな時間の流れを感じさせる古都だ。

一九八九年四月に胡耀邦《こようほう》が死去して間もなく、この街でも学生運動が起きたが、当初の規模はささやかなものだった。だが、日が経つにつれて街頭に出る人の数がどんどん増えた。

群衆は目抜き通りの人民南路《レンミンナンルー》を埋め、さらに市内にある四川省党委員会の建物を囲んだ。

姜野飛もこれに参加した。のみならず、自費でアイスクリームや水を買ってデモ隊への差し入れを続けた。

全財産の六三元を残らず投じたという。当時の中国全土の平均年収は一二六〇元なので、現代の日本の物価感覚では二〇万円ほどを拠出した計算だ。当時の姜青年の生活水準を考慮すれば、相当な金額である。

「とにかく興奮したんだ。共産党政府のせいで、俺の家は親の代から苦労してきた。そんな政府が倒れるなら万々歳だ！　って思ってな」

社会主義の時代であり、仕事はあってなきに等しい。当時の彼は午前中に二時間、夕方に二時間ほど自転車を直しているときと、夜に眠っているとき以外は、常にデモに参加するか差し入れをするかの毎日を一か月以上も続けた。

成都のデモは拡大していった。『天安門事件の真相』（矢吹晋《やぶきすすむ》他、蒼蒼社、一九九〇年）によれば、五月一七日・一八日にそれぞれ数十万人規模のデモが起き、一八日には市内二二カ所の大学の学生代表と省政府指導者との対話もおこなわれたという。

対話は物別れに終わったが、省政府の幹部たちを引っ張り出せたことは、まさに大衆運動の「数の勝利」だった。当時の姜は、そんな運動を担う大衆のひとかけらを構成したという意味において、まぎれもなく歴史の舞台の主人公になっていた。

もっとも、この「歴史の主人公」は驚くべき話も語る。

「なんとなく政府に反対するような雰囲気だったから応援していた。当時、学生はいろいろ演説していたが、何を言っているのかは難しくて理解ができなかったよ」

デモのどんな主張に共感したのか尋ねた私に、彼はそう答えたのだ。

「一般市民の参加者は、デモの落としどころをどのように考えていましたか？」

「誰も何も考えていなかった。ただ、最後には何かが変わるんだろうという期待は強かった」

「なんで、みんなよくわかっていないのに中国全土にデモが拡大したんでしょう」

「わからない。というよりも、当時の俺はあのデモが成都市内だけの事件だと思っていた。うちの街ですげえことが起きていると思ったんだ」

デモの震源地が遠く離れた北京《ぺきん》であると知ったのは、鎮圧から数日以上も経ってからだったという。

彼は首都の天安門広場に学生たちが集まっていることすら知らないまま、天安門事件に全財産を投じてコミットしていたのである。

銃撃は成都でも発生した

だが、中国で言うところの「群盲摸象《チユンマンモーシヤン》」的なデモをワラワラとおこなっていた成都の一般市民の上にも、一九八九年六月四日の鎮圧の嵐は分け隔てなくやってきた。

午前十時前後、学生が非常線を突破しようとしたとき、警官は電気警棒を使用して学生と民衆を襲った。警官が非常線の内側に戻ると、学生と民衆は隊列を立て直して再度突破を試み、こんどは石塊やレンガ片を投げた。警官は催涙ガスを使用して学生と民衆を追い払い、電気警棒でかれらを殴打した。ひどく殴られた人のなかに、子供や老人も数人いた。百人余の学生が頭部を負傷して病院にかつぎ込まれた。警官の行為は多くの市民を怒らせた。午後三時ごろ、人民東路派出所が放火され、派出所と近くの商店や飲食店数軒が全焼した。

『天安門文書』に収録された、当時の中国国家安全部の内部記録とされる報告書の一部である。場所は人民南路の広場付近だという。

姜野飛のような一般市民の参加者とは異なり、成都においても学生たちには四日の朝時点で北京の惨劇の情報が伝わっていたらしく、抗議の横断幕を掲げた数千人が朝からデモ行進をおこなっていたという。

姜もまた現場にいた。彼は話す。

「午後だったような気がするが、確かに六月四日だった。人民南路の広場に集まっていた学生が大勢殴られた。俺も腹が立ってレンガを投げまくった。だが、もっとひどいのはその夜から翌日朝にかけてだった。戦車は見なかったが、装甲車は出ていて、やはり銃撃があった。動いているものを見れば見境なく撃っていたから、死人も大勢出たと思う」

各地で発生したデモに対して、武力鎮圧もやはり全国的におこなわれたとされる。

だが、インターネットもない時代の、海外メディアが入れない地方都市の状況を後世から細かく検証する術《すべ》はない。仮に犠牲者が出ていたとしても、彼らは文字通り闇に葬られた人たちだった。

いっぽう、混乱状態のなかで成都の市民は暴徒化した。『天安門文書』によると、市内で四日から五日にかけて高級レストランや市政府庁舎・派出所などが焼き討ちされ、高級ホテルや貴金属店が略奪を受けた。バスやパトカーも多数、放火や破壊がなされたという。

四川省では二一世紀を迎えてからも、何度か起きた反日デモのたびごとに日系商店の打ち壊しや略奪が発生している。中国の庶民は、いったん社会がカオスに陥ると乱暴な振る舞いに走りがちな傾向があるが、こうした意味で四川省は非常に中国らしい場所だった。

もっとも姜自身は一連の暴動とは無縁である。デモの参加者狩りと銃撃から逃れるため、六月五日に雲南《うんなん》省昆明《こんめい》市の知人の家に高飛びしたためだ。

昆明に一か月すこし潜伏してから、大丈夫そうだったので成都に戻った。

何が何だかわからぬまま仕事も放りだして熱狂し、お金を使い果たし、激高してレンガを投げ、最後は命からがら逃亡して、ほとぼりが冷めたので帰ってきた――。

姜野飛の八九六四は、そんな狂騒の末に幕を閉じた。

ネット空間が開けたパンドラの箱

「事件から三年くらいは緊張感があったが、それもやがて解けてきた。いつの間にか政治的なことに何も関心を持たず、日常生活を送るようになっていたよ」

一九九〇年代以降の日々について、姜野飛は他の人々と同じようなことを言っている。

時代の変化に伴って自転車修理工を辞め、さまざまな仕事を転々とした。流れ流れて、二〇〇〇年から夜総会《イエゾンフイ》（ナイトクラブ）の音響係になった。垢抜《あかぬ》けているとは言い難い中年男と華やかな夜の店はミスマッチに思えるが、中国の地方都市ではよくある組み合わせだ。

姜は手先が器用で、機械に強かった。仕事ぶりが評価され、同じ職場でずっと雇ってもらった。このまま暮らしていれば、彼は中国のどこにでもいる気さくで楽しいおっさんとして、平和に年齢を重ねていけたはずだった。

だが、二〇〇〇年代のなかば、姜は人生を大きく変える世界に出会う。

それはインターネットのチャットルームと掲示板だった。

過去の一時期、中国のネット世論が盛り上がりを見せていたことは何度か述べた。

当局が電脳空間を完璧《かんぺき》に統制している現在では信じられないことだが、おおむね二〇一二年ごろまで、ネット世論に対する当局の検閲や管理は後手に回っていた。少数民族問題や天安門事件の議論、さらには胡錦濤《こきんとう》や党指導部を名指しした直接的な政権批判ですら、マイナーなサイトやチャットルームで隠語を駆使しておこなわれるものは少なからず見逃されていた。ゆえに人が集まり、当時のネット上には独特の熱気が渦巻いていた。

姜もまた、そんな自由な世界に魅せられた一人だった。

「ＱＱのチャットルームで党批判の話をしている場所があった。刺激的だった。やがて自分でも発言してみたら『いい意見だ』ってレスが付いたんだ」

慣れない手つきでキーボードを叩《たた》くと、顔も知らない大勢の人たちが褒めてくれた。社会の周縁を歩き続けてきた人生のなかで初めて味わった、承認欲求の充足という甘美な快感である。若いころに成都の街で見た、アジ演説をぶって拍手を集める学生リーダーの側の人間になれたような気がした。

――どうやら、より大きな声で、より過激に体制を罵《ののし》るほうが喜ばれるらしい。

発信を続けているうち、彼はチャットルーム内でちょっとした有名人になっていた。

だが、これが危険な火遊びであることに当時の姜野飛は気付いていなかった。

なぜ他の人たちは、彼のようにインターネット上で極端に過激な意見を書かないのか。

答えは簡単である。いくらネット無法時代とはいえ、中国である一線を越えた言論を繰り返せば当局のマークを受けるからだ。だが、ネット空間以外で政治的な議論をした経験がなく、考えを同じくするオフラインの友人もいなかった姜は、その危険性を想像できなかった。

加えて「反中国共産党」的な意見の発信源にはいろいろあることも思い至らなかった。

たとえば法輪功《ほうりんこう》である。

一九九〇年代末期に勃興《ぼっこう》したこの擬似宗教団体は、一九九九年に中国当局から「邪教」として弾圧を受けて以来、拠点を海外に移し、過激な反共産党言説の最右翼になった。彼らは豊富な資金力を活《い》かし、傘下に持つ複数の華字新聞やテレビ局などを通じて、現在もなお積極的な体制批判を続けている。

だが、こんにち名前の知れた中国人の人権活動家や民主化活動家で、法輪功の主張を公然と支持する人は皆無に近い。法輪功の言説は宗教的な狂信性をともなう過激さやアジテーション色が濃く、現実的な社会改革運動との隔たりが大きいからだ。

むしろ、内部の関係者でもないのに法輪功を支持するのは、無駄に当局からのマークを強めるだけの悪手と言っていい（日本で原発の再稼働や安保法制に批判的な立場でも、過激な新左翼系のセクトを支持する人が少ないのとやや似た事情である）。

ところが姜は、社会運動におけるこうした不文律も理解していなかった。

「俺は信者じゃないけれど、彼らはいいことも言っていると思ったんだ」

極端な団体の主張ほど、シンプルでわかりやすいのである。

やがて北京五輪を控えた二〇〇七年八月、法輪功系の団体が「グローバル人権聖火リレー」なる活動を開始する。本家の聖火リレーに対抗して、法輪功弾圧への抗議を全世界的に展開しようとしたのだ。

姜はこれを面白いと思った。法輪功系の人物が作成したらしい五輪マークを手錠に置き換えた風刺画が、チャットソフトのルームに流れてきた。いつも通りに賛意を示し、思い切り党を罵ってみせると、期待に違《たが》わず称賛の声がやんやと上がった。

「……おい、姜。一体何をやったんだ⁉ 公安に監視されているみたいだぞ」

異変が起きたのは数日後である。血相を変えた夜総会の社長に呼び出されたのだ。

「勘弁してくれよな。お前は真面目で腕もいいんだ。うちも辞めてもらっちゃ困るから、くれぐれも変なことはしないでくれよな」

姜を気に入っていた社長の取りなしで、このときはひとまず沙汰《さた》止みになった。夜の業界であるゆえに夜総会は黒社会とコネがあり——。要するに地回りのヤクザを経由して街の公安とパイプがあるので、かばってもらえたのである。

だが、姜はこの一件を機に「危険人物」としてマークされることとなった。このことが一年足らずの後、彼の人生を決定的に変える出来事につながっていく。

天井から吊り下げられて電流責め

「あの日、俺は会社の車で成都の近くの高速道路を走っていた。時速一一〇キロくらいだ。そうしたら、車体が妙にグラグラと揺れたんだよ。不思議に思いながら料金所に着いたら、係員に地震が起きたって聞かされた」

二〇〇八年五月一二日午後二時二八分。八万七〇〇〇人あまりの死者と行方不明者を出した未曾有《みぞう》の大災害・四川大地震の発生だった。

会社へ戻ってテレビを見ると、社会不安を抑えるための「配慮」なのか、CCTV（中国中央電視台）は党指導者の顔ばかりを垂れ流していた。だが、パソコンを立ち上げると生々しい被害状況の報告が大量に飛び込んできた。

当時、反体制的なネットユーザーは、大地震や高速鉄道の衝突事故のような重大事件が起きるたびに、官製メディアが報じない生の情報を盛んに流すのが常だった。中国では個人がこうした情報を発信する行為自体が、体制へのレジスタンスの意味を持っている。

「被災地では小学校が倒壊して、子どもが生き埋めになっているっていうじゃないか！　だが、政府が真面目に救援するわけがない。あんな連中に任せておけない。一人でもいいから子どもを助けたいと思って、俺は辛抱たまらなかった」

震災発生当日の晩、憤慨した姜はさっそく友人四人を引き連れて被災地へ出発した。個人で瓦礫《がれき》を取り除こうと考えたのだ。

素人が外部から救援活動に向かう行為は二次災害の危険性があり避けるべきだが、地震が多い日本と違い、中国でこうした知識はほとんど知られていない。また、政府が何のあてにもならないのも確かだった。

姜の行動論理は、かつて六四天安門事件のデモを目にして、全財産をはたいて差し入れをおこなったときと同じである。彼はよくも悪くも後先を考えず、直情型で義気に富んだ人物なのだ。

「だが、数日後に公安や武装警察が被災地を封鎖して、助けに来る人間を追い出した。泣く泣く引き返したよ」

この個人救援活動と前後して、ネット空間での有名人だった姜には、オーストラリアやスペインなどの国外のメディアから現地の状況を問い合わせる電話が掛かってきた。

そのなかには『希望之声《シーワンヂーション》』や『新唐人《シンタンレン》』といった在米華人系のラジオ局や衛星テレビ局もあった。いずれも極度に反中国共産党的な論調の、法輪功系のプロパガンダメディアだった。

姜は震災の惨状と政府への不信感を切々と訴えた。

姜野飛が被災地から戻り、約一週間後に事件が起こる。

「友達と茶を飲んでいたら、いきなりパトカーがやってきて、四～五人の男に無理やり連れていかれたんだ。二〇〇八年五月二〇日の午後六時ごろだった」

近所の派出所に連行された。そのまま数日にわたり、まったく睡眠を与えられないまま取調室で何度も怒鳴られ、殴られ続けた。

「なぜ中国の誤った情報を国外に流した⁉　法輪功からカネをもらっただろう！」

口を割らずにいると、罵倒《ばとう》と暴行は激しさを増した。もちろん当時の姜は、メディアの取材を受けたほかには法輪功と何の接触もしていない。

「上半身を裸にされて両腕を縛られて、天井から吊《つ》り下げられた。棒で殴られて、スタンガンを押し付けられたよ。皮膚のあっちこっちが黒くなった」

第一章で登場した張宝成や顔伯鈞《イエンボオジュン》が過去に捕まったときには、睡眠の妨害や侮辱行為はあっても直接的な暴力は振るわれていない。張や顔はある程度は名が知れた活動家で、周囲には公盟の仲間やシンパが多数存在しており、当人たちも法律の知識を持っていたからだ（元大学教員で中国共産党員だった顔の場合は特にそうである）。

だが、姜はカネも仲間も学歴も法律知識も政治的な後ろ盾もない、四川省のさえない中年男だ。そして中国は、こうした「持たざる者」にはどこまでも残忍になれる国家であった。

「ろくでなし野郎め。痛い目に遭いたくなきゃ、もう余計なことはやるんじゃねえぞ」

三日後の朝、姜野飛は暴行と睡眠不足でフラフラになり釈放された。痛む身体を引きずって会社に行くと、社長から「さすがにお前をかばえない」とクビを宣告された。仕方なく他の仕事を探したが、働きはじめて数日経つと必ず解雇された。レストランの皿洗いのような単純労働ですらダメだった。

「公安がかならず、職場の経営者や上司に聞き込みに来る。中国の庶民はお上が怖いんだ。面倒事の種を抱えたくないってんで、誰も俺を雇わなかった」

数か月後の八月二日には、本家の北京五輪の聖火リレーが四川省の被災地を通過することになり、姜は再び公安関係者に拉致《らち》された。聖火が過ぎるまでの三日間、郊外の農家宿に隔離されたのだ。

今回は暴行はされなかったが、危険人物扱いされているのは明らかだった。釈放後も北京五輪が終わるまで、日常生活を二四時間見張られた。インターネットへの接続も一切許されず、家族や親戚《しんせき》もみな監視下に置かれた。

――もう限界だった。

国外に逃げようと考え、パスポートを申請した。さいわい、親族に役所方面へ顔が利く人がおり、ワイロを積んでなんとか取得できた。この当時の中国人が比較的簡単に渡航できる近隣の民主主義国家はタイだったので、タイ大使館にビザを申請した。ビザの発行業務はタイ政府のマターだ。中国国内でマークされている人物でもビザの取得は可能だった。

「姜、なにか悩みがあるんじゃないか？　よかったら相談に乗るぞ」

彼を監視していた国保局（公安部傘下の秘密警察）の職員から猫撫《な》で声で食事に誘われたのは、ビザの交付を待っていた一〇月七日のことである。

「仕事も見つからず、毎日誰かに見張られる生活はさぞかし大変だろう。すべてはお前の心がけ次第だ。自分が何をするべきかは知っているだろう？」

苦しい暮らしをこれ以上送るのが嫌ならスパイになれという誘いだ。

我慢できなかった。怒り心頭に発した姜はタイのビザ取得とともに雲南省から陸路で国境を越えてラオスに渡り、やがてタイに入った。

わずか四八〇〇元（約八万円）の全財産を握りしめての亡命だった。

持たざる者は難民にもなれない

それから六年あまりが経ったが、姜野飛の生活は苦しいままだ。

タイ亡命の直後から、姜はさまざまな組織に政治的保護を要請し、駐バンコク国連高等難民弁務官事務所（UNHCR）に何度も難民申請をおこなってきた。だが、すべて門前払いされた。

「俺は中卒で、知識人じゃない。中国での前職も夜総会の従業員だ。偽装難民だと思われるんだよ。中国でどんな目に遭ったか、なぜ帰れないのかを何度喋《しゃべ》っても、誰も信用してくれないんだ」

姜は英語もタイ語もできない。肉体労働の経験があるため身体は頑健で、人相もやや強面《こわもて》だ。また、母語である中国語も訛りがきつく、会話の語彙《ごい》が単純なので、非常に田舎臭い印象を相手に与えてしまう。国連や各国大使館のエリート職員たちに好感を持たれる要素は皆無だろう。

アメリカに本部を置くプロテスタント系のNGOにも支援を求めたが、上記と同じ理由でほぼ無視された。加えて姜の苦境の直接的な原因となったはずの法輪功も、彼らの身内でもなく広告塔にも使えない姜を積極的に保護することはなかった。

誰にも守ってもらえないままビザの期限が過ぎた。

彼は自動的に、オーバーステイの不法滞在者になってしまった。

やがて、姜野飛はバンコクで民主中国陣線（民陣）などいくつかの在外中国人の民主化運動組織に所属した。いずれも内部分裂が激しく、政治的な発言力は皆無に近い組織ばかりだ。しかも私が観察した限り、知識人ではない姜は組織の内部でもそれほど重きを置かれておらず、小間使いのような役割ばかりを与えられているように見えた。

毎年の天安門事件の記念日になると、彼らはバンコクの中国大使館の前で抗議運動をおこなう。姜はこれに積極的に参加した。

かつて二一歳の春、主張の意味をまったく理解できないまま加わった政治運動に、二〇年以上も経って再会したのは皮肉だった。

当時、成都市内で群衆を煽《あお》り立てていた学生たちのうちで、いまだに事件と真正面から向き合っている人間はほとんどいない。なのに、姜はなぜかその一人になっていた。

「人生に幸福を感じない。未来がない暮らしなんだ」

タイ語が話せず、在留資格も持たない外国人にまともな仕事はない。

取材当時の姜は、バンコクの片隅にある教会の活動を手伝うことで部屋を間借りさせてもらい、不定期の肉体労働でやっと食いつないでいた。月収は三〇〇〇バーツ（約一万円）程度。物価の安いタイでもかなり厳しい経済状況だ。

唯一の趣味は、起動におそろしく時間がかかる年代物のパソコンを使ってのインターネットである。技術的にはつたないものながら、習近平《しゅうきんぺい》や中国共産党を中傷するコラージュ画像を作成してSNSに流していた。そんな「作品」でも、口を極めて共産党を罵っている限りはネット上の誰かが褒めてくれて、自分がこの世に存在する実感が得られるのだ。

日常のまだしもの慰めは、二〇一三年一二月に民主化運動シンパの中国人女性と結婚したことだが、彼女も同じく亡命中の不法滞在者である。孤独感はまぎれても、生活に根本的な安らぎは得られない。

「中国共産党が倒れるまで俺は死なない。エリートの活動家ではない立場で、低層の庶民の心を誰かに伝えたい」

今後の希望を尋ねると、姜は絞り出すような声でそう答えた。

取材後、私は姜野飛に一〇〇〇バーツの心付けを手渡した。

日本円ではわずか三〇〇〇円余りだが、現在の彼の月収の三分の一だ。バンコクの屋台なら約二〇回はラーメンが食べられる。

お金を渡した理由は、姜が誰よりも気の毒だと感じたからだった。彼はまっすぐな性格で、義気に富んだ人である。だが、それゆえに世渡りが下手で、本来引かなくてもいい貧乏くじばかりを引き、国家や公的機関にいじめられて誤解を受け続ける人生を送ってきた。

——姜は若い頃に、本当は勉強をしたかったという。

ネット上で政治運動に夢中になったのは、かつて一九八九年の成都の街で仰ぎ見たデモ学生や知識人たちに対するコンプレックスの表れであった。

中国の伝統的な価値観に照らせば、国家の大事を考えて民を救うために立ち上がることは、きちんと学問を修めた人間にのみ認められる振る舞いだ。しかし、本人の学歴や社会的地位に関係なく平等に発言の場が与えられるインターネットは、姜の立場を「低層の庶民」から擬似的な政治エリートに引き上げてくれる魔法の道具だった。

だが、本当に学問を修めた中国人は、大人になればこうした経世済民的な知識人像がタテマエのきれいごとに過ぎないことに気付いていく。事実、往年のデモ学生たちには、体制改革の幻想ときっぱり手を切り、豊かで充実した後半生を送っている人がいくらでもいる。

持てる者たちが嘯《うそぶ》く道徳を本気で信じて行動した、持たざる者——。

ゆえに私は姜の姿に物悲しさを感じて仕方なかった。

姜野飛は当初、心付けの受け取りを固辞した。

だが、「五年後でも一〇年後でも構わないので、いつか再会したときに別の取材相手を紹介してもらうための経費です」と話すと、「助かった！」と何度も礼を言って一〇〇〇バーツ札を握りしめ、底が消しゴムのようにすり減ったサンダルを引きずり徒歩で帰っていった。

――彼と再び会える日は来るのだろうか？

翌日の朝、そう思っていた私に彼から再び連絡があった。

「いまから、俺の友達のなかでいちばん凄《すご》いやつを連れていく。取材してやってくれ！」

こうして紹介されたのが、本書でも何度か名前が登場する顔伯鈞だった。姜は自分が暮らしに困っているにもかかわらず、顔のタイ亡命を手助けしていた。結果、私は顔が書き溜《た》めていた二年間の逃亡記を編訳して日本で刊行し、さいわい世間でそれなりに話題になったことで、タイにいる中国人亡命者たちの存在を国外に伝えることができた。

不器用だが、どこの誰よりも義理堅い。それが姜だった。

10 マー運転手

事件当時24歳、労働者　取材当時50歳、タクシー運転手

「八九六四」当時の所在地：中華人民共和国　長距離列車内（直前に北京を訪問）

取材地：中華人民共和国　深圳市郊外梧桐山の登山路

取材日：２０１５年5月30日

山道と藪蚊とタクシーと

「この前、ちょっといい話があったんだよ。聞いてくれって」

二〇一五年五月三〇日の午後。深圳のシャングリ・ラ・ホテル前の路上で待ち合わせたマー運転手は、私と再会の挨拶《あいさつ》を済ませてカローラを走らせるなりそう言い出した。

「財布がなくて運賃を払えないお客がいたんだ。これは落としたに違いないってことで、戻りの運賃は戴《いただ》かなくて結構ですからと言って、彼を乗せた場所まですぐに引き返した」

するると、見知らぬ男が件《くだん》の財布を手にひとり立っていたという。

「その人、ちょうどうちのお客さんがタクシーに乗り込むときに財布を落としたのを見て、同じ場所でずっと動かずに待ってくれていたらしいんだ。『落とし主はきっと、この場所に戻ってくると思ったから』って理由でさ」

運賃を払えない客に怒りもせず、乗せた場所までタダで引き返したマー運転手と、落とした財布を見つけても中身をネコババせずにその場で待っていた男。欲のない人間が二人もいたおかげで、財布が返ってきた。

「いまの世の中も捨てたもんじゃないや、と全員で大笑いしてね」

聞くだけで頬がゆるむ話だ。

経済都市である深圳は、一昔前までは非常に治安が悪かった。私自身、一五年ほど前にパスポートをスられたことがあるし、ボられたりニセ札をつかまされたことも多い。他人や社会を信用しないことが、安全な毎日を送る第一条件になっているような場所だった。

二〇一五年時点での治安状況はそこまでひどくないが、かといって褒められたものでもない。落とした財布が見つかる話は「奇跡」と言っていいものだ。

「それからかい？　お客さんも急ぎの用事じゃないって話だったので、彼のおごりで三人でお茶を飲んだ。みんなで握手をして別れたよ」

どこまでも粋《いき》な人たちであった。


取材のために人がいない場所へ行きたいと話すと、マー運転手は自宅に寄って服を着替えてから、カローラを東に走らせた。

向かった先は梧桐山《ウウトンシャン》の山麓《さんろく》。標高九四三・七メートルの、深圳で一番高い山だ。

「ハイキングが趣味なんだ。山道のベンチで喋ろう」

入山口から、さらに三キロほど離れた畑の脇に車を停める。確かに市内の飲食店で話を聞くよりも安全である。私は彼に従い歩きはじめることにした。

「最近、景気はどうですか」

「仕事自体はぼちぼちだ。でも、タクシー運転手の給料があまりにも安いから、運転手全員で会社と戦っている。中国はつくづくひどい国さ。日本みたいな民主主義国家では、こんなに労働者がいじめられるようなことはないんだろう？」

いや、実はそうでもないんですが。と言おうかと思ったが、彼の幻想を壊すのも不粋だと思い、ひとまず黙っておいた。

「そういえば、習近平が党総書記に就任する直前に、習派の官僚らしい男女を乗せたよ。習家に出入りする取り巻きかもな。腐敗に打撃を与えてやるとかなんとか、ずいぶん堅い口調で喋っていて、携帯でどこかに電話を掛けていた」

習近平は二〇一二年一一月の党総書記就任と前後して（自分に近い人間の多くを対象から除いた上で）苛烈《かれつ》な腐敗追放キャンペーンを開始し、党内の大粛清をおこなった。

ちなみに深圳は、習ファミリーのお膝元《ひざもと》の街だ。習近平の父の習仲勲《しゅうちゅうくん》は深圳の経済特区構想を提唱した張本人であり、隠居後は長年にわたり深圳市内で余生を送った。仲勲の没後も、習近平の姉の斉橋橋《チイチヤオチヤオ》一族が市内に巨大な不動産利権を築きあげたとされている。

「その二人は具体的にどういうことを話していたんですか？」

「残念ながら、しっかり覚えていない。ただ、その数か月後に全国で腐敗追放キャンペーンが始まって、官僚がどんどん失脚していった。ニュースを聞いてから『もしかしてあの日に乗せた連中は』と気付いたんだ」

「タクシーの車内で、そんなに敏感な会話をするものなんですね」

「似たようなことは結構ある。テンセントやファーウェイ（いずれも深圳に本社を置く大手I

T企業）のエリート社員が、車内で重要そうな電話や打ち合わせをしていることもある。おれたちタクシー運転手は、お客にとっては空気みたいなものだ。車内が密室だと思い込んでいるのさ」

そんな話をしながら歩き続けた。

六月を控えた亜熱帯の森林だ。汗ばんだ肌に群がる巨大な藪蚊《やぶか》を叩き潰《つぶ》し進む。体力のない私の息が上がりはじめた頃に、ようやく山の中腹にあるベンチに到着した。やっと、落ち着いて話を聞けそうである。

天安門でコネ社会は悪いものらしい、とはじめて知る

一九六五年、マー運転手は遼寧省の地方都市・錦州《きんしゅう》で生まれた。張宝成や姜野飛と違い、特に政治的な迫害は受けなかったようだが、やはり貧しくて政治的なコネをほとんど持たない階層の出身だった。弟妹《きょうだい》が多いため、中学校を一年で中退して一四歳でアイスキャンディー売りになった。キャンディー一二〇本を一元六角（当時のレートで約二五六円）で仕入れ、一本を二分（同、約三円二銭）で売る露天商の仕事である。

その後、木工職人のもとに一年間弟子入りしたが、あまり自分に向いておらず辞めた。待《ダイ》業証《イエヂエン》（失職証明）を支給されてしばらく在宅待機していると、一九八九年の初頭、錦州市内

のある商店に分配《フェンペイ》を受けた。社会主義色が強い時代であり、国家から職場を割り振られたのだ。

同年の五月の末、南方のある省での商品の買い付けを任された。長距離列車に乗って、北京で乗り換えるのである。

当時の彼は二四歳だった。せっかくなので、生まれてはじめて見る首都をちょっと歩いてみたいと思った。駅から外に出てまず目指したのは、中国人なら誰でも知っている観光地・天安門広場である。

「そうしたら、広場の周辺まで人が溢《あふ》れていて入れないんだよ。旗やプラカードがたくさんあった。周囲の人に聞いたら、学生さんがデモをやって集まっているって言うんだ」

「デモが起きているのを知らなかったんですか？」

「ああ。いまから考えれば恥ずかしい話だが、当時はニュースなんか見ちゃいなかったし、政治なんて自分のような人間とは何の関係もないと思っていたんだ。錦州の店の同僚や近所の人たちも、みんなそんな感じだった」

「胡耀邦が死んだことは？」

「ニュースがあったのかもしれないが、ほとんど印象に残っていない」

当時のマー運転手にとって、党の要人の動向などは天上界の住人の話にも等しく、胡耀邦がどんな政策をおこなっていたかも知らなかった。その人物の死が目の前の大規模デモの引き金となったことにも、まったく想像が及ばなかったという。

「デモ隊の主張に共感するところはありました？」

「おれも若かったから、興奮したのは覚えてる。だが、何を言っているかは全然わからなかった」

デモ隊がスローガンに掲げていた「反腐敗」や「反官倒」という概念も、そのときはじめて知ったという。

「むかし、うちの親父が家を改築するときに、ツテをたどって役人に口を利いてもらったことがあるんだ。おかげで許認可がスムーズに進んだ。だから『あれ、もしかしてうちも腐敗の受益者なのか？』と不思議な気持ちになったよ。でも、受益者なのになんでおれは貧乏で、学校にも行けなかったんだろうって。いよいよわけがわからなかった」

程度の違いはあれ、国民のほぼ全員がコネ社会のなかで暮らす中国では、「反腐敗」や「反官倒」の主張は自分の首を絞める諸刃《もろは》の剣である。まだ社会にしがらみを持たない学生だけが口に出せる主張だった。

「それが悪いことらしいって、当時はじめて知ったんだよ。でも、かわりにどういう社会が存在するのか、まったく想像がつかなかった。というよりも、話が難しすぎてそんなことすら深く考えることができなかったな」

結局、デモの熱気には興奮したが参加はしなかった。そもそも何を叫んでいいのかわからないし、エリートである大学生でも首都市民でもない自分がそれをやっていい立場なのかも判断がつかなかったからだ。

しかし、北京を離れて数日後に地方で買い付けの仕事をしていると、自分が見た非日常的な光景が妙に気になった。あれは何だったのか、もう一度確かめたくなり、帰りに再び北京のデモ現場に向かってみようと思った。

だが、長距離列車を降りて駅舎を出ると、なぜか人の往来が少なく街が殺伐としていた。

「あのう、天安門広場の集まりに行きたいんですが」

通行人を捕まえて尋ねると、何人かに露骨に嫌がられた。

やがて、やっと話ができた親切な人から「あんた、やめときなさい」と呆《あき》れ顔で諭された。

「一昨日《おととい》の晩、軍隊が学生を排除した。いまの広場には誰もいないよ。普通に市内を歩くだけでも鉄砲の弾が飛んで危ないから、はやく田舎に帰ったほうがいい」

一九八九年六月五日だった。

マー運転手が列車に揺られているうちに、人民解放軍がデモを鎮圧していたのである。当時の彼にとっての八九六四は、よくわからないまま偶然に出会い、いつの間にか終わっていた謎の事件に他ならなかった。

「おれも礼儀正しくて立派な人間になりたかった」

マー運転手は、それから二年間ほど例の商店で働いた。錦州は田舎であり、職場や近所で接する人々は誰も事件に関心がなかったことから、八九六四の記憶は間もなく薄れた。あれはなんだったのか、と考えることもやめてしまった。

一九九一年からは、近所の炭鉱で鉱石を運搬するダンプカーの運転手になった。結婚して一人娘をもうけた。

「当時、錦州の公安副局長は朱良《チューリャン》という腐敗官僚で、炭鉱の利権をめぐって黒社会と結びついていた。表向きに出荷する石炭のうち、三分の一をただの石ころに取り換えさせて、かすめとった分を闇ルートに横流しして儲《もう》けていたんだ。地元のことだから逆らえなくて、おれは連中の仕事を手伝わされていた」

マー運転手は、彼らの鉱物偽装を知った上で石炭と石ころを運ぶ仕事に従事していたという。相手は地元の黒社会と、それよりもさらに怖い公安幹部であり、彼らの言いなりに働く以外の選択肢はなかったのである。

当時、遼東《りょうとう》半島の炭鉱利権に群がるマフィアには、董《ドン》親分一派と李《リィ》親分一派のふたつの派閥があった。はじめは共謀していた両者は、やがて分け前をめぐって対立し、一九九九年に董一派が李一派の人間の暗殺をくわだてた。結果的に暗殺は失敗したが、やがて董一派が仲間に引き込んだ公安幹部の朱良が、李一派の要人を逮捕して派閥の壊滅を図る事件に発展した。

結果、李一派のもとで下働きをしていたマー運転手の立場は危うくなった。

「殺されそうになったんだ。黒社会の抗争では、末端の人間が様々な責任を押し付けられて始末されるのはよくある話だった。おれは嫌々手伝いをやらされただけだったんだけどね」

当時、彼の娘は四歳であり、かわいい盛りだった。いま働き手の自分が死ぬわけにはいかないと、故郷も仕事もすべてを捨てて、一家三人で夜逃げをすることにした。せっかくならば錦州からいちばん遠いところに行こうと判断し、二〇〇〇キロ南の広東《かんとん》省を目指した。そして、当時の新興都市で外来人口の多い深圳に逃げ込んだ。

流れ者でも就職しやすい仕事ということで、とりあえずタクシーの運転手になった。

一九九九年のことだった。

「なんだか、いまのマーさんのイメージとは全然違いますね」

「以前のおれはバカで、なにもかもひどいものだったのさ。変われたのは日本のおかげだ」

深圳に来て六年後、タクシー運転手をいったん辞め、法人向けに運転手付きで自動車をリースする会社に転職した。そこでの配属先が、市の郊外にあるエプソンの生産拠点だった。

「エプソンで、それまでの人生では縁がなかった習慣をいろいろ教えられた。最初は面倒だと思ったが、実際にやってみたらすごく気持ちがよかったんだよ」

そこでは毎日、シャワーと歯磨きを済ませた清潔な身体で出勤し、白いきれいなシャツと折り目が付いたスラックスを身に着けて、しっかり磨いた革靴を履くことを求められた。待ち合わせの時刻や交通マナーを順守し、人を乗せるときは笑顔で挨拶をせよとも教育された。車のメンテナンスに気を付け、車内清掃にも気を配る必要があった。

——整理・整頓《せいとん》・清掃・清潔・しつけ。日本式生産現場の鉄の掟《おきて》である。

「同僚の運転手のなかには、決まりを億劫《おっくう》がってそれほど守らない人間もいた。でも、おれはルールを厳格に守ってみた。新鮮な感じがしたし、いいことを言っていると思ったからね」

すると、日本人の駐在員や出張者たちに褒められ、信頼できる運転手として重宝がられた。やがて落ち着きのある運転技術に対しても、専門的な職能者としての敬意を払ってもらえた。やがて車内で彼らのつたない中国語の練習相手を務める機会も増えた。人格を持った一人の人間として、対等に扱われた気がした。

かつて錦州で、公安と黒社会の命令で石ころを運んでいたときとは雲泥の差である。

「日本の会社は本当に素晴らしい。法律を大事にしていて、清潔で規律正しい。それに、日本人はおれたちみたいな運転手や現場の労働者なんかの、手を動かして働く人間を差別しなかった。日本は本当にいい国なんだと思ったよ」

たまたま、当時の深圳に駐在中のエプソンの社員に優しい人が多かっただけのことだ。だが、マー運転手にとっては彼らの姿が日本のすべてだった。

「社員の人たちと話をするうちに、彼らの生活習慣を真似てみようと思った。おれもああいう、礼儀正しくて立派な人間になりたかった」

結果、四〇歳にしてマー運転手の私生活と人生観が変わった。

まず、バスに乗るときに他人を強引に押しのけたり、買い物で小銭をめぐって店員と言い争ったり、外で唾《つば》を吐いたりゴミを捨てたりしなくなった。清潔な服を着て、穏やかな口調で喋るようになった。お酒やたばこもいつの間にかやめていた。本屋に通いはじめて読書の習慣がついた。休みの日には妻や娘を連れてハイキングに行くようになり、思い切って娘に英語を習わせ、いつか海外に留学させられるように学費を積み立てはじめた。

もともと、そんなライフスタイルが性に合っていたらしい。習慣がひとつ変わるごとに世の中が違って見えてきた。外国人（日本人）と会話し、書物に触れるようになったことで、抽象的なものの考え方をするようにもなった。

——なんでおれが育った中国の社会は、日本みたいじゃないんだろう？

やがて疑問を持ちはじめた。答えを突き詰めて考えるうちに、一六年前に北京の街で見た光景を思い出した。当時は意味がわからなかった「反腐敗」や「反官倒」が実現された社会とは、すなわち民主主義の社会のことではないかと思った。

「日本は民主主義の国だから、日本人はみんな優しくてちゃんとしているのだ」

実のところ、マー運転手が思い描く「日本」は、現実の日本社会の実態よりもかなり美化されている。そもそも人間が「優しくてちゃんと」していることと国家の政治体制は無関係だ。政治的には中国並みの独裁国家であるシンガポールの国民も、ことマナーについては非常にちゃんとしている。

だが、ともかくマー運転手はそんな思想を持つようになった。

リース会社の都合で、エプソンとの契約は数年で切れてしまい、彼は再び街のタクシー運転手に戻った。

だが、彼はもはや過去の彼ではなかった。ちっとも民主主義的ではない中国の社会において、たった一人で理想の民主主義社会の市民（公民）としての自覚を持って生きる人になっていた。

深圳のスーパータクシードライバー、マー運転手はこうして誕生したのである。

ネットで〝真実〟を知る

「娘が大きくなり、家にパソコンを買ってから、ネットを見るようになった。面白かったよ。本当のことばかりが書いてあると思った」

マー運転手が単なる民主主義への憧《あこが》れからさらに数歩進み、現在のようなやや極端な民主化シンパになったきっかけは、やはりインターネットだった。

ネットとの出会いは二〇一〇年だという。北京五輪や零八憲章には間に合わなかったが、反体制芸術家の艾未未《アイウェイウェイ》の言動が注目されるなど、まだまだ中国のネット世論が熱い時期だった。海外サイトを閲覧するためのVPNの使い方も、ネットの掲示板を見て覚えた。

自分が抱いた思想に近い話が、ネットにはたくさん書いてあるように思えた。やがて、若き日に見た天安門広場の光景が何だったのかを海外サイトでむさぼるように調べはじめた。

「六四天安門事件の真相を、やっと知ったんだ。むかしの自分はなぜデモに参加しなかったんだと悔しくて仕方なかったよ」

天安門事件とは、中国が本来目指すべき正しき道・民主主義を求める運動が、悪しき政権によって武力で弾圧された由々しき大事件だったのだ。中国共産党は、人類社会の普遍的な価値観に反する人道と良心の敵であり、偽りの繁栄のもとで巨大な社会矛盾を生み出して人民を抑圧している。だが、大多数の中国人は党のスローガンに洗脳され、自分の生活のことしか考えずに眠りこけている。われわれは目覚めなくてはならない――。

そう書かれたサイトや、そう言っているSNSのアカウントがたくさんあった。マー運転手はこれらの意見を正しいと考えた。ネットで真実を知ったと思った。

「おれは『有思想《ヨウスーシャン》』になれた」

誇らしげな顔で言う。「有思想」とは「自分の頭で考える人間」といった意味だ。反体制的な思想や運動を支持する中国人が、自称したり互いに褒め合ったりするときに使うことが多い言葉である。

「マーさんの身近に、近い意見を持っている人はいますか？」

「ほとんどいない。どいつもこいつも、共産党に真実を隠されて騙《だま》されている。むかしのおれを見ているみたいだ」

私が尋ねると、マー運転手はそう答えた。

ネット空間には「有思想」な人たちがごろごろいるのに、現実の社会において、中国の政治問題を真面目に考えている人間は誰もいないように見える。事実、自分がこうした意見を同僚や近所のおっさんおばはんに話しても、ポカンとされるか苦笑いされるばかりである。

マー運転手の「むかしのおれ」という言葉の響きには、はがゆさの反面で、少なくない優越感が含まれているように思えた。騙されて眠りこけた羊たちのなかで、自分だけがネットを通じて「真実」の世界と接続し、目覚めているのだ。

——危ないぞ。

出会って以来、私がマー運転手に好感を抱きつつもほのかに感じ続けていた危うさが、ついに明確な形をとって目の前にあらわれた気がした。

本人の社会的地位に関係なく意見を発表できて、欲しい情報を得られるインターネットは素晴らしい。だが、こうしたネットの特性は、隠された「真実」を教えると主張する、少数者による極端なイデオロギーの誘惑を許しやすいという欠点を持っている。

すなわち、検索エンジンに自分が関心を持つ特定のキーワードを入力すると、似たような意見ばかりが表示される。結果、それが世界の真の姿であるように思いこみ、「目覚めた者」としての優越感を抱いてしまう。先覚者としてさらに「真実」に近づこうと、同じ意見にばかり触れるうちに思想は純化され、傍目《はため》にはどんどん危ない人間になっていく――。

　こんにち、日本のネット右翼の主張や、中東のＩＳ（イスラーム国）の主張がその支持者の実数以上に大きな存在感を示しているのも、こうしたヴァーチャル言論空間における負のスパイラルが極限まで突き詰められた結果だろう。

　だが、極端なイデオロギーにとらわれた「目覚めた者」は悲惨な末路を辿《たど》る。本気でネット右翼の主張を信じてヘイトスピーチをやった人は社会的信用を失うし、ＩＳの主張を信じて自爆テロをした人は生命を失うのだ。しかもそんな結果が発生した場合でも、ネット上の勇ましい扇動者たちは彼らの身をまったく守らず、何の責任も取らないのが普通である。

　たとえ目の前の社会が大きな矛盾と嘘にまみれていても、その解決を主張する思想が常に「真実」を語っていて、それを信じた者を幸福な未来に導いてくれるとは限らないのだ。


　インターネットの普及によって庶民層でもアプローチが可能になった中国の民主化思想と、ネット右翼やＩＳのイデオロギーを同列に置くのは不謹慎かもしれない。

　だが、ネットで「真実」に目覚めて現実の行動に移した結果、つつましくも平穏だった人生が崩壊し、誰にも助けてもらえず困窮した人の実例を私はすでに知っていた。

「……マーさん」

「なんだい」

「三か月前、私はバンコクのチャイナタウンで、あなたにちょっとだけ似た人に会ったことがあります」

その人はお金も社会的な地位もなく、ちょっと人生に不器用だが、正直で心優しい中国の庶民だった。若き日に家庭の事情で満足な教育を受けられず、一九八九年の春にデモ学生の演説を聞いても何のことか理解できなかった。だが、彼はあるときネット空間で中国の「真実」を知り、そこで称賛される行動をとることが正しいのだと思い込んだ。その結果——。

「なんだ。まるっきりおれみたいじゃないか！」

バンコクの中国人亡命者・姜野飛の半生を知った、マー運転手の第一声だった。


「自分の生活しか大事にしていない連中と一緒にしないでくれよ？」


運悪く雨が降ってきた。

スコールは初夏の深圳の名物なのに、うかつにも二人とも傘を持ってきていなかった。会話を中断し、急激に勢いを増す雨を避けて山道を駆け下った。もう日は落ちている。三キロ先に停めてある彼の車に戻るのは諦《あきら》め、タクシーを拾おうとしたが、なかなか捕まらない。

「マーさんは、これまでに当局にマークされたり政治的に迫害されたりしたことはありますか？」

「いまのところはない。だが、おれはそんなものは恐れていないよ」

雨水まみれでも誇らしげな彼の表情を見て、もう少し恐れてほしいと思った。海外とのコネや外部への発信力を持つ有名活動家ならばともかく、彼や姜野飛のような無邪気な市井の民主化シンパに対して、中国の体制は限りなく残酷になれるからだ。

「奥さんはマーさんの考えをどう言っているんですか？」

「うーん。『私はよくわからないけれど、あなたの考えだから尊重する』と言っている」

「いい奥さんですね。仲はいいんですか？」

「すごく仲良しだ。数日前にも、二人で一緒にこの山に登ったところだよ」

もはや本降りになったスコールに下着までずぶ濡《ぬ》れになり、夜道をさまよいながら会話を続けた。

「台湾に留学させた娘さんは、マーさんの考えをどう思っているんですか？」

「そうだな。前の旧正月に帰省したときには『危ないことだけはしないで』、『民主主義の社会だって、お父さんが考えるほど単純じゃないんだから』と言っていた。娘には娘の考えがあるからな。いろんなものを見て視野が広がるのはいいことだと思っている」

　そう言って笑った。姜野飛とマー運転手の最大の違いは、生活習慣が健康的で、周囲の人に恵まれていることである。


　二〇分近く歩き続け、ようやく流しのタクシーが見つかった。下町の大きめのスーパーで自分のTシャツと服を買い替えながら、話を続けた。

「取材者としてではなくマーさんの友人の立場から、私も娘さんの意見に賛成です。中国の社会は確かに問題だらけですが、お願いですからいまある自分の生活からは足を離さないでくださいね」

「おいおい。おれを自分の生活しか大事にしていない連中と一緒にしないでくれよ？」

　言葉の選び方がまずかった。「自分の生活にしか関心がない」という表現は、ネット上で民主化シンパたちが他の一般の中国人を批判するときに使う決まり文句なのだ。

「国や社会を憂う気持ちと同じくらい、奥さんや娘さんをこれまで以上に大事にしてあげてくださいって意味ですよ。マーさんが黒社会から夜逃げをしてまで守った人たちを、これからも守ってあげてください」

「……わかった」

スーパーの出口で、マー運転手と握手をして別れた。
雨はそろそろ止みはじめていた。

晒し者にされた姜野飛

この取材から五か月後の二〇一五年一〇月二八日、バンコクで事件が発生した。姜野飛が同じ亡命中国人の董広平《ドングァンピン》とともにタイ当局からオーバーステイ容疑で拘束され、翌月に中国へ強制送還されたのだ。姜はこの年の四月、ついに念願かなって国連難民高等弁務官事務所から難民認定を受けていたが、それを無視しての拘束と送還だった。

拘束の際、標準的な中国大陸発音の中国語を喋る東アジア人の男が、タイ警察に同行していたという。タイ警察が中国のなんらかの意向を受け、自国内における中国人政治犯の摘発にすらも平気で協力していることは明らかだった。

強制送還から二週間後、獄中の姜と董が「罪」を認める姿がCCTVを通じて中国全土に放送された。まだ裁判も行われていないのに、完全な罪人扱いである。党の宣伝媒体である国営テレビを用いた、実質的な晒《さら》し者の刑だった。

「私は……。やるべきでは、ない、行為を、しました」
「現在は、非常に、後悔、して、います」

画面内での姜はまったく生気がなく、当局に準備された謝罪文を抑揚のない声でぼそぼそと読み上げ続けていた。「拘置所で睡眠を与えられず、殴られた後なんだろう」とは、彼の姿をネット動画で見た顔伯鈞の見立てだったが、私も同じ感想を持った。

そして、この報道を最後に姜の消息はほとんど途絶えた。名もなき男の投獄について、国内外からの救援の声はほとんど上がらず、彼は忘れられた存在となった。

——現代の中国で、一般人が「目覚めた者」になることは、本当にいいことなのか？

私はどうしても、その答えを見つけられないでいる。

第四章

生真面目な抵抗者

王戴

11 王 戴

事件当時24歳、日本留学準備中　取材当時50歳、在日中国人民主化活動家
「八九六四」当時の所在地：中華人民共和国　長距離列車内（前日まで北京市内に滞在）
主要取材地：日本国　東京都上野駅前の喫茶店ギャラン
取材日：2015年7月、2016年7月ほか

男は鎮圧〝前日〟の天安門広場へ行った

上野《うえの》の喫茶店で、私が最初に王戴《ワンダイ》を取材したのは二〇一五年七月六日である。

在日中国人の民主化活動家は、ただでさえ数が少ないうえに離合集散を繰り返している。たとえばこの年（二〇一五年）の天安門《てんあんもん》事件追悼集会も、従来活動を担ってきた国際的な中国民主化運動組織「民主中国陣線」（民陣）の「日本分部」と、ここから分派した王戴グループが、それぞれ参加者が三〇～五〇人程度の小集会を別々の場所で開催した。

もっともその後、本流だったはずの民陣日本分部の活動は低調である。いっぽうで王戴は、元学生リーダーの王丹《ワンダン》、天安門事件で両足を失った元アスリートの方政《ファンヂェン》、著名な在米華人ジャーナリストの陳破空《ちんはくう》ら、民主派中国人の大物どころの来日講演に協力して熱心に活動を続けている。従来の活動の実績や他の在日華人たちによる人物評、国外の民主派人士からの承認の度合いから判断すれば、王戴は現在の日本国内の中国民主化活動家のなかで、暫定ナン

バーワン的な立場に位置づけられている人物だと見ていい。

王戴は一九六四年に中国東北部（旧満洲《まんしゅう》）の黒龍江省《こくりゅうこう》ハルビンで生まれた。地方の大学を卒業しており、当時の中国人としては準エリート層に属する出自だ。民族区分のうえでは漢族ではなく「回族《かいぞく》」（イスラム教を信仰する少数民族）である。王自身は宗教の信仰を持たないが、豚肉を食べないなど回族としての一定の生活習慣と民族的なアイデンティティを保持している。瘦身《そうしん》の生真面目そうな外見の通り、落ち着いた口調で流暢《りゅうちょう》な日本語を話す人物だ。

一九八九年の晩春、日本留学を控えていた王戴は、手続きのために東北部の中心都市・遼寧省《りょうねい》瀋陽《しんよう》（戦前の奉天《ほうてん》）の叔父《おじ》の家に滞在していた。叔父は大学教員で、学生のデモを止める立場だったが、居候であった王は平気でデモに行っていた。後に活動家になる人物だけにかなり熱心に参加しており、デモ隊の主張の内容も理解していた。

「瀋陽のデモで掲げられていた内容は『政治の不正を糺す《ただ》』くらいの感じでしたね。『民主を要求する』というプラカードも見たかな。しかし、公然と共産党の打倒が主張されていたわけではありませんでした」

趙紫陽《ちょうしよう》の失脚が決定的となった五月二〇日ごろの話だ。北京《ぺきん》では運動が停滞し、先行きの見えない閉塞感《へいそく》が急速に広がっていた時期だが、地方都市のデモはまだまだ楽天的だった。反面、デモ隊の主張は穏健なものにとどまっていた。

「通信が不便な時代ですから、ハルビンや瀋陽でのデモは北京と明らかに時間差がありました。長距離電話も大変で、電信局に列を作って並んでやっと掛けられるくらいでしたから。北京の大学に通う学生たちから、じわじわと話が伝わってくる感じでした」

当時、黒龍江省と遼寧省の党支部は保守派の支持に回っていたため、他の地域と比べると学生運動が相対的に低調だったとも言われる。

だが、王は毎日のようにデモの隊列に加わり、大声を張り上げて中国の未来に夢をつむいだ。街を練り歩きながら、運動の中心地である北京はいったいどうなっているのだろうと気になって仕方がなかった。

「その後、日本行きのチケットを買うために北京の中国民航（当時）のオフィスへ行くことになったんです。そこで六月二日、天安門広場に行ってみたんですよ」

翌日の深夜に鎮圧を控えた時点の広場訪問だった。デモが最末期の時期だけに、いざ王戴が行ってみると、首都には人民解放軍の進駐を目前にして不安と混乱ばかりが広がっていた。東北部の各都市の楽天的なデモ現場とは大違いだった。

「市内の交通はストップ状態。学校はもちろん、企業もストを打って休んでいます。当時の中国は貧しかったので、経済への影響は小さかったはずですが、インフラへのダメージは大きいだろうと感じました。学生運動には賛成だったのですが、こんな状況がいつまでも続いて、中国全土が混乱しているのは国のためによくないとも感じましたね」

広場の学生たちにも危機感が高まっていた。

「ただ、街にいる軍隊はただの脅しなのだろうと心のどこかで思っていた気がします。他の学生もきっと同様だったでしょう。『母なる共産党』が人民に武器を向けるわけがない。あのデモにしても、子どもが親に文句を言っているようなつもりだったんです」

この本に登場した他の天安門世代と似たような感想だ。

広場を離れた王は長距離列車に乗り、再び故郷のハルビンに引き返した。駅に着いたのは六月三日の夜で、ちょうど北京では武力鎮圧が始まった時刻だったが、そんな事情は知るよしもなかった。

客観的に見るかぎり、王の八九六四の経験は、後半生の長い活動歴からすると意外なほど穏健なものにとどまっている。

「大人」にとっての民主化運動

王戴が日本に来たのは鎮圧の翌月である。まずはアルバイトをしながら日本語学校に通った。

日本では他の知識層の中国人たちと同じく、本国ではタブーとなった武力鎮圧の映像をむさぼるように見た。また、六本木《ろっぽんぎ》の飲食店でバイトをしていた際に、たまたま来店した日本人の記者から、事件の詳しい事情を教えてもらえたこともあった。この記者は、当時の自分が北京に派遣されて天安門広場のデモ隊のなかにいたと王に話した。

一九八九年九月には、趙紫陽の元ブレーンの厳家祺《イエンジャーチイ》を主席、学生リーダーのウアルカイシを副主席に据えた民陣がパリで結成され、間もなく日本でも傘下組織が生まれた。当初の日本での運動は活発で、祖国の体制改革と、日本国内で学生運動を支持したことで帰国が困難になった同胞たちの在留資格の保障のために盛んに動き回っていた。

王がこの組織にすぐ参加することはなかったが、東京で毎年開かれた天安門事件の追悼集会には顔を出していた。一九九〇年、一九九一年。事件の記憶が生々しく、中国経済が停滞するなかで東欧の社会主義圏が崩壊したこの時期は、祖国に見切りをつけて日本に来る中国人の若者が非常に多かった。集会の規模は数千人以上に達し、誰もが真摯《しんし》な表情を浮かべて中国の未来を憂いていた。

……だが、多くの人たちの熱気は長続きしなかった。

たとえば一九九〇年代なかばには、はやくも以下のような話が出ている。現在は中国ジャーナリズムの第一人者となっている富坂聰《とみさかさとし》のデビュー作『龍の伝人たち』（小学館、一九九四年）に登場する「J」（原書中では本名）という若い在日中国人の姿だ。

中国にいたころのJは上海《しゃんはい》の名門大学を卒業し、党幹部向けの学校で講師を務めるエリートだった。一九九〇年末、富坂と初対面当時のJは民陣日本分部の副主席の名刺を持ち、「在日中国民主運動人士『特別在留』申請団」の団長も務める活動家だったが、三年後に再会したときにはとっくに運動から手を引き、信濃町《しなのまち》駅の近くにオフィスを構える青年実業家になっていたという。

わたしはビジネスの話に顔をほころばせている彼に、中国の民主化について熱弁を奮っていたころから何が変わったのかを尋ねてみた。すると彼は、うーんと唸りながらしばらく考え込んだ。そして、苦しそうな表情でこう語った。

「民主化運動に飛び込んだ自分の行動を後悔しているわけじゃない。しかし、あの運動はあまりにも稚拙だったかもしれない。急ぎ過ぎてはいけない。もっとゆっくり時間をかけないと……。まずは中国人が豊かになることだね」

彼の人生を狂わせたもの、それは間違いなく天安門事件である。いまの彼はその天安門事件を一刻も早く忘れ去ろうとするかのように、そのころの話題を意識して避けているように感じられた。

（『龍の伝人たち』）

このJのように、他の仕事をやっても普通に成功できる優秀な人材は、かなり早期の段階で民主化運動から脱落していった。民陣の日本分部の組織も、結成から数年も経たないうちに活動が低調になった。

（余談だが、その後のJは日本国内の中国語紙の編集長として在日中国大使館との協力関係を持つようになった。彼は習近平《しゅうきんぺい》政権成立後の二〇一三年、朱建栄《しゅけんえい》（第二章参照）の失踪《しっそう》と同時期に中国で一時消息を絶ち、その後に釈放された模様だが、外部から確認できる活動はこの時点から途絶えている）

王戴自身の姿勢にしても、他の天安門世代の中国人とそれほど違っていたわけではない。

Jのような「変節」こそしなかったが、来日から十数年間はどちらかと言えば現実的な生活を重視する日々を送った。日本語学校で学び終えた彼は、さまざまな仕事を経験し、やがて妻（すでに離婚）とともに飲食業と貿易業を営む小さな会社を立ち上げている。

「立場としてはもちろん民主化を望んでいましたが、当時の民陣（の日本組織）のリーダーには同意できない部分もあり、表立った活動はしませんでした。生活のために妥協を選ぶ人たちの考えも理解できますよ。中国の経済発展はやはり認めざるを得ない。それに、いちど反体制側の人間になると親孝行ができなくなります。親が亡くなっても葬儀ができないし、墓参りもしてあげられない。この不孝は中国人にとってなによりもつらいことです」

孝悌《こうてい》は仁を為《な》すの本《もと》なり。紀元前の孔子《こうし》が説いた道徳は社会主義体制の下であっても消えていない。その義務を果たせないことは、上は王丹やウアルカイシから下は無名の闘士たちまで、国外に出た中国人の活動家に共通する大きな悩みである。彼らが学生だった当時は遠い未来のことに思えた親の介護や死は、社会に出ると思わぬほど急激に駆け足で迫ってくる。経済的事情以上に、この徳目こそが「大人」の中国人の社会活動を鈍らせる枷《かせ》だった。

王戴が活動家になったのは、中国民主化運動がすっかり下火になった二〇〇六年になってからである。直接的な理由は、叔母《おば》が政治的な迫害を受けたためだ。

叔母はもともと共産党員で、人民解放軍を経て国営企業に勤務した優秀な人だったが、一九九〇年代に夫を亡くして精神的に不安定になった。回族にもかかわらずイスラムの教えを棄て、キリスト教の東方正教会にいったん入信してから再度棄教するという迷走した行動もとった（ロシアと地理的に近いハルビンには中国政府とモスクワ大司教に公認された正教会教団が存在し、ごくわずかながら信者がいる。ただし、新規の入信者は通常ほとんどいない）。

「その叔母が、二〇〇〇年ごろに法輪功《ほうりんこう》（第三章参照）に接近しました。気功で病気が治ったことで信者になったんです。やがて、家にほとんど帰らずに外で法輪功のビラを貼り歩くようになり、何度も労働改造所（懲罰監獄）に送られるようになりました。私自身は法輪功の信者ではありませんが、理解は示したい立場です。日本で民陣に入ったのは、直接的には叔母の境遇がきっかけだったんです」

当時、王の両親はすでに亡く、叔母は彼にとっていちばん関係が深い親世代の親族だった。やはり孝悌の道徳ゆえに、王は明確に反体制の側に立つことを決めたとも言える。

内ゲバと銭ゲバばかりだった中国民主化運動組織

もっとも、王戴が加入した当時の民陣はすでに組織が疲弊して久しかった。

そもそも民陣は、結成のわずか一年二か月後に副主席のウアルカイシが退任した時点（一九九〇年九月）から混乱しており、一九九三年に中国民主団結聯盟《れんめい》（一九八三年設立の古参民主化運動団体）との合併計画がお流れになってからは、内部分裂を重ねてほとんどまともな活動をおこなえない状態にある。

王が加入した翌年ごろにも、民陣の国際組織内部で路線対立が発生し、その余波が日本に及んだ。主席・費良勇《フェイリャンヨン》（肩書は当時、ドイツ在住）と副主席の女性活動家・盛雪《シェンシュエ》（同、カナダ在住）の指導体制に、日本・英国・オーストラリア・オランダなど八か国の活動家が造反したのだ。やがて日本国内の民陣組織も、造反側を王国興《ワングオシン》・林飛《リンフェイ》・王戴らの活動家が支持し、中央組織側を方仲寧《ファンヂョンニン》や夏一凡《シャーイーファン》・王進忠《ワンジンヂョン》らが支持する形で分裂した。

ちなみにその後、本章の冒頭で紹介した二〇一五年の組織の再分裂では、分派した側の王戴を、かつて路線を異にした夏一凡と王進忠が応援し、「民陣日本分部」の本流をもって任じる林飛や李松《リイソン》と対峙《たいじ》するという構図となった。

非常にややこしいので、ひとまず人間関係を表にまとめると一八九ページのような形になる。

――もっとも、一連の分裂劇の真相は信じられないほどチープだ。例えば二〇〇七年の分裂について、王戴は話す。

「私たちの側（造反八か国派）の支持者は日本国内で三〇人ほどでしたが、中心となっていたのは三人です。一方でむこう側（中央組織派）も主要な人間は数人だけでした」

要するに、一〇人以下の腐れ縁の当事者たちによるただのケンカだ。しかも、同じ顔ぶれが合従連衡を繰り返した点からわかるように、彼らの路線対立はイデオロギーが理由ですらない。「あいつは気に食わない」といった個人的感情やコップのなかの主導権争いと、利権や寄付金をめぐる争いが最大の争点なのだ。

例えば在日民主化活動家の葉子明《イエヅウミン》（仮名。序章参照）はこう証言する。

「どの団体とはいわないが、一部の民主化団体は中国人の日本在留特別許可の口利きができる。やくざやチンピラみたいな連中も団体に加わっている。中国の民主化なんて本気で望んでいない連中ばかりだ。有象無象の浮き草みたいなヤツらだよ」

日本は先進国にはめずらしく正式な難民認定をほとんどおこなわない国だが、事実上の代替処置は存在している。すなわち、事情のある外国人に在留特別許可を出すことで、難民や亡命者の日本滞在の道を開いているのだ。葉は言う。

「そこで一部の民主化運動組織は、中国国内の経済犯や、ただのオーバーステイ者や技能実習生くずれからマージンを取るビジネスをやっている。こういう連中を『民主化の闘士です』と入管当局に説明して、特別在留許可を与えさせているんだ」

取材中の王戴も、葉子明と似たような話を数多く語った。ちなみに王自身はこうした在留

2007年分裂

造反8か国派		中央組織派
王国興 林　飛 王　戴	VS	方仲寧 夏一凡 王進忠

2015年分裂

分派・王戴グループ		民陣日本分部グループ
王　戴 夏一凡 王進忠 相　林	VS	李　松 林　飛 董　鵬

許可斡旋《あっせん》ビジネスに嫌悪感を持つ立場だ（周囲の評判を聞いてもそれは事実らしい）。

二〇一五年八月、王は民陣日本分部からの脱退後に立ち上げた新団体のウェブサイト上に、日本国内のある中国人活動家の告発記事を掲載している。特別在留資格の申請のマージンとして受け取った、額面四〇万円の怪しげな寄付金の領収書をアップロードしたのだ。

「中国人の悪いところは、私欲が多すぎることです。目立つことやお金儲《もう》けばかりを考える。そんな傾向が強すぎる」

理念なき離合集散と権力争いは、日本国外の民陣組織も同様だ。二〇〇七年ごろにはじまった造反八か国派と中央組織派の対立はひとまず二〇一二年までに解消されたが、二〇一六年には再び別の対立が起きた。今回争ったのは前主席の費良勇派と現主席の盛雪派で、当事者の異性関係の暴露やベッドイン写真の公開といった非常に低レベルな個人攻撃がおこなわれた。

「口では民主主義を唱えて、自分自身も民主主義国家に暮らしている人たちが、極めて中国的で共産党的なことばかりをやっているわけですよ。本当に、どうしようもない」

たとえ祖国の体制改革という理想を抱いて飛び込んでも、一般常識を持ったまともな人間ならばすぐに距離を置きたくなるのが現在の中国民主化運動だ。日本の活動家には在留許可ビジネスのほかに、中国人としてのプライドを捨てて日本の右派陣営に媚《こ》びる、という生き残り方もあるが、他者から尊敬される生き方とは思えない。

快く取材に応じてくれた王には申し訳ないが、拝金主義者や性格破綻《はたん》者たちの群れのなかで愚直な孤軍奮闘を続ける彼の姿は、ナンセンスなドン・キホーテにも見える。

「なぜ、中国民主化運動にそこまで強い思い入れを持つのですか?」

私は思わず尋ねてしまった。

思いは消えない

「やはり天安門事件に対して、僕には強い思い入れがあるからです」

「しかし、王さんは瀋陽のデモには参加しましたが、北京市内で弾圧を直接目撃したわけではありません。事件で恋人や親友が亡くなったわけでもないのですよね。そこまで背負い込まなくてもいいのではないでしょうか」

私の不躾《ぶしつけ》な質問に、穏やかな性格の王が「いや」と色をなした。

「武力鎮圧の直後に、日本への渡航準備のために私はもう一度北京に入ったんですよ。そこで鎮圧がおこなわれた場所をずっと歩いてみたんです。バスが焼けて、自転車がひしゃげていて、いろいろな痕跡《こんせき》が残っていて。その光景を見たときの衝撃がすごく大きかった。悲しくて、涙が出た。私のあのときの思いは。思いというのは……」

一気に喋《しゃべ》る。それが王にとっての八九六四なのだ。

「興奮してごめんなさい。これは理屈じゃないんです。普段は事件のことは考えずに暮らしていても、他の人からこのように尋ねられると感情的になってしまうんですよ。私は当時、地方都市にいたけれど、全力で運動に参加した。若かった自分のパワーを徹底的に注ぎ込んだ。その運動があんな形で終わってしまい、多くの人が亡くなった。さまざまな思いが残った。だから、私はいまでも運動をやるんです」

事件から二〇周年にあたる二〇〇九年、王が中国大使館の前で抗議活動をおこなっていたときに、警備中の日本人警官から「あれから二〇年も経ったのに、君たちの活動って意味はあるの？」と尋ねられたことがあった。このときも悔しかった。

「どっと涙が出た。仲間たちがあれだけ犠牲を払って、政府に弾圧された。あの事態について白黒をはっきり付けなければいけないという感情が、自分のなかにずっと残っているんです。これぱかりは、誰に何を言われても、何十年経っても消えない」

同年代の大部分の中国人と、王の姿はなにかが違う。日本の社会で人生の半分以上を送ってきたせいか、それとも（イスラームの信仰はないとはいえ）宗教的な敬虔《けいけん》さを持つ回族の血のせいか、極めて責任感が強くて生真面目なのだ。

王は時流に乗って青春の志を誤魔化してしまうこともなく、二五年以上前の純粋な気持ちを現在まで静かに燃やし続けている。そして、いちど活動家の立場になった以上は、客観的な情勢の不利に関係なく、自分に課せられた仕事をどこまでもやり続けようと考えている。

ただ、こうした個性は、裏返して言えば頑固で融通が利かないとも言える。

政治やビジネスで成功する中国人には、これといった理念や信条はなくても機を見るに敏で、勝負勘がよくて柔軟性があるタイプ（中国語で「有霊感《ヨウリンガン》」という）が多い。また中国人の社会は、なんだかんだで道義的な正当性よりも結果オーライで評価するところがあるため、こうした成功者は広く人気と尊敬を集めがちだ。加えて政治活動は、どこかで清濁を併せ呑《の》むような度量を持っていないと乗り切れない問題も多い。

王戴の生真面目さは、おそらく多くの中国人にとっては堅苦しいのではないか。ときには同胞たちから、敬してこれを遠ざけるような反応を示されることもあるだろう。王の個性は、運動の灯をひとまず灯《とも》し続けることはできても、大きく広げていくことには向いていないかもしれない――。

日本で孤軍奮闘しながら、天安門記念運動を続けている男の姿はそんなふうに見えた。

12　凌静思（仮名）

事件当時27歳、北京外国語学院夜間部大学生　取材当時53歳、司書
「八九六四」当時の所在地：中華人民共和国　北京市西城区
取材地：中華人民共和国　北京市某民間機関資料室
取材日：2015年8月

浮世離れした元闘士

「いま、中国で再びデモが起きても支持するつもりだよ」

私が取材した無数の天安門世代の中国人のなかで、明確にこう言い切った活動家以外の人間はたった二人である。一人はマー運転手（第三章参照）、もう一人がこの凌静思《リンジンスー》だ。

しかも事件当時はデモの意味が理解できていなかったマー運転手とは違い、生粋の老北京《ラオベイジン》（北京っ子）の凌は夜間部ながらも大学生の立場で、デモの最初期から毎日のように天安門広場の内部にいた。また、お祭り気分で参加していたミーハーなシンパではなく、本人なりの理想や目的意識を強く持つコアな参加者だった。

凌はいまだに中国の民主化を期待する立場である。他の天安門ＯＢである郭定京《グオディンジン》（序章参照）や魏陽樹《ウェイヤンシュー》（第一章参照）、余明《ユィミン》（第二章参照）らと同じ街で社会生活を送っていながら、彼らとは異なる眼で現代の中国と八九六四を見ているのだ。

この不思議な男は、北京市内のある民間機関の資料室で書籍に埋もれて暮らしている。資料室は狭いが、某分野に関する蔵書の充実度は市内でも有数だ。書棚は几帳面《きちょうめん》な彼の性格そのままに美しく整頓《せいとん》され、利用者にとっては極めて使いやすい。

彼は「おじさん」と呼ぶべき外見である点だけは確かだが、見方によっては三五歳にも六〇歳にも見える。痩身《そうしん》で肌に張りがあるのだが、頭髪が薄いのだ。白シャツとベージュのパンツという色味に欠けたファッションも相まって、どこか浮世離れした水墨画の鶴のような雰囲気があった。

彼の小さな城である資料室には、めったに他の人間がやってこない。

そのため、取材はこの部屋でおこなうことにした。

途中、機関の一般従業員向け食堂でアルマイトの食器に山盛りになった学校給食のようなランチを食べたりしながら、私は彼とかれこれ四時間余りにわたり話し込んだ。

二〇一五年八月なかばのことである。

「胡耀邦《こようほう》を追悼する壁新聞が出た次の日だから、四月一八日だと思う。デモの噂を聞いてさっそく天安門広場に向かうことにしたんだ。途中、中国人民大学の学生数百人が花を持ってパレードをしていたのを覚えている。私は自転車を飛ばして彼らを追い抜き、先に広場へ向かった。途中、人民大会堂の北で交通警察が車両の立ち入り規制を敷いていたけれど、自転車は問題がなかったからそのまま進んだ。新華門《シンホアメン》まで行ったら、ちょっと前に出会った人民大の学生たちが座り込みをはじめるところだった」

当時の凌静思は日中は北京理工大学の職員として働きつつ、夜間は北京外国語学院に通う学生だった。話を聞く限り、社会人よりも「大学生」としてのアイデンティティのほうが強かったようだ。最初の日はデモを眺めるだけで帰ったが、翌日からは毎日のように広場へ行くようになった。

「具体的な理由はなかった。私も若かったから『わーっと』入っていったのは確かだった。ただ、自分の目でいろいろなものを見たくて、知りたかった。民主や自由も……。当時の自分は具体的なことは何もわからなかったけれど、それが中国に存在しないことだけは明らかだと考えていたんだ。民主主義の社会では、国家の偉い人が国民の選挙によって選ばれるらしいと聞いた。素晴らしいことだと強く思ったよ」

語り口こそ論理的だが、凌自身も当時は特に具体的なイデオロギーはなかったようだ。

ならばどうして、運動に熱中したのか。

「八六学潮《バーリヨウシユエチヤオ》に加わった先輩たちが、活動歴のせいで就職で苦労する様子を見てきた。だから、まずは八六学潮の再評価を求める気持ちがあった。一九七六年の四五《スーウウ》（第一次天安門事件。第一章参照）だって再評価されたのだから、これ自体はそう無茶な要求ではなかったと現在でも思っている」

彼の動機のひとつは、一九八六年に天安門のデモに先立って発生した学生運動（八六学潮）にまつわる、学生の人事檔案《レンシーダンアン》の問題だった。

人事檔案とは、中国の国民全員の思想傾向や交友関係などが記された非公開の身上書だ。記載内容は本人に開示されず、共産党員である学校の担任教師や職場の上司などしか閲覧権限がない。国家が人民の職場を決定していた当時の計画経済体制の社会では、本人の生殺与奪を握るエンマ帳に等しい書類だった。

凌たちはまず、過去の学生運動の再評価と活動歴の人事檔案への不記載を求めた。加えてもうひとつ、他の取材対象者たちと共通する要因もあった。

「当時は学生が世間の動きに最も敏感で、一般の人よりも進んでいる存在でした。思想と行動を一致させてこそ中国の知識人だ、すぐに結果が出なくても将来の中国によい結果をもたらせる——。と、信じていたんです」

士大夫のタマゴとしてのエリート意識である。

ロイターに写真を撮られた日

もっとも、内向的な性格の凌静思は、デモで無邪気にはしゃいで友達や恋人を作るようなタイプではなかった。

友人と連れ立って行動することもなく、デモ期間中の一か月半にわたり、常に一匹狼で天安門広場に通い続けた。市内の大学はほぼ休校状態で、昼間の職場（北京理工大）を休み放題になっていたことも幸いした。

彼の天安門広場での定位置は、故宮《こきゅう》と人民英雄記念碑を直線状に結んだ中間地点にあたる場所だ。王丹《ワンダン》やウアルカイシらの指導部が陣取った狭義の占拠地域からは外れるが、天安門に掲げられた毛沢東《もうたくとう》の肖像画の真正面である。日本の皇居前広場におけるメガネ橋（二重《にじゅう》橋《ばし》）の付近に相当するような、国家の中心を象徴する場所だった。

凌は運動に加わり続けた。四月二二日の胡耀邦の追悼式典は広場内で見たし、学生たちのハンガーストライキで現場が騒然とする様子も肌で感じた。やがて北京市内に戒厳令が出された五月二〇日には、周囲にいた学生とビールを飲みほして「軍隊が来たらこの瓶を投げよう」と話し合った。もっとも投げるのは火炎瓶ではなく、ただのビール瓶のつもりだった。

やがて五月二二日、凌にとって忘れられない出来事があった。

「確か北京の副市長だったと思うけれど、広場の衛生環境が悪いと批判する政治家がいたんだ。そこで、私はホウキを持って掃除をはじめた。私がやりだしたら周囲の学生もマネをして、大掃除になった。衛生環境の問題を、政府側からの批判の口実にされてはたまらないと思ったからね」

この姿がロイターのカメラマンに撮影され、翌日の『毎日新聞』朝刊の国際欄を飾る。実際に記事を確認すると、真摯《しんし》な表情を浮かべた凌が報道写真の左側に大きく写り込んでいた。体型は当時から痩身だが、現在の枯れ切ったような雰囲気はなく、覇気と闘志を感じさせる立ち姿だ。人生のベストショットだろう。

「学生はみんな、真摯に国や社会のことを心配していて、非常に真面目だったんです。イタズラ者なんて誰もいない。個人の利益のために動いていたわけでもない。みんな中国の未来のことを考えていた」

毎日新聞
北京 市民に安堵の色も
バリケード撤去
市政府は戒厳令崩さず
22日朝、軍の動きが止まった中、天安門広場の座り込みをやめ、清掃を始める学生たち＝ロイター

広場の清掃をおこなう、若き日の凌（毎日新聞、1989年5月23日）

凌はこの前後、『毎日新聞』の特派記者だった野崎伸一《のざきしんいち》氏の取材を広場内で受けたという。中国語で「怖くないのか」と尋ねた記者に「私は何も恐れない」と答え、朴訥《ぼくとつ》な口調でみずからの正義と理想を語った。

純粋でひたむきな男の目に映る天安門広場の景色は、あくまでもストイックだった。

だが、凌静思が広場の掃除をはじめた時期、学生運動は急速に瓦解《がかい》をはじめていた。

趙紫陽《ちょうしよう》が党内で完全に失脚したことで、政権内部における理解者が消えてしまった。いっぽうで学生たちは広場からの撤退を議論しはじめたが、話がまとまらず結論は先送りにされた。王丹やウアルカイシが中心だった従来の指導グループ・北京市高校自治聯《れんごう》合会が力を失い、柴玲《ツァイリン》や封従徳《フォンツォンデェ》・李録《リィルー》らを中心とする天安門広場臨時指揮部に広場の管理権が交代したのも、学生側の混乱を象徴する出来事だった。

上京してきた地方出身の学生が広場にどんどん流入したことも、統制が失われた一因だった。彼らは王丹たちとは別個に「高自聯」組織を立ち上げ、過激な活動方針を打ち出すようになった。鎮圧の数日前、後世では天安門事件のシンボルのようにみなされている「民主の女神」のオブジェが登場した時点では、運動はすでに惨憺《さんたん》たる状況に陥っていたとされる。

五月三〇日、中央美術学院の学生たちが発泡スチロールと石膏を用いて作り上げた「民主の女神」像が広場に運びこまれ安置された（略）。これは広場に新たな活力を与えるかに見えたが、いまや散漫になった広場への凝集力を回復するには至らなかった。学生運動はすでにほとんど自壊していた。

（矢吹晋他『天安門事件の真相　上巻』蒼蒼社、一九九〇年）

それでも凌静思は天安門広場に通い続けた。

ただ、「民主の女神」がやってきた日、たまたま凌の母親が大きな怪我をして入院する。結果的に言えば、このことが彼をデモ隊の第一線から遠ざけ、生命を救うことになった。

修羅場となった病院

母が入院したのは、北京地下鉄一号線の西単《シーダン》駅と復興門《フーシンメン》駅の中間、民族飯 店《ミンズウファンディイエン》（天安門広場から二キロほど西にあるホテル）の裏手に位置する郵電 医院《ヨウディエンイーユエン》だった。

六月三日の夕方も、凌静思はバスで母の見舞いに向かった。途中、六部口《リョウブーコウ》の辺りで銃を持った兵士の集団を見たが、あれは威嚇のためだろうと乗客たちが話していた。この日の夜に鎮圧がはじまることは、まったく想像していなかった。

「おかしいと思ったのは、夜一〇時ごろだった。とにかく『空気が違う』感じだったとしか表現のしようがない。外に見に行ったら、学生や市民と武装警察（武警《ウウジン》。日本の機動隊に近い組織）が小競り合いを起こしていた。レンガを頭に受けて倒れた武警に市民が殴りかかろうとしたから、私と他の学生たちで騒動を仲裁した。そして、私は怪我をした武警を連れて病院へ戻った。彼は一八歳の男だった」

負傷した若い武警を連れて郵電医院に帰ると、院内はすでに修羅場となっていた。

はやくも市の西方の公主墳《ゴンヂユウフエン》のあたりで、民衆が戒厳部隊の先鋒《せんぽう》に打ち払われ、その怪我人たちが民族飯店付近の病院にまで大量に搬送されてきていたのだ。公主墳は天安門広場から西に七・五キロの地域である（ちなみに公主墳周辺の民間人の死者や負傷者は、軍隊の露払いを務めた武装警察による被害と思われる。この「西線」ルートを進む解放軍が発砲したのは、第一章で張宝成《チヤンバオチエン》が目撃した木樨地《ムーシーディー》以東の地域である）。

やがて戒厳部隊は凌がいる病院の周囲の路上まで進撃し、近所で銃撃された人たちが続々とやってきた。

凌はそのまま阿鼻叫喚《きようかん》の巷《ちまた》となった病院のホールに残り、負傷者たちの搬送を手伝いはじめた。

「怪我人だらけだった。道路沿いの平屋建ての家に住んでいたせいで、室内で流れ弾に当たった主婦もいた。死んだ人も見た。あと、私の職場である理工大の先生も、軍の誤射で脚を負傷してこの郵電医院に来ていた。この人は運動に参加したわけではなく、奥さんの家に行った帰りに歩いていて撃たれたらしい。ほかに理工大の学生が、左の鎖骨を撃たれてやってきた。彼は軽傷だったと思う」

救急患者の急増に病院の処理速度が追い付かず、凌静思は点滴を腕に刺したままの理工大の先生に付き添って、北北東に三キロほど離れた積水潭医院《ジーシュイタンイーユエン》へと移動することにした。

当初は三輪自転車タクシーの荷台に先生を乗せる予定だったが、たまたま郵電医院に、妻の出産を控えて自動車で乗り付けてきた人がいたので、その人に車で送ってもらった。国産の「上海《シャンハイ》」（ＳＨ７６０）という車種だった。

だが、先生が運ばれた場所も相変わらずの地獄絵図が広がっていた。

戦車に轢かれて左足がなくなった学生

「積水潭医院の近くに、バスケットコートくらいの広さの講堂があったんだ。その床が全部、負傷者で埋め尽くされていた。ひどいありさまだった」

臨時の野戦病院となったこの講堂は、武力鎮圧の「戦線」からやや遠い。助かる見込みのない者は搬送されない場所であり、床に転がる人間たちはいずれもまだ息があった。学生はもちろん、デモとは何の関係もなさそうな中年の男女や、子どもも多くいた。

「白いシーツの周りに四～五人の大学生が集まっていた様子を、いまでも覚えている。輪の中心に、戦車に轢《ひ》かれて左足がなくなった学生がいた。意識はしっかりしていて――。『救《ジユウ》救我《ジユウウオオ》（助けて）』と、驚くほど大きな声で何度も繰り返していた」

凌が所持品を見ると、湖北省《こほく》の武漢《ぶかん》大学の方剛《ファンガン》という男だった。デモを聞きつけて上京した、外来組の参加者だと思われた。

「付き添いの女の子がワンワン泣きながら、医者に『絶対に助けてあげて』と繰り返していた。みんなで彼を戦車のキャタピラの下から引き出して、ここまで運んできたと言うんだ」

方剛のその後は不明であり、事件後に香港などで発表された、氏名が判明している二〇〇人ほどの犠牲者リストのなかにも名前がない。現在は足を失ったままどこかの街で暮らしているのかもしれない。


銃声は明け方まで鳴り響き続けた。

その合間を縫うように、「ファシストめ」「共産党を打倒しろ」という叫び声があちこちで聞こえたが、いずれも発砲音でかき消された。

「悲しくて悔しかった。国家の偉い人たちの側から、ほとんど話し合いがなされないままこういう結果になった。学生はこれまで五〇日以上もずっと運動をやってきていたんだ。私たちは決して衝動的にやっていたんじゃない。国を愛して、よりよい未来を求めていたつもりだった。そんな若者を殺して、どういうつもりなのだと」

やがて空が白みはじめ、六月四日の朝が来た。

凌が母のいる病院を目指して歩いていると、人民解放軍が進んだ後の道路はあちこちが黒焦げになり、正視に堪えない死体が路面にいくつもへばりついていた。逆に「こいつは四人を殺した」という紙とともに、裸に軍帽だけを被《かぶ》せられた姿で宙吊《づ》りにされている兵士らしき死体もあった。市民からリンチを受けたのだろうと思われた。

市内のあちこちに無人のトロリーバスが放置されていた。戦車の進撃を防ぐ目的なのだろう。新たなバリケードを作っている市民もいた。

「こんなものを作ったって、軍隊を止められやしねえのはわかってる。だが、おれは抗議する気持ちを示したいんだよ」

バリケードの周囲にいた男に尋ねると、そんな返事がきたそうである。


ところで人民解放軍の作戦目的は、天安門広場内部の学生を無血排除することだった。

第一章でも述べたように、結果的に武力が行使されたのは、広場までの進軍途中で直面した「妨害行為」に対して「必要とするすべての」手段をとれ、という命令が出ていたからだ。当時の当局側の報告書には、市民や学生の抵抗が激しすぎたことで、軍側はやむを得ず発砲した——といった記述も多い。

多数の死者が出ることは当局側にも想定外だったという主張である。事実、魏陽樹（第一章参照）や呉凱（第二章参照）など、現在は当局寄りの考えを持つ他の取材対象者たちも、私に似たような話を語っている。

だが、裏取りが困難な問題とはいえ、凌静思は上記の見解を覆すような目撃証言も話してくれた。

「郵電医院の庭に大きなコンテナみたいな冷蔵庫が置かれていたんだ。ある日突然出現して、不思議に思っていた。六月三日より前なのは確かなんだ。本当に『いつの間にか置かれていた』という感じだった」

突然出現した謎のコンテナ冷蔵庫は、武力鎮圧の翌朝になって使用目的が判明する。

「鎮圧で死んだ人を、着衣のまま透明なビニール袋に入れて、冷蔵庫の中に何人も収容していたんだ。その後も二週間ほど、コンテナは病院の庭に置かれたまま。夏だから、冷蔵庫のなかでも死体が腐って周囲に臭いが漂っていた。二週間後に、どこかの中年の商店主の遺体が遺族に引き取られた光景を覚えている」

軍の投入で多数の死者が出れば、市内の病院の霊安室が足りなくなる。当局はあらかじめそれを見越したうえで、臨時の死体置き場を手配していたと考えてよかった。

戒厳部隊は予想外の事態に混乱してやむを得ず発砲したのではなく、最初から相当数の人間の殺害を想定していたということだ。

「ひどい、とにかくひどい。一九世紀にフランスでパリ・コミューンが鎮圧されたときだって、市民の側は武装していた。なのに天安門事件では、丸腰の人間がどんどん殺されたんだ。

私はあの日のことを死んでも忘れない。絶対にだ」

ここまで淡々と思い出話を語り続けてきた淩が、はじめて色をなした。

「ただ正直な人間でありたい」

「仮に現在、再びデモが起きたとしても支持する。中国の政治体制の本質的な問題点は天安門事件のときから変わっていないが、これは変わらなくてはいけないんだ。ネットの普及や公民意識《ゴンミンイーシィ》（市民意識）の広がりで、世の中は昔よりも少しはよくなった。たとえ歩みは遅くても、もっとよくなってほしい」

淩静思はいまだに民主化を望む気持ちを公言している。

彼は一九九〇年代に日本に留学し、それから八年間ほど日本国内で生活した。民主中国陣線のような政治組織には加入しなかったが、すでに海外の中国民主化運動が袋小路に入っていた一九九〇年代末に、カンパを集めて募金をおこなったこともある。かなり熱心なタイプだったと見ていいだろう。

ただし現実は見えている。一方でこんなことも言うからだ。

――秀才《シュウツァイ》造反《ザオファン》、三年不成《サンニエンブーチエン》（文弱の徒の反乱は、いつまでたっても成就し得ない）。

——秀才《シュウツァイ》遇上兵《ユイシャンビン》、有理説不清《ヨウリイシュオブーチン》（文弱の徒は暴力を前にすれば、道理を説くことはできない）。

事実、清《しん》朝末期の戊戌《ぼじゅつ》変法や辛亥《しんがい》革命をはじめ、過去の中国でインテリが主導する革命は必ず失敗するものと相場が決まっていた。唯一成功できるパターンは、毛沢東のように庶民のドロドロとしたルサンチマンを取り込んだ農民反乱型の権力奪取だけだが、この手の「革命」の結果として生まれる政権は、やはり従来と同じく専制的な体制のものにしかなり得ない。

凌は中年になっても夢を捨てない一方で、やはり中国人だ。むしろ膨大な書籍を読み込んでいる人だけに、中国社会の悲しい性質についても誰より理解している。

「わかっているんだ。でも、悲観はしたくない。私は希望を捨てないでいたい。いつか、もっと大きな変化が起きて、あの事件が再評価される日が来ると信じている」

彼は公盟の新公民運動も、香港の雨傘革命も応援したいと考える立場である。中国政府に批判的なニュースについても、ネットを通じて積極的に情報収集をおこなっているようだ。

だが、ここまで話を聞いて、やはり疑問が浮かんだ。

事件の渦中にいたのに現在は民主化問題から距離を置く中国人も多いなかで、なぜ凌静思は気持ちを変えないでいられるのか。

張宝成やマー運転手のような熱血闘士型の人物ならばまだ納得がいくが、現在の淩はよく言えば冷静沈着、悪く言えば虚静恬淡《きょせいてんたん》とした、覇気や存在感が薄い人物だ。がむしゃらに敵に立ち向かうタイプにはどうしても見えない。

その答えを探るために、私は天安門関連の取材ではお決まりの質問をぶつけてみた。

「自分の子どもがデモに参加したいといった場合、賛成しますか？」

張宝成やマー運転手ですら回答に迷いを見せた質問である。だが、淩はあまり逡巡《しゅんじゅん》することなく賛成の言葉を口にした。

「もちろん、運動に参加することの危険性は教える。自分の命を大事にしろ、誰も守ってくれないんだと。有意義な死ならいいが、無駄死には絶対にするなと、そう言い聞かせると思う」

生命の大切さは説くものの、大義のために捧《ささ》げる死について完全には否定していない。ある意味で、張宝成たちよりも尖《とが》った考えだ。

「私には子どもがいないんだ」

やや驚いた顔を浮かべていた私に、淩はそう続けた。

「妻は、出産のときに運が悪くて亡くなった」

凌は過去に、不幸な事故で家庭を失っていたのだった。

中国の民主化への憧憬《しょうけい》と八九六四の鎮圧への怒りは、当時の中国であの運動に全力で参加した当事者しか、本当の意味での肌感覚を理解できないものかもしれない。だが、いっぽうで親の立場から学生を眺める視点もまた、自分が子どもを持つ立場にならない限りは実感を伴った理解を持つことができない。

彼は事件後の人生のなかで、後者の感覚で学生デモをとらえる機会を永遠に失った人だった。

凌静思が五〇歳を過ぎても心の純粋さを失わずにいる理由は、往年の熱心さや惨劇への強烈な憤りや、生来の生真面目な性格によるところも大きい。

だが、一九八九年の天安門広場で撮影された写真と、現在の凌との最大の違いは、彼がどこか寂し気で影の薄い雰囲気を纏《まと》うようになったことだ。魏陽樹や呉凱のような彼と同年代の男たちが、社会の第一線にいる人間に特有の精力的な匂いをプンプンと漂わせていたのとは大違いだ。

凌は当時と同じ夢と理想を抱いているが、その感情を包む精神的な外形が大きく変わっている。その理由はおそらく、彼が青年時代の終わりから精神的に独りぼっちで暮らす人生を余儀なくされたことと無関係ではないだろう。

凌が他の中国人のように、時流に流されていないのは当たり前かもしれなかった。

やや酷な表現が許されるならば、凌はかなり以前の時点から、現在の時間を生きる行為をやめているのではないだろうか。

資料室を辞去してから、帰路に取材のお礼の連絡をおこなうと、すぐに返事が来た。

「真相を埋もれさせてはいけない。これが後世の人間の共同責任だ」

「私は出世もしたくないし金持ちにもなりたくない。ただ正直な人間でありたい」


——白鳥《しらとり》はかなしからずや空の青　海のあをにも染まずただよふ

夏の北京市内を歩きながら、ふと若山牧水《わかやまぼくすい》の短歌を思い出した。中国共産党が支配する紅《あか》い都の片隅の書庫に、そんな立派な人が隠れ棲《す》んでいた。

凌静思の心は、広場を掃除していた青年時代と同じように清らかでまっすぐなままだ。

ただし彼の感情は、すでに同年代の多くの中国人とは共有が難しくなっている——。

私は複雑な思いで、投宿先のホテルへの道を辿《たど》ったのだった。

第五章
「天安門の都」の変質

プリンス・ウォン

リチャード・チョイ

サイモン・シン

番外1【民主派（自決派）】雨傘革命参加者の学生たち

事件当時未出生　取材当時17～22歳、学生運動家（学聯・スカラリズム）
取材地：中華人民共和国香港特別行政区　香港島及び尖沙咀
取材日：2015年5月31日

湯温四〇℃のデモ活動

ＭＴＲ湾仔《わんちゃい》駅の外に出ると、すぐ右手の南洋商業銀行の支店の前に大学生と思《おぼ》しき黒シャツ姿の若い男女がずらりと並んでいた。

広東語《かんとん》で悲しげな調子の歌を歌っている。シャツの胸元には「六四報哀音《天安門犠牲者追悼コーラス》」とプリントがある。この日に合わせて集まった学生運動のグループらしい。

――二〇一五年五月三一日のことである。

この日、香港《ほんこん》では毎年恒例の六四天安門《てんあんもん》事件の追悼デモが開かれることになっていた。

香港の正式名称は中華人民共和国香港特別行政区、すなわち北京《ぺきん》の中国政府の主権下にある。ただし、かつて英国の植民地だった香港が一九九七年に中国へ返還された際、一国二制度と呼ばれる特殊な制度が採用され、「港人治港《ゴンヤンヅィーゴン》」のルールのもとで高度な自治が保障された。結果、返還後も言論出版や表現の自由が（少なくとも建前上は）維持された。

ゆえに香港では、いまでも堂々と天安門事件の追悼活動ができる（取材当時）。毎年の追悼デモのほか、六月四日にヴィクトリア公園で開かれる追悼キャンドル集会には例年数万～十数万人の市民が集まる。事件関係者の回顧録や、事件の「真相」を伝える玉石混交の書籍も、現在もなお多数刊行されている。

天安門事件から四半世紀後、事件が社会でこれだけ話題になっている土地は、中国本土を含めて全世界に例がない。

香港はまさに「天安門の都」と呼ぶべき都市だった。

学生たちの歌声を背に、デモ出発地点のサウソーン運動場に向けて歩く。

路上から会場にかけては、さながら香港じゅうの社会運動団体の見本市である。

「団結中港人民《中国と香港の人民は団結し》　対抗共同敵人《共同の敵に対抗しよう》」

社会民主連線なる組織が出していた、黒地に白文字の横断幕の文言だ。

「雨傘革命伝遍中国《雨傘革命を中国に広め伝えよう》　打倒中共専制《共産党専制を打倒せよ》」

こちらは赤い星がトレードマークの、社会主義行動《ソーシャリスト・アクション》という組織の標語だ。共産主義者だが、中国共産党とは歴史的に相いれないトロツキズムを信奉するセクトである。

「香港泛藍聯盟《ほんこんはんらんれんめい》　毋忘六四《天安門忘れるなかれ》」

　そんな標語とともに中華民国（台湾）の国旗をたなびかせている一団もいた。国共内戦に敗北して香港に移り住んだ中国国民党の落人《おちうど》の子孫やシンパのグループだろう。近年、台湾の国民党は大陸の共産党と友好的だが、こと天安門事件については厳しい姿勢を取っている。この団体もそうした理由から今回のデモに参加したようだ。

　もちろん一般市民の姿もある。中高年の男性がやや多いが、若者や子連れの夫婦もいる。時勢が見えていない老人ばかりのデモ、という印象は受けなかった。

　玉石混交、呉越同舟、龍蛇混雑、一盤散沙《いちばんさんさ》――。いかに言うべきか。

　集合場所にあたるグラウンドでは、主催団体である香港市民支援愛国民主運動聯合《れんごう》会（通称、支聯会）がテントを張っていた。天安門事件の名誉回復や中国の民主化、劉暁波《りゅうぎょうは》（二〇一七年七月に病死）をはじめ中国で獄中にある人権活動家の釈放要求などを訴える手持ちのプラカードを大量に準備している。

　一九八九年の春、香港では「同胞」である北京の学生運動を支持する動きが広がり、当時の香港住民の約六分の一に相当する一〇〇万人規模の支援デモが組織された。その後に北京で発生した、八九六四の武力鎮圧に対しても激しい抗議運動がおこなわれた。

いまなお香港の天安門追悼運動の担い手である支聯会は、この当時の支援組織をルーツに持つ団体だ。香港域内の政治的な立ち位置としては、伝統的な「民主派」勢力であるとみなされてきた野党・民主党と近い関係にある。

香港の民主派は、一国二制度の枠組みにもとづく中国の統治を承認したうえで、香港と中国の民主化を求める立場をとっている。ゆえに例年の天安門追悼デモも「愛国民主大遊行」と題されてきた。香港人も中国大陸の住民も同じ中国人であるので、中国人として祖国の民主化と天安門事件の名誉回復を望む――。これが彼らのスタンスだ。

この年、支聯会は黄色い傘と天安門の追悼キャンドルを組み合わせた図案をデモのロゴマークにしていた。前年に香港で発生した学生運動・雨傘革命との連帯を意識したものだった。

やがて、支聯会の副主席であるリチャード・チョイ（蔡耀昌）が壇上で挨拶《あいさつ》を述べた。広東語なのでよく聞き取れないが、それなりに熱意がこもったスピーチだ。聴衆もやはり、それなりの熱心な姿勢でシュプレヒコールを上げて応《こた》えた。

かつて日本の労組などがおこなっていたおざなりの動員デモと比べると、壇上のリチャードも会場の参加者も、各人なりに積極的な動機を持っているように見える。ただし、事態の一刻も早い解決を望んで矢も楯《たて》もたまらず飛んできたような切迫感はない。

ポットのお湯でたとえれば四〇℃くらいだ。

決して冷めてはいないが、沸騰にはほど遠い微妙な温度である。

この年の参加者数は主催者発表で三〇〇〇人。少なくない数字だが、人数は年々減っているという。

我不是中国人

「平反《ペンファーンロックセイ》六四！　建設民主《ギムチユマンチユウ》中国《チョンゴッ》！」

考え込む私をよそに、広東語で掛け声を上げてデモの隊列がスタートした。

運動場の外に出てカメラを構える。「ダラダラ」とも「キビキビ」とも形容できない、熱意四〇℃の足取りだ。ただし今風《いまふう》の若者や子連れの夫婦がそれなりにいるので、デモ隊を覆う全体的なムードは明るく清潔である。

香港島の湾仔から上環《しょんわん》まで約四キロを歩く。ある梯団《ていだん》にくっついて進むと、欧米人の観光客から拍手を送られ、中国大陸からの観光客らしい男性グループから中指を立てて罵倒《ばとう》され、地元の香港人らしい若者が何人か飛び入り参加してきた。ただ、途中の商業地区である中環《セントラル》や金鐘《アドミラルティ》を歩く人たちの大多数は無関心だ。

スローガンを繰り返して進むだけなので、正直に言って面白味はない。私はこの前日、国境を越えた中国側の街でマー運転手（第三章参照）の山登りに付き合っており、身体が疲れていた。退屈なデモだけに、追いかけていると疲労がどんどん溜《た》まっていく。

むしろ途中で最も目を引いたのは支聯会の活動それ自体ではなく、街頭に出現したふたつの団体からの、デモ隊への激しい罵声だった。

最初の団体は、サウソーン運動場から一〇〇メートルも離れていない盧押道《ルアード・ロード》に陣取っていた。

数十人の中高年男女のグループで、背後には大量の巨大な五星紅旗が翻っている。音の割れたスピーカーで中国国歌の『義勇軍進行曲』をがなり立てて、ひっきりなしに罵《ののし》る。

「天安門事件の真相は歪曲《わいきょく》されている」

「支聯会は二六年間、世の中を欺いてカネを騙《だま》し取ってきた」

そんな横断幕の文言が目に入った。

いわゆる親中派（親中国共産党派）の市民団体だ。香港で中国政府に不都合な内容のデモがおこなわれると、ほぼ必ず出現する集団である。

近年、香港では中国政府による締め付けが強まった。二〇一四年秋にはその息苦しさへの反発から、学生や一部の市民が街頭を数か月間占拠する雨傘革命を起こしたが、運動はなんら具体的な成果を得ずに瓦解《がかい》し、結果的により強い統制を招いただけに終わった。

そんな社会の雰囲気を反映しているのだろう。親中派グループが掲げるプラカードは、天安門事件に対してほとんど開き直りと言ってもいいような言葉が目立った。

「事件が鎮圧された後、中国の台頭がはじまった」

「反乱の鎮圧は道理にかなっていた。中国の発展を見ろ」

悪趣味な嫌がらせだが、彼らが掲げる言葉はそれなりに多くの中国人の本音だ。たとえばこの本で登場した魏陽樹《ウェイヤンシュー》や呉凱《ウウカイ》も、似たような意見を言っている。中国大陸のノンポリの若者層ならば、こうした意見への支持はいっそう強いはずだ。

「こん畜生!」

黄色い傘を掲げた天安門追悼デモの参加者の一団が罵り返し、中指を立ててペットボトルを放り投げる。服装や行動から見て、おそらく雨傘運動の際に最も過激だった旺角《モンコック》系の市民グループだ。

警官隊が慌てて両者を引き離し、黄色傘の集団を先に行かせた。残りの参加者の多くは親中派の罵声を浴びても言い返さず、顔をしかめて通り過ぎていく。

「支聯会の大ウソつきめ!」

「裏で中国と繋《つな》がっているんだろう！」

やがて数百メートル進むと、別の団体が大声で罵っていた。今度は比較的若い男性たち十数人のグループだ。

「香港本土力量」と毛筆体の漢字を白く染め抜いた緑色の幟旗《のぼりばた》。彼らの横断幕には「我不是中国人《私は中国人ではない》」と殴り書きされている。リーダー格は四〇歳ほどに見え、肩に巨大なスピーカーを担いでひっきりなしに支聯会に悪罵を投げつけていた。やや陰険そうな眼付きのメガネの男だ。後に知ったところでは、彼は団体の代表格のジョナサン・ホー（何志光）。本業は神学の修士号を持つ牧師らしい。

ジョナサンとともに声を上げる細身の二〇代前半の男は、サイモン・シン（冼偉賢）。やはり後になって、彼がこの組織の創設者（後に離脱）であることがわかった。

彼らは「本土派」と呼ばれている。

ここ数年ほどで急速に影響力を拡大させた、香港の中国からの離脱や独立を志向する一派だ。彼らも香港の民主化は求めているが、支聯会のような従来の「民主派」とは違い、極めて強い反中感情や、大陸の中国人に対するレイシズムに近い嫌悪意識を持っている。

彼らのなかでも過激な勢力は、ときに街頭に出て中国人の爆買い客や出稼ぎ者を公然と罵ったり、インターネット上で「支那《しな》」「イナゴ」といった差別的な表現で中国人への嫌悪感をあらわにしたりする。

――我不是中国人《私は中国人ではない》。

香港人は中国人ではないと考える人々にとって、天安門事件は自分たちの歴史とは言えない。ゆえに「同じ中国人としての愛国感情」を主張する支聯会の天安門追悼デモは、激しい抗議の対象になるという理屈だ。

香港人がデモに加わる理由

天安門追悼デモは、香港島の上環まで歩いて終わる。上環には中聯弁という中国政府の出先機関があり、その近所での流れ解散だ。

私は歩き終えた人々を待ちかまえ、録音機を突き出してインタビューをはじめることにした。

「過去にも何度かこのデモに来ています。事件は人間の尊厳に対する大きな裏切り行為。市民の一人として、人道的な立場から声を上げたいと思います」

友人と一緒に来たという三〇代の女性会社員が話す。

香港社会では本土派の台頭以前まで、リベラルを自任する市民ならば天安門事件の追悼運動に関心を持つことが好ましい、というゆるやかな共通認識が存在した。日本とは異なり、若者層のほうがリベラル陣営を積極的に支持する傾向もあった。香港の政治体制は非民主的だが、デモの実施や結社行動は自由に認められており、政治運動に参加する社会的・心理的なハードルは日本と比べても低い。彼女もまた、そんな従来型のリベラリストの市民としてやって来ていたようだ。

近くにいた中年男性からも話を聞く。

「この運動は香港の学生運動や市民運動の基礎というか、ずっとやってきたことだからね。まだしも自由な香港だから、こういう運動ができる。私自身、事件当時の印象は今でも非常に強いし、犠牲者を追悼したい思いを持っているんだ」

彼は四〇代であり、武力弾圧の様子をリアルタイムでテレビで見ていた。従来はこうした八九六四の時代感覚を知る香港人たちが、支聯会の活動を支えてきたのだろう。

いっぽう、より若い世代はやや肌感覚が違う。二二歳の男子大学生は、まずこう言った。

「当時の北京の学生は社会の不公平の是正と民主主義を求めて立ち上がりましたが、中国共産党に鎮圧されました。われわれ香港の社会にも同じことが起こらないように、事件を忘れないようにデモに参加しています。往年の学生の精神を受け継いで、民主主義を求めなくてはいけません」

名門大学の学生だけにしっかりした答えだが、テストの模範解答を読み上げるような言葉選びだ。

彼は香港の伝統的な学生運動グループ・学聯（香港専上学生聯会）のメンバーだった。ただし、学聯は雨傘革命の失敗とともに分裂し、この年は組織としては天安門追悼運動への不参加を表明している。彼は学聯の分派に属するらしい。この問題について尋ねると「事件について異なる方法で記念しようと考えた人々もいるようだ」と口を濁した。

「近ごろ香港では、天安門事件は中国の問題であって香港の問題ではないと考える人もいるようです。あなたはどう思いますか？」

「なるほど……。うーん、そうですよね。その意見はよくわかるんですよ。確かに僕たち香港の個々の人間は、中国とは何も関係がない。そう、関係がないはずだ。でも、ええっと。中国は僕たちの香港に強い影響を及ぼしているわけです。だから、僕が思うのは……」

さきほどと異なり、彼は自分の言葉で話しはじめた。ただし大いに歯切れが悪くなった。

「まあ、中国が民主化されれば、香港の民主主義も保障されるじゃないですか？　僕は雨傘革命に参加した人間です。いちばん大事なのは香港の民主主義だと思うんですよ」

雨傘革命のリーダー・グループにとっての天安門

現場には、雨傘革命の当時に一七歳のリーダーとして国際的に名が知られたジョシュア・ウォン（黄之鋒）もいた。彼が率いる学生運動団体・スカラリズム（学民思潮）は学聯と違い、参加団体に正式に名を連ねていたのだ。ただしジョシュアへの取材は断られた。

「広報を通してくれ。ノーコメントだ」

彼には今回の渡航以前に再三の取材依頼を送っていたが返事をもらえていなかった。デモ現場でたまたま本人を見つけたのは幸運であると突撃したものの、対応はけんもほろろである。ジョシュアが一部で「生意気」と呼ばれることがあるのは、こうした若さゆえの気難しさも関係しているのだろう。

そこで後日、スカラリズムの広報担当者である一七歳（当時）のプリンス・ウォン（黄子悦）から話を聞いた。雨傘革命のときは高校二年生だったという小柄な女子学生で、日本で有名な女性活動家の周庭《しゅうてい》（アグネス・チョウ）の後継者にあたる。もっとも、先輩とは異なり日本語は話せない。

「天安門事件の追悼運動は、私たち香港の未来とも関係があると考えていいでしょう。若い世代も関心を持つ必要がある問題だと思います。なぜなら、私たち香港の住民自身がそれをよいことと思うか否かはともかくとして、香港は客観的に見て『中国の一部』ということになっているからです。ゆえに天安門事件の問題に向き合わなくてはいけません」

婉曲《えんきょく》で慎重な言葉遣いだが、先日会った学聯の活動家とほぼ同じ意見だ。

スカラリズムの政治的な立ち位置は、ひとまず民主派の範囲内に含まれている。本土派の活動家のように極端な香港人優越主義を振りかざしたり、香港独立を煽《あお》ったりするわけにはいかない立場である。

だが、香港人の天安門世代が主導する支聯会と、雨傘世代の学生グループとの大きな違いは、やはり中国との距離感だ。先日のデモで気になっていたことを尋ねてみた。

「学生のみなさんの姿を見ると、デモ本来の『天安門事件の名誉回復』や『民主中国の建設』というコールよりも、雨傘革命と関係する『真の普通選挙をよこせ』（我要真普選）というコールを叫ぶときのほうが熱が入っていたように見えました。天安門の追悼はあくまでも〝ついで〟の話であって、あなたたちが本当に求めているのは香港の問題の解決なのではありませんか？」

プリンスがくすっと笑う。なんと「それはおっしゃる通りですよ」と素直に認めた。

「やはり自分たちが生まれるずっと前の話なので、天安門事件についてのイメージは薄いのですよね。私たちはあくまでも、事件の追悼活動を通じて現在の香港の問題を考えるという立場で、先日のデモに参加しました」

プリンス個人についていえば、父親が政治問題に関心がある人で、家庭で天安門事件のことを教えられて育ったという。ただ、それでも雨傘世代の香港の学生が、事件を「自分のこと」だと考えるのは無理があるようだ。八九六四の鎮圧は、スカラリズムのメンバーが生まれる一〇年近く前の出来事なのである。

「二〇一四年に香港で雨傘革命が起きた際は、天安門のデモ以来の大規模な学生運動だと騒がれました。スカラリズムが雨傘革命を主導するなかで、往年の北京の学生デモの方法や、失敗の原因から学んだことはありましたか？」

「……ありません。雨傘革命が進行中のときは、過去の経験から学ぶ余裕なんてとてもなかったんですよ。それに、天安門のデモは私たちが生まれる前の出来事なので、雨傘革命とはまったく異なる事件だと思っています」

よくも悪くも、天安門事件は彼らに対してほとんど影響をあたえていなかった。

ちなみにスカラリズムは、この取材の翌年の二〇一六年三月にいったん解散し、学聯の一部と合併してデモシスト（香港衆志）という政党を結成している。

新政党のホームページを見ると、天安門事件の追悼運動への賛意と「香港と中国大陸の民主化はそれぞれ影響しあう」という文言があった。ただ、香港の学生運動家にとって、四半世紀前の北京の事件の話題がそこまで重要なテーマではないのは明らかだろう。

彼らはほどなく、中国大陸の政治改革よりも香港の民主化を重視する姿勢ゆえに「自決派」と呼ばれ、伝統的な民主派とは色合いが異なるグループとして認知されていくこととなる（二〇一九年の香港デモ発生後の彼らについては、本書の新章をご覧いただきたい）。

13【民主派】リチャード・チョイ（蔡耀昌）

事件当時21歳、香港中文大学学生運動家　取材当時47歳、社会活動家・支聯会副主席、六四記念館代表者
「八九六四」当時の所在地：英領香港植民地
取材地：中華人民共和国香港特別行政区　尖沙咀の六四記念館ほか
取材日：２０１５年６月１日、２０１７年６月30日ほか

悩める追悼活動家

「好むと好まざるとにかかわらず、香港と中国は政治上で不可分の関係にあります。天安門事件の再評価を訴え、中国の民主化を求めることは、私たち香港人にとって重要な行動なのです」

二〇一五年六月一日の午後。九龍《くーろん》半島の尖沙咀《ちむさーちょい》地区　柯士甸路《オースティン・アヴェニュー》沿いにあるビルの五階

で、品のよい中年男がそう話した。先日のデモの出発前に壇上でスピーチしていた支聯会の副主席、リチャード・チョイ（蔡耀昌）である。

このフロアは六四記念館といい、支聯会によって運営されている。取材当時、世界で唯一の天安門事件の記念館として知られた場所だ（二〇一六年七月、政治的圧力と思われる法的トラブルや財政難を理由に閉館、移転）。

六四記念館の代表者は公式にはいないが、リチャードが事実上の館長だ。彼は政治家としては、伝統的な民主派を代表する政党・民主党の党員で、過去に沙田《さーてぃん》区議を一期務めたことがあるが、その後は落選が続く。とはいえ、香港における天安門追悼運動の顔として知られた人物である。

事件当時、二一歳のリチャードは香港中文大学に通う学生運動家の一人だった。青年の客気に溢《あふ》れていた彼は、八九六四の鎮圧発生後も、何度も北京に潜行して学生運動家や民主派知識人の残党たちと接触。一九九二年には国内に残った中国民主化運動の最大の大物・劉暁波と言葉を交わした経験もある（ただし「時間が三〇分ほどしかなく、あまり具体的なことは喋《しゃべ》らなかった」らしい）。一九九三年からは中国大陸への入境を禁じられ、その後はもっぱら香港で活動してきた。

過去のリチャードは、中国本土から脱出した一部の学生活動家の第三国への亡命も手助けしたとされる。もっともこちらの話については、彼が現在も関係を持つ中国国内の活動家への配慮という理由で、詳しい話はノーコメントであった。

彼が取材に応じてくれたのは、もっぱら支聯会の近年の活動に関係する話である。

「近年、我々が掲げているのは『薪火相伝《シンフオシヤンチユアン》』です。たいまつの炎のリレーのように事件を語り継ぐ。日本の記者のあなたには少し申し訳ない事例ですが、たとえば往年の日本軍の中国侵略の話と同じように。事件を直接知らない次の世代にも伝えてゆかねばならないのです」

さすがに政治家らしく、わかりやすい表現で活動目的を説明する。この世代の香港人としては普通話《プウトンホア》（中国の標準語）もまずまず上手だ。

だが、先日のデモ現場に出現したカウンター勢力の姿からも明らかなように、近年の支聯会やリチャードは多くの批判に晒《さら》されている。そんな現状を如実に示すのが、六四記念館に積まれた『六四Q&A』と題する同会発行の小冊子だ。外部から似たような質問を受けることがあまりに多いため、この年（二〇一五年）に作成したという。

・香港人は中国大陸の人民ではありません。なぜ中国の民主化を支援しなくてはならないのですか？

・中国の大部分の人間は民主化運動を支持も理解もしていません。なぜ香港人が彼らのために民主化を支援しなくてはならないのですか？

・中国共産党の政権陥落が中国社会に大混乱をもたらすくらいなら、彼らの権力を維持させ、民主化などはさせないほうがマシではありませんか？

・中国共産党のおかげで中国は豊かになったのに、なぜその政権に反対するのですか？

・香港に来る中国人観光客の多くは共産党独裁体制下での受益者であり、現体制下の安定だけを望んでいます。支聯会はどうやって彼らに民主化や天安門事件の情報を宣伝するのですか？

辛辣《しんらつ》な問いが続くが、私の感覚に照らしてもうなずける疑問だ。こうした耳の痛い意見と対話する姿勢を示した点は、支聯会の柔軟性を評価できると言えなくもない。

ただし、肝心の支聯会の回答は「人道的な観点から声を上げ続けなくてはなりません」といった硬直的な正論が並ぶ。この手の意地悪な質問をおこなう人間を納得させられる主張とは思えない。

事実、香港大学が二〇一五年の六月二日に発表した世論調査では、市民の二五・六パーセントが「支聯会の解散」を求めると回答した。一九九三年の調査開始以来、同会に批判的な意見がはじめて四分の一をこえたのだ。

「現代のご時世の香港で、私どものような穏健な中間派は実につらい立場です。前も後も敵に挟まれている、まさに『双面老虎《シュアンミエンラオフウ》』というやつですよ」

リチャードは顔をしかめる。

支聯会や民主党は旧来型の穏健なリベラル勢力であり、わが国でいう立憲民主党ぐらいの立場である。権力側（香港の場合は親中派）からは目の敵《かたき》にされるいっぽう、跳ねっ返りの過激派（香港の場合は本土派）からは弱腰を責められる。

ただし、彼は親中派との対立は気にしないという。中国当局からの圧力は強まったとはいえ、対立の構造自体は四半世紀前の支聯会の結成当時から存在しており、いまさら慌てる話でもないというわけだ。

「ただ、本土派はひどい。メチャクチャな連中ですよ。あの連中に『売港賊《マーイゴンハック》』（売港奴）などと罵られるのは非常に不愉快ですし、なによりわけがわからない。彼らはなぜ、中国共産党を叩《たた》かずにわれわれを叩くのか」

この話題になると、リチャードは明らかに色をなした。

本土派のラジカルな活動家たちは、自分たちが「中国人」であるとは考えていない。ゆえに、「愛国運動」として天安門事件の追悼運動をおこなう支聯会は敵意を向ける対象となる。

事実、先日の香港本土力量によるカウンター街宣でも、彼らは支聯会を批判する横断幕ばかりを掲げ、肝心の天安門事件については何の言及もしていなかった。そもそも興味がないのである。

「事件の追悼運動にあたって、近年の中国と香港の政治的摩擦は本来は関係ないはずなのです。これは人道的な問題なのですから。こうしたわれわれの主張を、もっと公衆に教育して、啓蒙してゆかねばなりません」

だが、一昔前までは支聯会を支持した香港の若者層が、近年は本土派に近づきつつある。もしかすると、「公衆に教育」「啓蒙《けいもう》」といった表現を普通に口にするリチャードたちのお高くとまった物言いも、こうした傾向に拍車をかけた要因かもしれない。

「時代についていくため、若者に呼びかけています。今年のデモは雨傘のマークをロゴに使い、雨傘革命に参加した若者たちも参加しやすくしました。ただ、新たに来る人がいるいっぽうで本土派に流れた人もいるので、残念ながらトータルの人数は増えていません」

この日はこう答えたリチャードだが、彼は数日後に地元メディアからのインタビューを受けた際には「若者の天安門離れ」を明確に認める声明を出している。

リチャードと支聯会の前途は厳しそうだ。

「劉暁波の治療と釈放を！　天安門事件の名誉回復を！」

なお、上記の取材から二年後の二〇一七年六月三〇日、香港を再訪した私はＭＴＲ湾仔駅前で、偶然リチャードに再会している。香港返還二〇周年を翌日に控え、当時肝臓癌が判明して死線をさまよっていた劉暁波（同月内に死去）の救援を訴える街頭演説をおこなっていたのだ。

だが、私が眺めている目の前で、巨大な五星紅旗や親中国共産党のプラカードを持った親中派の人々がどこからともなくワラワラと湧き出して、すぐにリチャードたち十数人の姿を完全に覆い隠してしまった。

「熱烈《ルーリエ》歓迎《ホアンイン》習近平《シイジンピン》主席《チュウシイ》　訪港《ファンガン》」

「慶祝《チンヂュー》香港《シャンガン》　回帰《フイグイ》二十《アルシイ》周《ヂョウ》　年《ニエン》」

リチャードたちの小規模集会は、あっという間に返還記念で香港を訪問中だった習近平《しゅうきんぺい》の歓迎集会に塗り替えられた。通行人はその様子を見ても「いつものことだ」と言わんばかりの表情で、怒りを示して抗議する人は誰もいない。後日にリチャードにメールで意見を尋ねてみると、年々激しくなるこうした妨害行為を嘆く内容の返信があった。

香港におけるリチャードと支聯会の立場は、どんどん地盤沈下を続けている。

14【本土派】ケイシー・ウォン（黄国才）

事件当時19歳、米国コーネル大学学生　取材当時45歳、前衛芸術家・香港理工大学准教授
「八九六四」当時の所在地：米国ニューヨーク州イサカ市
取材地：中華人民共和国香港特別行政区　ハッピーバレーのアイリッシュパブ
取材日：２０１５年５月

番外2【民主派（自決派）】劉小麗

事件当時12歳、中学生　取材当時38歳、社会活動家・小麗民主教室主席・香港理工大学講師
「八九六四」当時の所在地：英領香港植民地
取材地：中華人民共和国香港特別行政区　太子の喫茶店
取材日：２０１５年５月

香港の〝地位〟

「天安門関連の追悼デモや集会について、現在の僕はほとんど関心がないし、それに意義があるとも思わない。運動が中国の民主化や体制改革をうながす可能性はほとんどゼロだからね。あれは中国とは実質的に何の関係もない『香港特有のローカルイベント』だと言っていい」

香港島の一等地にあるアイリッシュパブでそう語ったのは、前衛芸術家のケイシー・ウォンだ。物腰は軽妙洒脱《しゃだつ》で、諧謔《かいぎゃく》味のある話し方を好む。ファッショナブルな痩身《そうしん》の男性であり、実年齢よりも一〇歳ほど若く見える。彼は一応は普通話《プウトンホア》も話せるが、英語で喋りたがった。いかにも欧米系の教育を受けた香港の知識人だ。

ケイシーは二〇一三年七月に香港返還一六周年デモがおこなわれた際に、日本のマンガ『進撃の巨人』（講談社）をもとにしたオブジェ「進撃の共人」を制作。中国共産党という「巨人」に言論の自由や民主主義の壁を破られ、むしゃむしゃと食べられてゆく香港人の姿をアピールして内外の話題をさらった。

例年、彼はそれ以外にも八九六四をイメージさせる人民解放軍の戦車をかたどったオブジェなどをデモに持ち込み、香港のデモ活動を語る上で注目すべき人物の一人となっている。

そんなケイシーが、香港名物の天安門事件追悼運動を「無意味」と言い切るのは意外だった。

「香港人の感情はここ十数年で大きく変わった。それは僕自身だって例外じゃない。かつては僕も、他の大勢の香港人と同じく大中華主義者だったさ。つまり、共産主義体制には支配されずに中国五〇〇〇年の伝統を受け継いでいる自分たちこそが本当の『中国人』なんだと考えて、そのことに誇りを持っていたわけだ」

ケイシーは一九七〇年生まれで、天安門事件の当時は米国コーネル大学で建築学を学ぶ一九歳の留学生だった。その後、ロンドンとメルボルンでそれぞれ修士号と博士号を取得し、取材時は香港理工大学のデザイン学部で准教授の職を得ていた。

「だから一九八九年当時の僕は、北京の学生たちに同じ中国人としての共感を覚えていた。彼らが自由や民主主義に目覚めたと思って嬉《うれ》しかったよ。当時の僕の『民主』のイメージは単純で『共産主義じゃなければそれでいい』ぐらいの意識しかなかったがね」

米国留学中の香港人エリートの卵でも、認識はそんなものだったようだ。

「なぜ自分がそんなにシンプルだったかって？　それは僕が生まれた香港もまた、イギリス統治時代から現在に至るまで、民主的な政治体制が存在しない土地だったからである――。

なんていうのは言い訳だよね。当時は僕も若かった。だからものごとを深く考えていなかった。そういうことさ」

おそらく他の多くの香港人もケイシーと同様だった。だが、彼らはそれゆえに中国人としての同胞意識と愛国心に突き動かされ、大規模な天安門支援デモを起こした。

「その後、武力鎮圧にはひどい怒りを覚えた。ただいっぽうで、僕たち香港人は中国人なんだから、香港がいつかイギリスから中国に返還されるのは当たり前だとも考えていた。事件から数年が経つと、そういう考え方のほうが強くなった記憶がある」

天安門事件の直後、香港からは中国への返還を不安視した住民が大量に流出した。だが、やがて中国の経済発展のすさまじさと一国二制度の内容への安心感から、少なからぬ人々は再び香港に戻った。香港の返還後も五〇年間は体制が変わらないとアナウンスされたことで、アジアNIESの一角を占める豊かな香港は、むしろ中国大陸に対して優位性を持てる土地だと判断した人が多かったのだ。

事実、一九九七年の返還から二〇〇〇年代のなかばまで、香港の地位は高かった。中国の統治下で政治の民主化は停滞したが、格安の人件費と巨大な市場を持つ中国が「同じ国」になったことで、ビジネス好きの香港人たちは歓声を上げた。

「だからこの時期、香港の人々の天安門事件への関心はいったん大きく減ったんだよ」

ケイシーは話す。

動機は「追悼」から「反中国」感情に変わる

事実、香港の天安門追悼運動は二〇〇〇年代にいったん低迷している。だが、運動はなぜか事件から二〇年後の二〇〇九年から再び活発化した。それまでずっと四万人台(主催者発表)だった天安門追悼キャンドル集会の参加者が、二〇〇九年に突然一五万人に跳ね上がり、二〇一四年まで参加者が増加し続けたのだ。

しかし雨傘革命を経た翌年(本章冒頭の二〇一五年)からは参加者数が漸減し、再び低迷期に入っていく。

二〇〇九年から天安門追悼運動が再び人を集めたのは、「追悼」とは別の要因があった。ここで別の人物の解説を挟もう。香港理工大学講師の社会学者で雨傘革命のイデオローグの一人、劉小麗《ラウシウライ》の話だ。私の取材後の二〇一六年九月に立法会議員(国会議員に相当)に当選する人物である(ただし就任後に議員資格剝奪《はくだつ》)。

「二〇〇八年のリーマン・ショックをきっかけに、香港人の中国人に対する感情が一気に悪化したんです。当時、西側経済との結びつきの強さから大打撃を受けた香港に対して、中国は経済面で『独り勝ち』をしました。これを境に、大勢の中国人観光客が香港にやってきて、露骨に札ビラを切って香港人を見下すような姿勢を取りはじめたんです」

二〇〇八年秋、中国は四兆元（約五二兆円、当時）規模の財政出動をおこない、国内の投資を活発化させて世界金融危機を乗り切った。この方法は当時、「チャイナ・モデル」として称賛され、中国は世界の勝ち組だと見なされた。同じ年に北京五輪が成功したこともあって、中国人は「大国の国民」としての自信を深めるようになった。

結果、豊かになった中国人観光客が大挙して香港にやってくるようになり、一部の人々は得意げに成金風を吹かせるようになった。

香港人の欠点は、プライドが高くて東南アジアや中国大陸の人々に優越感を抱く傾向が強いことだ。ゆえに、これまで同胞意識を持ちつつも、心のどこかで軽んじてきた中国人の風下に立たされたことに割り切れない思いを持った人が多かった。二〇〇七年に香港ドルと人民元の価値が逆転し、豊かになった中国から、香港が「安い」地域だと見なされるようになったこともこの感情を後押しした。

加えて政治経済の双方で大国化した中国は、この時期から香港に対する中国共産党のイデオロギーの押し付けや、政財界やメディアへの干渉を露骨におこなうようになった。親共産党的な香港政府が中国人の渡航・移住制限を大幅に緩和したことで、中国大陸での転売を目的とした日用品の爆買いが横行したほか、「新移民」と呼ばれる中国大陸出身者人口の激増がはじまった。

一人当たりGDPが日本を上回る先進地域とはいえ、香港はしょせん自分たちの手で社会の未来を決められない植民地だったのだ。

往年の香港返還は、植民地の宗主国がイギリスから中国に変わっただけの出来事にすぎなかった。また、新たな「ご主人様」である中国はイギリスよりもずっと危険で荒っぽい国家であり、香港に旨味《うまみ》がなくなれば容赦なく同化政策を進めてくる相手だった――。多くの人々はそう気付きはじめた。

「一九九〇年代まで、天安門事件の追悼活動に参加する人の動機は『大陸の同胞』への共感だったと思います。ただ、二〇〇八年ごろを境に、その動機は中国政府への反発に変わりました。中国が嫌いだから天安門についてわざと声を上げてやる、という人が増えた点は否めないと思います。私自身の動機も、それに当てはまる部分はあったかもしれません」

もともと、劉小麗の政治的な立場は支聯会などの民主派に近かった。彼女は街角で市民を相手に「民主教室」を開いて天安門事件について講義するなど、香港だけではなく中国大陸の民主化や天安門の再評価をながらく訴えてきた人物だ。

だが、そんな彼女をしても、いまや自分が天安門追悼運動に参加する動機が「追悼」ではなく「反中国」の感情にもとづくものであることを否定できない。

「簡単な話さ。現在の香港における天安門追悼運動に価値があるとすれば、『中国共産党が嫌がる』という一点に尽きる。香港はこういう主張ができる自由な場所だ、と内外にアピールできる点だけは、有意義な活動だと言えるだろうね」

話をケイシーに戻す。先の劉小麗の意見について感想を求めると、彼はそう言い放った。

二〇一四年の雨傘革命は、そんな香港人の中国への複雑な感情が煮詰まって発生した。本質的には反中国運動だった雨傘革命は、一国二制度の枠組み（つまり「香港人も中国人である」という枠組み）を守る支聯会の限界を、多くの参加者に意識させることとなる。香港で中国共産党に対して嫌がらせのデモンストレーションをやるなら、自分たちの社会と直接的な関係が薄い天安門事件の追悼を訴えるよりも、香港の民主化を唱えるべきだ。もっと極端に、香港独立と中国人排斥を唱える本土派に加わってもいい。

翌二〇一五年から天安門追悼運動が再び低迷したのは、そう考えた人が一定数を超えたためだった。香港人にとっての天安門事件は、すでに「反中国」のアイコンとしての役割すらも終えつつある。

「天安門事件の当時は、多くの中国人が理想を持つ立派な人たちであるように見えた。だが、中国共産党の洗脳教育と拝金主義によって、いまの中国人はなんら敬意を払うに値しない連中になっていると言うしかないさ。僕自身、すでに自分を『中国人』だとは絶対に考えない。僕は香港人だ。香港人は大陸の中国人とは異なる歴史を持つ民なんだ」

ケイシーはそう言う。

日本人の中国観の変化と似ているかもしれない。かつて日本人が、漢字や伝統文化のイメージから中国に対して抱いていた素朴な敬意や親近感、中国の若者の純粋さへのあこがれといった感情は、二一世紀に入って急速に色あせた。その最初のきっかけもまた、一九八九年の天安門事件だった。

いわんやケイシーのような人たちは「元、中国人」の香港人だ。かつては中国伝統文化への思い入れも、中国の同世代の若者への期待も、日本人とは比較にならないほど強かった。だがそれゆえに、反動として生まれた失望と嫌悪感も強烈だ。

「中国人に対してヘイトの感情を抱かないためにはどうすればいいか、難しい問題だ。僕はあくまで、彼らへの反感を政治的な面にとどめたいと思う。だが、心のなかでは生理的な憎しみや嫌悪感を消すことができない。中国人は香港から出て行ってほしい――。近年の僕は生ぬるい民主派ではなく、中国人を公然と罵る本土派を支持したいとすら思っているんだ」

ケイシーはそう言って目を伏せた。

番外3【本土派】サイモン・シン（冼偉賢）

事件当時未出生　取材当時22歳、政治活動家、過激市民団体「香港本土力量」創設者（後に離脱）
取材地：中華人民共和国香港特別行政区　旺角市街、観塘のファミレス
取材日：２０１５年７月

「とっとと大陸に帰れ！」

「××××、××××××！」

宵の口の繁華街で男たちが叫んでいた。広東語で聞き取れないが、荒々しい口調で罵っていることは明らかだ。

ケイシーの取材から約一か月半後の七月一一日夜七時過ぎ、九龍半島の旺角《もんこつく》地区の歩行者天国・西洋菜南街《サイユンチヨイ・ストリート・サウス》での出来事である。東京で言えば、上野《うえの》のアメ横と新宿歌舞伎町《しんじゅくかぶきちょう》を掛け合わせたような繁華街だ。

私はこの日、現地の知人夫婦（香港人男性と日本人女性のカップルである）と食事をする予定だった。そこでいきなり騒動に遭遇したのである。「雨傘革命が失敗してから、旺角でこういう騒ぎは珍しくないよ」と、この街に自宅がある知人らは言う。

騒動の当事者は黒いTシャツにラッパー風の帽子をかぶった若い男と、ほか数名だった。丸刈りに黒のベレー帽姿の香港警察が、スクラムを組んで彼らを抑えている。警官隊の向こうで中年の女が両手で顔を覆って俯《うつむ》いていた。それをなだめるように肩を抱く女たち。いずれも顔立ちやファッションに独特の泥臭さがある。

「あんたたち、何なのよ。放っておいてよ！」

女の一人が叫んだ。中国東北部訛《なま》りの普通話だ。流しの唄《うた》歌いで小銭を稼ぐ新移民《サンイーマン》（中国大陸出身者）の一団らしい。対して黒Tシャツの若い男がマイクを手に怒鳴り、拳《こぶし》を振り上げる。その言葉を知人がおおまかに訳してくれた。

「支那の言葉で喋るな！　ここは香港だから広東語で喋れ！」

「とっとと大陸に帰れ！　ババアの汚い歌を歌うな！　中国共産党はぶっ潰《つぶ》れろ！」

若い男のシャツには「香港本土力量」と彼らのグループ名が毛筆体でプリントされている。

黒シャツ男の顔と組織名には見覚えがあった。

五月三〇日の天安門追悼デモで、カウンター街宣を仕掛けていた本土派の過激グループだ。

この男はたしか、組織の呼びかけ人のサイモン・シンである。

現地紙『蘋果日報《アップル・デイリー》』の翌日記事によれば、この日の旺角では夕方四時ごろから、「愛字頭《オイツイータウ》」と通称される親中派の市民団体と、本土派の複数の団体が派手な街宣合戦を繰り広げていた。愛字頭は中国政府のフロント組織と見られており、「愛港之声」「愛護香港力量」など愛の字を冠する団体が多いことからこのあだ名がついた。

やがて夕方六時ごろに愛字頭のメンバーは撤退したが、本土派の男たちは現地に残留し、ほどなく付近の歩行者天国で新移民の唄歌いにからみはじめた。本土派はもともとネット発のムーブメントであるだけに、抗議の様子をＳＮＳで「実況」し、市内のシンパに招集をかけた。本土派は中国人に強烈な嫌悪感があり、中国共産党が大嫌いだ。普通話で革命歌を歌う新移民の集団が彼らの癪《しゃく》に障ったことは想像に難くない。

もっとも、だからといってヘイトスピーチまがいの演説は許されない。やがて警官隊が、街頭でヒートアップする活動家たちを新移民から引き離した。

「Ｆｕｃｋ！　売港賊《マーイゴンハック》！」

黒Ｔシャツの男・サイモンが罵ると、周囲の野次馬たちも警官に文句を言いはじめた。旺角の荒っぽい住人たちは、本土派のイデオロギーへの共感ではなく単に警察が嫌いだから騒いでいるようにも見えた。

さまざまな立場からの罵声が飛び交う。現場の緊張感が増す。人混みの距離が縮まる。前方が見えなくなったが、人々の声の調子から小競り合いがはじまったのがわかる。

「おいこら、待て！」

突然、そんな意味の叫び声が上がった。警官の声だ。

――サイモンが逃げていた。

驚くべき速度で人混みをかきわけ、道路を渡る。警官が追う。サイモンは歩行者天国を五〇メートルほど逃げてから、やがて数人の警官のタックルを受けて派手に倒れ込んだ。叫び声を上げて暴れる。その手足を押さえる警官たちに、本土派の活動家と周囲の野次馬が突っかかる。このまま警官が殴り倒されてもおかしくないムードだ。血相を変えて警官が叫ぶ。周囲の興奮はおさまらない。

プシュッ！

突然、乾いた音が鳴った。途端に群衆が雪崩を打って逃げはじめる。私のところにも刺激臭が漂ってきた。眼球と鼻の頭が痛い。警官が暴徒鎮圧用の胡椒《こしょう》スプレーを噴射したのだ。

逃げ遅れた中年女性が倒れ、そのまま起き上がらない。「救急車を呼べ！」と叫び声が上がる。胡椒の匂いが薄れはじめると、先ほどにも増して群衆の騒ぎが大きくなった。

本土派の別動隊が、マイクでなにかをがなり立てている。「見たまえ諸君、これが中国共産党の飼い犬になった警官の本性だ！」とでも言っているのだろう。

グループの一員が旗を掲げた。ユニオンジャックに四つ指の龍と戴冠《たいかん》した二頭の獅子《しし》が描かれた、英国植民地時代の香港旗だ。中国領である香港特別行政区の現体制への抗議を示しているらしい。

怒号と罵声が飛び交うなか、サイモンが連行されていく――。

ネットで生まれた排外主義者たち

「聞けよ、ひどい話だ。あいつら、俺を五時間も拘束したんだぜ！」

数日後、私はサイモンに取材を申し込み、旺角の街で待ち合わせた。先日の姿とは異なり、素顔の彼はすこし気弱そうな雰囲気の、まだ学生と言っても通じそうな男だった。

だが、先日の騒ぎの話になるとスイッチが入り、英語で警察当局への不満を一気にまくしたてる。私は英語があまり得意ではないので、やむを得ず普通話に切り替えると、サイモンは顔をしかめつつも流暢《りゅうちょう》な普通話を口にした。

「意外です。ずいぶん上手に話せるんですね」

「そりゃあ小学校から授業で習っているから、俺だって支那の言葉ぐらいは喋れるさ。だが、それを褒められるのは不本意だ。ムカつくぜ。やっぱり英語で喋ってもいいか？」

　このとき二二歳の彼は、香港返還後に義務教育を受けた世代なのだ。

　通訳なしの英語だけでは取材が大変なので、苦し紛れに説得する。

「いや待って。いま私があなたと喋っているのは支那の普通話ではなく『台湾の国語《グオユイ》』です。香港人と日本人が、中華圏の第三国の言葉でコミュニケーションを取っているだけ。お互いにこういう理解で手を打ちませんか？」

　普通話と台湾国語は同じ中国語で、実質的にはイギリス英語とアメリカ英語くらいしか違わない。だが、私の説明をサイモンは気に入ったらしい。

「……なるほど。うまいことを言うね。あなたとは気が合いそうでうれしいな」

　打って変わって親しみのある口調になり、笑って握手を求めてくる。本来は人懐っこくて気のいい――、もしくは、ちょっと単純な性格の子であるらしい。

　サイモンは普段、マーケティングを担当する会社員。数代前の先祖が広東省の中山《ちゅうざん》から香港に移住したそうだが、本人は中国大陸に行ったことがなく、今後も行く気はしないという。

　本土派はもともと、二〇〇八年に香港の「都市国家化」を提唱した嶺南大学助理教授（日本での講師・助教にあたる）のホラース・チン（筆名、陳雲）の言論が思想的なルーツとなっている（ただしホラースは強烈な大中華主義者で、ルクセンブルクのようなドイツ圏の小国をモデルに、歴史時代の宋《そう》朝の皇族の末裔《まつえい》を象徴的な元首に据えた真の中華民族国家・香港の建国を構想していた。ゆえに、近年は自分が「中華民族」であることを否定する本土派の若者たちからは評判が悪く、距離を置かれつつある）。

香港本土力量は、ホラースの主張もあって世間の香港人意識が高まりつつあった二〇一一年、「香港の2ちゃんねる」とも呼ばれるネット掲示板『高登討論区《ゴールデン・フォーラム》』において成立した。サイモンもその呼びかけ人の一人だ。もっとも、当初はオンラインのやりとりや数人のミーティングが主な活動内容で、ネットのオフ会に近いノリだった。

「二〇一四年の雨傘革命が転機だね。俺は個人の立場で、発生当初の九月二八日に金鐘で起きた警官どもとの衝突に加わって催涙弾を浴びた。あの衝突への怒りから雨傘革命は一気に拡大したんだけれど、従来の民主派政党や学生運動団体はみんな腰抜け揃いだった。おかげで、やがて俺たちのような本土派の支持者が増えはじめた」

サイモンたちは雨傘革命の挫折《ざせつ》をきっかけに勢力を強め、街に出はじめた。彼らの「活動」には街頭演説のほか、中国人の爆買い客を罵り、新移民の唄歌いに絡む行為も含まれていた。他の本土派の組織とともに、中国人を罵倒する現場を録画して YouTube に流し、フエイスブックで攻撃的な言説を発信すると、多くの「讃《ザーン》（いいね）」が集まった。

二〇一五年三月、サイモンよりも過激な嫌中派である四〇代のジョナサン・ホーが加入した。私が同年五月三〇日の天安門追悼デモで見かけた、メガネを掛けた牧師の男である。

やがて若いサイモンに取って代わり、ジョナサンが組織の顔になった。


「われわれは排外主義者ではなく排劣主義者だ。屋外で大小便を垂れ流し、痰《たん》を吐いて大声でがなるのが支那人どもの文化ではないか。劣った文化は香港には要らない。これは差別ではなく区別だ、レイシズムではない」


私がサイモンの紹介で会ったジョナサンは、郊外のファミレスでそんな持論を展開した。

政治の話さえしなければ陽気なサイモンと違い、ジョナサンは神経質で教条主義的だ。顔立ちはそこそこ端整だが、なんとなく陰湿そうなオーラが漂う。日本のネット右翼団体・在特会の会長の桜井誠《さくらいまこと》や、アメリカでトランプ陣営の大統領選を支えたオルタナ右翼（Alt-right）のリーダーたちを連想させる、独特のネットリとした雰囲気のある人物だ。

「われわれが新移民を罵っている？　単に思いを伝えているだけだ。連中は醜く、香港にふさわしい人間ではない。香港の文化に同化されるべきだ――」

実のところ、彼ら本土派の活動家たちの言葉から、深みのある思想や将来のヴィジョンはほとんど感じられない。中国や香港政府への反感、現状への不満……といった、強烈な反発と怒りだけがその「思想」だ。事実、移民への攻撃的な言葉遣い、メディアや既成政党への強い不信感、ネット掲示板やＳＮＳとの親和性といった特徴は、やはり日本やアメリカなど他の先進国の排外主義右翼との共通点を感じさせる。

　複数の本土派リーダーや団体はフェイスブック上で盛んにニュースや政論を配信しているが、そのなかには極度に扇動的なデマも少なくない。この点も他国のウェブ・ポピュリストたちにそっくりだ。

　――ただ、香港の本土派と、アメリカや日本の排外主義者には大きな違いもある。

「俺たちへの批判は理解する。でも、このままじゃ香港の街も言語も文化も支那に乗っ取られる。マスゴミも既存政党も支那の手先で信用できない。俺たちは手段を選ばず、支那人を香港から叩き出さなくてはいけないところまで追い詰められているんだ」

　サイモンは言う。

「社会が移民に乗っ取られる」「マスコミや政府が工作を受けている」といった主張は、他国ならば単なる陰謀論だが、香港の場合は明確な事実だ。人口約七三〇万人の香港には毎年四万人近い新移民が移住し、さらに年間のべ四〇〇〇万人ほどの中国人がやって来る。結果、街では香港の言語である広東語が普通話に塗り替えられ、通貨も人民元が幅広く通用するようになった。教育も親共産党色が強まり、メディアの多くは中国系企業の広告主に配慮して中国批判を大幅に手控えている。

本来、排外主義者が見下す対象であるはずの移民や外国人（中国人）観光客が、実は自分たちの支配者であるというねじれた構図が、香港の本土派の立場を独特なものにしている。

では、なぜ彼らは支聯会の天安門追悼運動にカウンター街宣を仕掛けるのか。「反共産党」という点では、むしろ思想の一致が見られるはずの相手ではないか。

「連中が言う『民主中国の建設』『愛国民主活動』って何だ？　連中は支那共産党に向かってそうしたお願いをやっているんだぞ。共産党政権は非合法政府だろう？　そんな連中の存在を認めて、頭を下げてお願いをするなんてどうかしている」

ジョナサンは言葉を継ぐ。

「支聯会は自分たちが支那人だと主張するバカどもだ。支那のスパイみたいなものだ。そもそも支那人に民主主義なんて無理だって、本当は支聯会もよくわかっているはずだろう。連中はいろんな寄付をもらっている。カネのためにやっているのだ」

支聯会の六四記念館は経営難にあえいでいるのだが。これにサイモンも続いた。

「支聯会は荒唐無《む》稽《けい》な理想主義を掲げた左膠《ジョーガウ》（ゴミサヨク）の代表だ。そもそも、支那が民主化したからなんだというんだ。俺たち香港人は支那人じゃない。天安門事件にしたって、支那人が支那人を殺しただけの事件だ。香港と何も関係がないじゃないか」

もう充分だろう。アメリカのオルタナ右翼がオバマやヒラリーのような「お高くとまった」エスタブリッシュメントのリベラルに露骨な嫌悪感を示すのと同じく、香港の本土派もまた、旧来型のリベラル知識人からなる支聯会や民主派を激しく嫌っている。

彼らは天安門事件について、「ゴミサヨク」がこだわる国外の話題としか考えておらず、ほかは何の思い入れも持っていない。

後日、香港本土力量よりも穏健だが小規模な本土派セクト・香港自治運動（ＨＫＡＭ）のメンバーで、取材時点で四〇代のヴィンセント・ラウ（劉有恒）も私にこう話した。

「私もむかしは、支聯会の天安門追悼キャンドル集会に行っていた。一九九〇年から二〇一〇年までずっとだよ。以前は香港でほぼ唯一の大規模な民主的イベントだったからね。でも、当時から『民主中国の建設』というスローガンに違和感があった。本土派の考えが広まりはじめてからは、天安門追悼運動とは決別したよ。あれは支那という『外国』の問題で、香港の問題じゃないんだ」

香港の本土派は各セクトの離合集散が激しく、香港本土力量を含めてメンバーが数十人程度しかいない小組織が乱立している（本章に登場したサイモンも翌年にジョナサンと仲違《なかたが》いして、しばらくフリーで活動したものの、やがて政治運動から手を引いた）。

ただし、本土派的な考え方それ自体は支持を集めており、後の二〇一六年九月には本土派系の議員二人が立法会（国会に相当）議員に当選。やがて就任宣誓式の場でも中国を「支那」呼ばわりしたため、北京の中央政府が介入して彼らの議員資格を取り消す騒動が起きている（二〇一七年七月には香港高裁が、前出の劉小麗ら民主派・自決派議員四人の資格剥奪も決定した）。

ともかく、本土派的な中国観や香港観は広がりを見せている。

それが意味するのは、これまで天安門事件追悼運動の最大の拠点だった香港における、事件への無関心なのだ。

15【親中派】パトリック・カウ（高達斌）

事件当時34歳（?）、個人事業主　取材当時60歳（?）、個人事業主、市民団体「愛港之声」創設者
「八九六四」当時の所在地：英領香港植民地
取材地：中華人民共和国香港特別行政区　将軍澳のスターバックス
取材日：2015年7月

お手本のようなレトリック

ここまで、民主派・自決派と本土派、それぞれの香港人の声を拾ってきた。

だが、あともう一派、私が香港で話を聞いておくべき人たちがいる。

五星紅旗を振り回して支聯会のデモを罵り、さらにサイモンたちと街角で戦う、通称「愛字頭」と呼ばれる勢力の人たちだ。


なお、香港でいう「親中派」（建制派）は幅の広い概念であり、英国植民地時代以来の既得権益層でそれゆえに現体制にも逆らわない（中国大陸との経済的関係も深い）与党的な保守派勢力から、「愛字頭」的な市民団体までさまざまな立場がある。このなかで後者について

は、単に中華民族のアイデンティティが濃いだけにとどまらず、中国共産党の政治的立場を積極的に支持・賛美する特徴を持つ。彼らは「親中共派」、もしくは香港における中国共産党の代弁者と言ったほうが実態に近い。

「私たちは寛容性を示す愛心活動《アイシンフォドン》（愛の活動）をおこなっています。香港は自由な社会なのですから、香港本土力量とやらのように、街角で中国の革命歌を歌う人たちを邪魔する行為は許されません。香港はもともと移民社会です。中国大陸の同胞が来るのを拒むのは、道理が通らないでしょう」

サイモンたちの話を聞いた翌日、私が会ったのはそんな親中派の民間団体「愛港之声」の広報担当者であるジェシカ・チャンだ。彼女を通じて交渉し、組織の創設者かつ代表者であるパトリック・カウを取材することができた。

パトリックは取材時点で六〇歳前後。一九八〇年代に印刷会社を起業して中国大陸とビジネスをおこない、二〇一二年に親中国的な香港行政長官・梁振英《リョンツァンイン》の支援組織として愛港之声を設立した。本人は否定しているが、香港のネット上では北京の中央統一戦線工作部との関係もささやかれている。統戦部は中国共産党のインテリジェンス組織のひとつで、なかでも同第三局は香港・マカオ・台湾や海外における中国共産党の宣伝・浸透工作や協力者の獲得をミッションとしている。

「天安門事件の当時は三六歳（数え齢）だった。六月四日の事件の話を聞いた当初は驚いた。だが、やがて暴徒たちが人民解放軍の兵士や警官を大勢殺していたと知り、当時からデモ隊側にシンパシーは持たなかったね」

パトリックはそう話す。親中派のお手本のようなレトリックだが、当時は実際に解放軍や武装警察の側も少なくとも一四人が死亡して「共和国衛士」の称号を贈られ、数千人が負傷したとされる。一八歳の武警隊員が民衆に殴打されたり、死体を晒し者にされた解放軍兵士がいたりしたことは、第四章で凌静思《リンジンスー》も述べていた。

八九六四による学生・市民側の死亡者数はその数十倍から数千倍に達するのだが、当局側にもそれなりの犠牲が出た。パトリックたちはこの「事実」を根拠に、二〇一四年から香港における天安門追悼運動へのカウンター活動を組織し、ほかにも本土派や民主派のデモ現場にしばしば出現して批判活動をおこなっている。

「今年（二〇一五年）の六月四日もヴィクトリア公園で活動して、市民に対して歴史の真実を示す多くの資料を提示した。天安門事件は『虐殺』ではない。デモ隊の当初の動機には愛国的な要素もあったかもしれないが、本質的には暴乱なのだ。人民解放軍の側も、デモ隊をすべて殺したわけではない。鎮圧は中国の安定のためにはやむを得ない処置だった」

完全に中国政府側の見解に立つパトリックの話は、同じく鎮圧をある程度はやむを得ないと考える魏陽樹や呉凱らの言葉と較べても、いっそう血が通っておらず冷たい印象だ。

「事件の真相に向き合え、公益性を考えろ、未来志向でいけ。これがわれわれの主張だ。歴史の問題をほじくり返してばかりでは未来に進めない。たとえば日本は大戦中に香港を侵略したが、われわれ香港人は日本を許しているだろう？　支聯会のように、大昔の事件について年がら年じゅう文句をわめくような行動は生産的ではないのだ」

　支聯会への批判だ。最右翼の本土派と最左翼の親中派が共通して唱える情緒的なロジックが、はからずも現代の香港人の天安門離れの心情と共鳴していることはすでに見てきた。

「支聯会はウソばかりを言っているのだ。今年の晩会《マアンウィ》（二〇一五年の天安門追悼キャンドル集会）を見てもよく分かる。連中はカネをくれと言ってばかりだった」

「では、ジョシュア・ウォンのような民主派の若者たちについてはどう思いますか？　彼らも天安門事件の再評価を主張しています」

「今年の晩会で、学生団体の連中はほとんど天安門事件の話をせず、香港基本法がどうした、普通選挙要求がどうした、といった主張ばかりをしていた。天安門事件の集会に相乗りして、カネをほしがっているだけだ」

「彼らの目的がカネのためだとは思いませんが、事件に対する姿勢に支聯会と比べて温度差があるのは確かでしょうね」

「社会に不満を抱く若者は、本当は天安門事件になんか何の興味もないんだ。四年前（二〇一一年）、友人の二六歳の娘が例の晩会に行ったので、友人は親として彼女の将来を非常に心配していたんだよ。しかし、彼女は今年は行かなくなった。飽きたんだろうよ。いまは毎日毎日『梁振英は辞めろ』と雨傘運動の連中のスローガンの真似ごとばかりしている。不満のはけ口として騒げるならば、対象は天安門事件でも香港の『普通選挙』とやらの実現でも、別になんでもいいのだろうさ」

とりつくしまもない。

御用団体の「つまらない」本音

「そもそも、なぜパトリックさんたちは中国の共産党政権を支持しているのでしょうか」

「私たちは香港人であり、中国人だ。ひとりの中国人として祖国の立場を支持することはなにもおかしくない」

「しかし、中国は経済こそ発展しましたが、国民の人権や政治的自由の保障の面で問題が多いと思います。中国国内では天安門事件の再評価を求める運動はもちろん、パトリックさんのように事件の『真実の歴史』を宣伝する民間活動も許されていませんよ」

「あらゆる国家や政権はすべてなんらかの問題を持っているのだ。アメリカにだって問題はあるだろう。一部の中国の法律は、たとえばアメリカから見れば不公平かもしれない。だが、中国には中国の法がある。中国の民主と自由はアメリカとは違った、中国の特色あるものであるべきだ」

尋ねても仕方がなさそうな質問をしたところ、やはり聞いても仕方がないような返事がきた。さらに取材に同席していた、愛港之声の広報担当者であるジェシカも言う。

「中国文化において最も重要なのは『穏定《ウエンディン》（平穏であること）』です。それを覆す行為は好ましくありません。たとえば天安門事件の鎮圧行動についても、国家の『穏定』のためにそれがおこなわれたのですから、基本的に同意しますね。中国人は一定の管理がなされるべきで、ほしいままであってはなりません。これは西側の国とは異なる点なのです」

実のところ香港では、愛字頭のような親中国共産党の旗振り役でなくとも、財界人や芸能人を中心に、社会的地位の高さと比例してこの手の意見を口にする人が多くなる。

たとえば日本で知名度が高いジャッキー・チェンは、かねてから「中国人は管理されねばならない」と、ジェシカとそっくりの発言を繰り返してきた。ジャッキーほど直接的な言葉遣いはしないにせよ、元アイドルのアグネス・チャンも親中国政府的な発言が多いことで知られている。

だが、そんなタテマエの言葉ばかりを聞かされていると、スローガンの背後に隠れた彼らの本心をあばきたくもなってくる。

「私たちは香港人だが、祖国に回帰する心を忘れないのだ」

パトリックが得意げにそう言ったので、「では、香港が返還当初に取り決められた五〇年の期限よりも早期に『祖国（＝中国）』へ接収されても構いませんか？」と聞いてみた。

二〇一四年末に駐英中国大使館が香港の「高度な自治」の根拠となる中英共同宣言を「無効」だと主張するなど、近年はより早期に香港の体制が変わる可能性が出てきている。

「……もちろん。構わないとも、大歓迎だ。私たちは中国人であり、祖国への復帰は光栄だ。これで中国がアメリカを追い抜くこともできるだろう」

返答まで多少の間があったように思えたが、パトリックはそう答えた。

「当たり前ですよね。そこで、もうひとつうかがわせてください。現在六〇歳とおっしゃるパトリックさんは、ご自身が一九五〇年代の香港ではなく偉大な祖国の首都である北京で生まれていれば、中国人としてもっと素晴らしい人生を送れていたと思いませんか？」

「いや。うむ。それは……」

パトリックはそうつぶやいてから、長く沈黙した。政治団体を組織する人間としては素直すぎる反応だが、どうしても「イエス」とは口にできない質問だったらしい。

香港人のパトリックと同じ世代の中国人は、中国大陸でもっとも貧乏くじを引かされた人々だ。彼らは幼少期に毛沢東《もうたくとう》の大躍進運動による飢饉《ききん》に苦しみ、文化大革命では紅衛兵として動員されて青春時代を棒に振り、その後に辺境の農村に下放されて劣悪な環境下で肉体労働に従事させられ、まともな高等教育を受けられなかった。結果、知的な思考訓練をおこなえなかったせいで一九八〇年代以降の経済発展に乗り遅れ、上の世代からも下の世代からも社会のお荷物としてバカにされ続けている。

近年は文革世代の習近平が権力を握り、彼らにも光が当たりつつあるが、政治の大津波によって失われた六〇年近くの人生はもはや戻ってこない。

「……北京で生まれることは望まない。なぜなら私は中国人だが、そのいっぽうで香港の人間であり、北京の人間ではないからだ。私は香港がよりいっそう祖国に近づくことを望んでいるだけで、自分が北京で生まれたいというわけではない」

長い逡巡《しゅんじゅん》の末、パトリックはやがて言葉を選んでこう話した。

エスニシティの問題に話題をすり替えたものの、本音では自分が中国大陸で生まれ育つ人生なんてまっぴらごめんというわけだ。

——御用団体のリーダーの限界なのだろう。

中国では歴史上、民衆のウケが悪い政権があやしげな民間団体を組織し、民意を「偽造」する例が多くある。一九一〇年代に袁世凱《えんせいがい》が皇帝になろうとしたときの請願団や、一九三〇年代に日本占領下の中国各地で組織された親日傀儡《かいらい》団体・大民会などが代表的だ。当時、これらに集まった人の動機は風見鶏《かざみどり》的なもので、後に袁世凱政権が倒れたり日本が敗戦したりした後には「売国奴」として激しい非難にさらされた。

こう言っては申し訳ないが、香港で極端な中国共産党支持を主張するパトリックたちもまた、そうした中国の政治的な伝統に位置づけられる人たちのように見える。

「いやはや、さておきだ。香港はやがて中国の一都市になるべきなのだ。香港の多くの社会問題はそれで解決するのだ。中国は都市ごとに特色があるのだ。広東省の深圳《しんせん》が中国の他都市とは違うように、香港の独自性は残り続ける。香港ドルも香港行政長官も残り続けるんだ。必ずそうなるのだ……」

私がほくそ笑んだのを見てマズいと思ったのか、パトリックは都合のよい未来予想図を一気にまくし立てはじめた。だが、中国が香港を完全に飲み込んでしまえば、自治の象徴である香港行政長官などはこの世に影も形も残らないはずではないか。

もはや彼から聞くべき話は多くないと思い、私は話を切り上げてその場を去った。

（ちなみにパトリックは取材後の二〇一六年九月、「中国に反対して香港を乱す悪い勢力への対抗」を掲げて立法会議員選挙に立候補したが、支持が広がらず落選した。翌年一〇月には団体の内ゲバが起こり、新リーダーから立候補当時の選挙資金問題を追及されるなど、多難な活動家人生を送っている）

——当時から四半世紀を経てもなお「天安門の都」香港では事件が話題になり続ける。だが、私がこの街で出会ったさまざまな人のなかで、天安門事件それ自体に向き合っている人はほとんどいないと言わざるを得なかった。

民主派の学生運動団体も、本土派のグループも、若者たちの関心は薄く、それぞれの政治的立場にもとづくパッケージの主張として事件への賛否を口にしているにすぎない。また、事件の再評価をいまだに訴え続けている総本山の支聯会は、中国からの弾圧と本土派の突き上げの板挟みに遭い、いまや退潮する組織の維持と、豊かとはいえない財源の確保に汲々《きゅうきゅう》とする存在になりつつある。

かつて事件に憤ったり追悼運動を本気でやったりしていた三〇～四〇代のインテリたちも、香港人としてのアイデンティティが強まり中国に心理的な距離感を覚えるにつれて、天安門事件への関心は大幅に変質している。愛字頭のような親中共派にいたっては、本土派なり民主派なりの「敵」が騒ぐ問題に対応して、中国共産党の御用団体として火消しをおこなっているに過ぎず、確固たるイデオロギーすら持っていないだろう。

雨傘革命の失敗以降、中国政府による香港への締め付けはいっそう強まった。

二〇一七年七月に梁振英と交代した新行政長官の林鄭月娥《キャリー・ラム》も親中派であり、このままいけば香港の中国化はいっそう進む。いっぽう、それに反発する本土派的な考え方を持つ人も年々増えているため、今後の香港社会で再び、雨傘革命のような大きな反発が起きる可能性は決して低いものではない（事実、二〇一九年六月には往年の雨傘革命をはるかに上回る規模で香港デモが本格化した。詳しくは本書の新章をご覧いただきたい）。

だが、未来の香港が「中国化」するか「本土化」するかは知らないが、間違いなく確実なのは、天安門事件が香港人の興味関心の対象から外れていくことだ。事件の追悼運動の熱心さにおいて、ながらく世界で最後の砦《とりで》としてがんばってきた「天安門の都」は、この時代になってついに看板を完全に下ろしつつある。

香港から見えてきたのは、そんな現実なのだった。

第六章

馬上、少年過ぐ

王丹

ウアルカイシ

16 王丹

事件当時20歳、北京大学歴史学部学生・「民主サロン」組織者・北京高校学生自治聯合会幹部　取材当時46歳、著述家・（台湾）国立中正大学客員助理教授
「八九六四」当時の所在地：中華人民共和国　北京市内
取材地：中華民国（台湾）　台北駅付近の喫茶店
取材日：2015年9月5日

台北の憂鬱

これまでに話を聞いたなかで、もっともつまらない取材ではないか。

場所は台湾、台北《たいぺい》駅にほど近い喫茶店。スマートフォンの録音アプリを起動してから一五分ほど経った時点での私の感想である。もっとも、それは充分に想定内のことでもあった。

二〇一二年、私は四谷《よつや》でこの人の来日講演会を聞いたことがある。彼が語る六四天安門《てんあんもん》事件や中国民主化運動の話が、ずいぶん退屈で魅力に欠けていることは、会う前からとっくにわかっていたことなのだ。

ただし、「退屈」は「的外れ」と同じ意味ではない。むしろ彼の話は論理の上では極めて筋が通っていて、またある程度は現実的な認識も反映している。たとえばこんな調子だ。

——中国国内や世界各国に散らばる中国民主化シンパたちに統一した思想はありますか？

「統一した思想の有無についての回答は難しいですね。ただし、共通点はあります。すなわち、国外に亡命した者も中国国内にいる者も、中国共産党に対して何らかの批判的な問題意識を持つという点です。しかし、中国を具体的にどのように民主化し、どのように共産党の統治を終わらせるかについては、やはり統一した意見はなく各人の見方があります。方法は異なるが目標は一致しているという点が重要でしょう」

——中国共産党の組織は強靭《きょうじん》です。これに対して、民主化運動をおこなう人たちはバラバラで、それほど大規模な組織はありません。あなたはどう考えますか。

「まだ大規模な組織が生まれる時期ではないのだと思います。もっとも、異なる考え、異なる立場を持つ人が多くいるのはよいことです。多くの異なる意見を吸収できて、多くの人が加わることができるのですから。もっとも、いつか本当に団結が必要となったある日には、中国の民主化を目指すさまざまな組織が統一されることが望ましいのも確かです」

——イデオロギーの不統一やまとまった組織を持たないことが、天安門事件から二五年間にわたり中国の民主化運動が低調である理由のひとつではないでしょうか。

「そうですね、確かに現在の運動は低調です。しかし歴史の観点から見るならば、二五年の時間は決して長いものとはいえません。中国では一九一九年に圧政に抗して五四運動が発生しましたが、中国人はそれ以来、反対運動の経験を持ちませんでした。抵抗の歴史は、天安門事件が起きた一九八九年からやっと始まったと言えるのです。私たちにはもっと長い時間が必要で、経験と知識を積んでいかなくてはならないはずです。運動が現時点で低調であることは、根本的な面において問題であるとは思いません」

……とはいえこの人は、ああ言えばこう言う式に無責任な応答をしているわけではない。そもそも彼の立居振る舞いからは、心にもない建前を平気な顔で喋《しゃべ》る政治家や官僚のような独特の冷淡さがまったく感じられなかった。

彼はしっかりとこちらの目を見て、外国人の私にも話が正確に伝わるよう、わかりやすい口調で話す。すこし言葉を交わしただけでも、自分が過去に取材したなかでも有数の優れた知性の持ち主であることがわかる。なのに、なぜか話の内容だけが異常につまらない。

私は引き続き、事前に準備した質問リストを確認しながら問いかけを続けた。

――あなたはかつて「中国の経済がさらに発展して人々の生活が落ち着けば、政治への関心は再び高まる」といったことをおっしゃっていました。しかし、中国経済が発展した現在でも庶民の政治への関心が高まっているようには見えません。

「中国は非常に特殊な発達モデルを歩んでいると言えます。普通、経済発展はよいことであり、社会は安定化します。しかし中国は経済発展の速度こそ速いものの、社会はより不安定になっていると言えます。中国は国内の治安維持に、国防費用を上回る予算を注ぎ込んでいる。これはなにより、中国の社会が矛盾多きものであるあらわれでしょう」

——確かに、環境汚染や地方政府の横暴に抗議して住民が立ち上がる動きは、現在の中国で多く発生しています。しかし、あれらはあくまでも「自分の問題」の解決や利益の拡大が目的で、国家や社会全体の変革を目指す動きとは別物だと感じるのですが。

「おっしゃる通りです。しかし、それは過渡期にあるがゆえのことであると思います。たとえば、台湾における早期の騒乱事件や社会運動も、民主化の要求と直結したものではありませんでした。しかし、一九七〇年代から八〇年代と発展していくなかで民主化運動として結実しました。他に環境保護やフェミニズムなど、多くの社会運動は最初の段階において、やはり後世の目からは不十分に見える部分も多いものだった。そうは言えないでしょうか」

メモを取りながら、大学受験の小論文の模範解答例を連想した。その手の文章では、警抜な視点や大胆な改革案の提示はほとんど求められない。過去問題の傾向や出題者の意図を踏まえたうえで、ひとまず常識的で理想主義的な意見を首尾一貫した論理で述べておけば合格である。

彼の一連の答えもまた、模範解答例としては間違いなく二重マルが付く。だが、それが多くの人のハートを熱く動かし、社会を変革する力を持ち得るのかは別の問題だ。

中国民主化という「最後の審判」

——現在、天安門事件の再評価や中国の民主化に熱い思いを持つ（持ったことがある）人は、いずれも五〇歳前後で、若者は冷淡に見えます。中国の民主化という夢は「ある世代の中国人に特有の共通認識」であって、それ以上の広がりは弱いという印象も覚えるのですが。

「あなたの意見はわかります。なぜなら、現在の中国の若者は経済発展のなかで育ち、現実に対する不満は大きくありません。五〇歳前後の人たちは過去の時代を肌で知っていますが、若い人は文化大革命も天安門事件も体験していないのです。この区別は非常に大きいと思います。しかし、現在はインターネットがあります。当時を知らない若者も、情報を得る手立てがあるでしょう。若者は世界について知らないことを知りたがるものですから、希望はあります」

——しかし、時代は流れていきます。あと十数年もすれば、天安門世代は社会の第一線から引退し、過去を知らない世代が完全に中国社会の担い手になってしまいますよ。

「それは、今後も中国の社会に何も変化が起きないことを前提とした見立てでしょう。しかし、中国に限らずいずれの国家であれ、そんなことはあり得ません。たとえば中国共産党の統治が、あと一〇〇年間ずっと続くと思いますか？　きっと、あと一〇年か二〇年が経てば非常に大きな変化が起きると思います。こうしたときに、過去の歴史の記憶は再び蘇《よみがえ》るでしょう」

——そういうものでしょうか。

「事件発生から四〇年以上を経て再評価がなされた台湾の二二八事件（一九四七年の中華民国政府による台湾本省人への弾圧・虐殺事件）が好例です。かつて、多くの台湾人は二二八事件を知りませんでしたが、現在は若い人を含めてすべての台湾人が事件を知っています。あせってはいけないのです。しかも中国は大きく、また歴史の長い国です。天安門事件の再評価や中国の民主化についても、歴史的な時間感覚をもって眺めるべきでしょう」

彼は八九六四のあの日から四半世紀にわたり「もう少し時間が経てば何かが変わる」という言葉を発し続けている。

だが、これは「最後の審判の日にイエスが再臨する」とか「弥勒菩薩《みろくぼさつ》が下生《げしょう》する」という話と同じく、最初から教えを信じる人の心にしか響かない言葉ではないのか。世間の多くの人にとっては、いつ来るのかわからないイエスや弥勒菩薩や中国の民主化よりも、目下の生活の問題のほうがずっと重要な関心事だ。

しかし、ここで不思議なのは彼が非常に聡明《そうめい》で柔軟な人物であることだった。この人は決して特定のイデオロギーに頑固にしがみつくタイプではなく、現実を把握できる頭脳の持ち主に見える。自分の話が一種の救世主《メシア》神話に近いものであることを、心のどこかで理解しているのではないだろうか。

不思議なインタビューだった。なぜ、こんなに頭の回転が速くて個性的な人が、これほど魅力に欠けた没個性的な話を、真摯な姿勢で語り続けることができるのか。

「過去の牢獄」に入り続ける責任を負う

「あの、王丹《ワンダン》さん。ちょっと待って」

呼びかけた私に、彼――王丹はやや訝《いぶか》しげな表情を浮かべた。

「変な感想を言ってごめんなさい。私は天安門事件や中国の民主化問題について、この先もあなたに質問をするのが申し訳ないような気もしてきました」

「どうしてですか」

「あなたのところには、おそらくこの二十数年間、私と同じような人間が何百人もやってきて、何百回も同じことを尋ねてきたと思うのです。そして、あなたはそれに対して同じ答えを繰り返し喋らなくてはならなかった。きっとそうですよね」

王丹はすこし驚いた顔をしてから「確かにその通りです」と答えた。

「王丹さんは頭がいい人です。あなたほどの人なら、本来は他にも世間のさまざまなことに興味のアンテナを向けているはずでしょう」

「はい。もちろんそうです」

「しかし、あなたは他人に対して口を開くときには必ず、二十数年前の事件の意義を訴え、将来の中国民主化の可能性を語らなくてはならない。そういう立場に置かれてきたと思います。それは想像するだけでも大変ですし、なにより非常に面倒くさいことだと思います」

「ん……」

「なのに私はいま、過去の数百人と同じように、相変わらず天安門や民主化の話題をあなたに喋っていただいています。そんな事情に思い当たったのに、なおもあなたに回答を強いるのは、とても悪いように思ってしまって」

しばらく沈黙があった。

だが、私の失礼な指摘を、往年の学生リーダー・王丹はまったく否定しようとしなかった。

一九八九年に発生した六四天安門事件は一説に数千人以上の犠牲者を出し、運動の挫折《ざせつ》は中国の政治を現在に至るまで硬直させることになった。当時の学生運動のリーダーだった王丹は、しばしばその失敗の責任を問われることが多い人物だ。

しかし、わずか二〇歳のころの自分の行動の理由やその責任について、後の長い人生で出会う人間の全員から延々と尋ねられ、同じ答えを繰り返す運命はかなり過酷ではないだろうか。われわれ一般人に置き換えれば、学生時代にバンドを組んで失敗した理由は何か、恋人とケンカ別れをした理由は何か、それをどう総括するのか——といった問いを、いい大人になってからもネチネチと尋ねられ続けるのに等しい。しかも王丹の「失敗」は、音楽活動や恋愛の失敗とは比較にならないほど大きな影響を社会に残してしまった。

運動が挫折したことで、彼を取材する記者たちは必ず意地悪な質問を準備する。なかには最初から嘲笑《ちようしよう》的な姿勢で接する相手もいるだろう。

本人がどれだけ年齢を重ねても、二〇歳のときに出来上がった「天安門の王丹」の姿は彼を一生涯にわたり束縛する。かつて中国政府が彼を政治犯として押し込めた遼寧《りようねい》省の錦州《きんしゆう》監獄からは無事に釈放されても、過去の牢獄《ろうごく》から出ることは永遠にできない。

「……あなたのおっしゃる通り、正直に言って疲れるときもあります。しかし」

王丹の言葉を覆っていた退屈さのヴェールに、裂け目が見えはじめた。

「私は確かに何百回も同じことばかり尋ねられてきましたが、自分はそれに答え続けるべきだと考えています」

「とはいえ大変ではありませんか」

「いや、これでいいんですよ。その理由はまず、人間は生きていくうえで、一切のことが思い通りになるわけではないから。ゆえに、ともかく自分がすでにこの道を歩んだ以上は、今後もしっかりと歩んでいくべきだと思うのです。また、現在の中国人は誰も表立って中国共産党に反対しません。ですから私はあえて声を上げて批判をします。これは誰かがやらなくてはいけない役目なんです」

「その役目は自分が引き受けるしかないと思うのですか」

「ええ。誇りに思うべき役目である。放棄《やめ》てはならない。そう考えています」


往年の天安門のリーダーのなかには、「過去の牢獄」から逃れられない人生に嫌気が差して、表舞台に出て口を開くことをやめてしまった人も多い。

だが、現在もなお八九六四の鎮圧の生き残りや犠牲者の遺族は存命だ。王戴《ワンダイ》や凌静思《リンジンスー》のように、細ったロウソクの炎を延々と灯《とも》し続ける人もいる。マー運転手や姜野飛《ジャンイエフェイ》のように、後年になってから夢の幻影にとらわれ、危険に足を踏み入れてしまう人も出ている。

——死者の怨念《おんねん》と、戦いを選ぶ者たちの生霊《いきすだま》。

彼らの思いを慰めるためには、たとえ本人自身も心のどこかで限界を自覚していたとしても、タテマエを述べ続ける役割を誰かが引き受けなくてはならない。

王丹はそんな責任を負うことを決めた人物なのかもしれなかった。

「途中で放棄《やめ》ていればこうした取材も受けなくなっていたでしょう」

王丹、一九六九年北京《ペキン》市生まれ。

中国の最名門校・北京大学に在学中に、まだ一年生でありながら学生サークル「民主サロン」を主宰した。やがて一九八九年四月に胡耀邦《こようほう》が没すると北京市内の三五大学（数は諸説ある）の連合組織・北京高校学生自治聯合《れんごう》会の最高幹部の一人として天安門広場での運動を指揮した。

やがてデモは時間とともに迷走し、広場の主導権は彼やウアルカイシから柴玲《ツァイリン》ら別の学生グループに移ったものの、王丹は外部の目からは最後まで運動の顔として認識され続けた。

六月四日未明の鎮圧時、彼は会合に出席するために広場の外にいて難を逃れたが、直後に当局が発表した二一人の学生リーダー指名手配リストの筆頭に名を記されている。すなわち学生デモの「主犯」というわけだ。その後、他の指導者であるウアルカイシや柴玲・封従《フォンツォン》徳《デエ》・李録《リィルー》といった人たちがフランスやアメリカに亡命するなか、王丹は中国国内に残留して一九八九年七月に逮捕される。

その後の王丹は仮釈放と再度の逮捕を経て、一九九八年のクリントン訪中の際、米中両国の政治的駆け引きの結果としてアメリカに亡命する。やがてハーバード大学で学んで博士号を取得し、二〇〇九年からは台湾に移住して大学教員を務めながら著述活動をおこなうようになった（取材後の二〇一七年七月、大学の契約が切れたことや高齢の両親の呼びよせなどを目的に、再度アメリカに拠点を移転）。彼の二十数冊に達する著書の多くは天安門事件関連の内容だが、それほど過激なことは書かれていない。ちなみに現在も独身である。

「いまのあなたの話も聞かせてください」

場が少し和んだところで、私はそう言って話題を変えた。王丹いわく、台湾はアメリカよりも地理的に中国大陸と近く、馴染《なじ》みやすいと考えて居を移したという。

王丹は台湾の大学で、彼がむかし北京大学で組織していたのと同名の「民主サロン」という課外学習サークルを主宰している。

取材時点までの五年間で、「民主サロン」に出入りした学生は数百人。そのうち多くは、なんと中国大陸からの留学生で占められていた。台湾は二〇〇八年からの馬英九《ばえいきゅう》政権の対中接近政策の影響で、中国大陸からの留学生（陸生《ルーション》）を受け入れるようになっているのだ。

「多くの陸生たちは、中国で過去に発生した事件に対して非常に強い好奇心を持っているみたいなのです。彼らはあえて共産党に反対しようとは考えていませんが、共産党が過去に野蛮なことをやってきたのは、ちゃんと知っていたんです」

学生の話題になると、王丹の表情は明らかにゆるむ。世間には子どもや若者の面倒を見るのが好きな人とそれを億劫《おっくう》がる人がいるが、彼は明らかに前者だ。

「陸生たちは私の話を聞きたがってくれるのです。これはやはり嬉《うれ》しい」

天安門事件のあとに生まれた彼らは、当時を知る年配者や記者たちのように決まりきった質問をぶつけてこず、むしろ純粋な知的好奇心から事件のすべてを知りたがる。

台湾訛《なま》りの中国語「国語《グオユイ》」が支配する社会で、王丹は大陸式の美しい普通話《プウトンホア》を喋り、言葉の端々に北京大学仕込みの中国的知識人の匂いを漂わせる。なのに、その思想は中国の教師たちとは一八〇度異なる。多くの陸生にとって興味深い存在であろうことは想像に難くない。

いっぽう、中国大陸を追われた流人《るにん》である王丹にとっても、陸生たちは現代中国社会の雰囲気を把握できる貴重な窓口だ。

「彼らの姿から『大部分の中国人が政府に反感を持っている』などということはないと知り

ました。いまの中国はそうなのです」

　やはり、彼は若い陸生たちとの接触から、在外民主派の建前論とは異なるリアルな現状を認識していた。

「いっぽう、国家と一般市民の距離感がずいぶん大きいとも感じます。一般市民は決して積極的に共産党を支持しているのではなく『まあしょうがないから』という姿勢なのです。彼らも中国の社会がよりよくなればいいと思っていて、民主がよいものだとも思っている。しかし、いっぽうで現状を受け入れてもいます。どうしようもない感じ、非常にそれがあるようです。これが現在の中国の主流なのかな」

　違和感がない情勢認識だ。王丹の見方は正しいと思えた。

「逆にあなたと対話するなかで、陸生たちに変化はありましたか？」

「変化はたくさんありますよ。たとえば、当初は彼らの多くが、私のことを非論理的で朝から晩まで共産党を罵《ののし》って生きている類《たぐい》の人間だと思っているのですよね。しかし、学期が終わるころには『それは違う』と考えるようになってくれる」

「では、あなた自身の認識は変化しましたか」

「もちろん。誤解を抱いていたのは私の側も同様でした。私はもともと、いまの中国の若者はみんな共産党に洗脳されて、思想が停滞しているのだろうと思っていました。しかし、実際は多くの若者が自分自身の独立した考えを持ち、豊かな批判的精神を持っていた。民主や自由を求める心もあります。これらには正直、驚きました」

王丹はあまり表情を動かさない人だが、素振りと口調が明らかに嬉しそうだ。

近年、王丹のフェイスブックページは台湾や中国の学生たちとの交流の場になっている。投稿は天安門関連の情報のシェアや現代中国・台湾の政治や社会問題への批評が多いが、ときにはペットの子犬との暮らしや本人のドジなエピソードなど、人柄がうかがえる記述も少なくない。本質的に、彼は内向的な真面目人間なのだが、ゆえに失敗譚《たん》にはコミカルな味がある。

第二章で登場した佐伯《さえき》さんのように、八九六四を通じて人生が変わった人には、近年の王丹を「調子に乗っている」と冷ややかに眺める向きもある。だが、王丹の個性が学生たちから慕われているのは確かであり、フェイスブックの記事には親しみを込めて「老師《ラオシー》（先生）！」と呼びかける返信が多く付く。

「非常に大きな希望を覚えていますよ。これまでの二十数年間は共産党の洗脳が最も激しい時代でしたが、洗脳は成功していなかった。確かな希望が残っていたのです。陸生たちとの交流はとても興味深く、興奮することなんですよ」

そうして接してきた中国人の若者が、すでに数百人に及んでいる。

学生デモのリーダーとしてはともかく、教育者としての王丹は決して失敗していない。

（もっともこの取材後、前述したように彼は二〇一七年夏にアメリカに再移住。現地でも三〇万人以上いるとされる在米中国人留学生との交流を目指して「民主サロン」の主宰を続けようとしたが、中国当局の妨害を受けていることが報じられている）


「天安門事件のあと、あなたは二六年間（取材当時）の人生をどう総括していますか？」

そう尋ねてみた。

「やりたいことをやって、ずっと放棄《やめ》なかった。私はうまくやってきたと言えるのか、それはわかりません。しかし、いままで放棄《やめ》なかった点だけは、自己評価としては満足しています」

「そこに重点を置かれているのですね」

「もし、私が途中で放棄《やめ》ていればこうした取材も受けなくなっていたでしょう。二六年間も同じような取材を受け続けることは――。同じようなことばかりを喋るのは、やっぱり疲れるのは確かなんです。でも、私は放棄《やめ》ずにきたし、この先も放棄《やめ》ません」

インタビューを通じて、王丹は「没有放棄《やめない》」という言葉をしばしば発した。

「では、仮に天安門事件が起きていなければ、どんな人生を送っていたと思いますか？」

「本質的にはそれほど変わらなかったでしょう。学生にものを教えて文章を書いて、やはりアメリカに留学していたかもしれません。事件があってもなくても、私はきっと似たような仕事をしています」

「ただ、事件のおかげでこうした取材を受けることが多くなったと」

「そう。違いはそれだけですよ」

もとより王丹は学究肌の人だ。往年、彼は優秀すぎたことでデモのリーダー役をも担うことになったが、ときにハッタリや悪知恵も必要となる大衆運動の旗手としての適性は、本来はそれほど高くない。これは私の実感のみならず、これまで取材してきた複数の人からも耳にしてきた王丹評だ。

仮に一九八九年に何も起こらなければ、王丹はきっと政治の第一線とはあまり縁がない大学の先生か作家になり、たまに面白いコラムを書くような人になっていただろう。現在と「似たような仕事」なのは間違いない。ただしその場合、中華人民共和国の体制内エリートのままでいられた彼が、この四半世紀でより望ましい自己実現を果たせていた可能性は高い。

「私自身の人生は、天安門事件からそれほど大きな影響を受けてはいないのです。たとえ事件が起きなくたって、同じ人生だったはずですよ」

王丹はついにそんなことを言い出した。すこしだけ、むきになっているようにも思えた。

だが、決して悪い印象は受けなかった。

17 ウアルカイシ（吾爾開希、ウルケシュ・デレット）

事件当時21歳、北京師範大学教育学部学生・北京高校学生自治聯合会幹部　取材当時47歳、政治運動家・ビジネスマン
「八九六四」当時の所在地：中華人民共和国　北京市内
取材地：中華民国（台湾）　台中市内のホテル
取材日：２０１５年９月７日

「何が民主であるのかは知らなかったが、何が民主に非ざるものかは知っていた」

「日本の記者だね。私も日本は好きで、よく行っている。ところで過去に取材を受けたなかで、専門的で非常に鋭いインタビューをする記者はたいてい日本人だった。ところが、おそろしく退屈でつまらない質問をする記者がいちばん多いのも日本人だったんだ。ずっとそれが不思議なんだよ」

王丹と会った二日後。私が台中《たいちゅう》市内のミレニアム・ホテルのロビーで出会った熊のような巨漢は、ふっくらした大きな手で私と握手をすると、しばらく雑談を続けるうちにそんなことを言った。往年の横綱・武蔵丸《むさしまる》を連想させる、太い眉《まゆ》と大きな目に丸い顔。とにかく人懐

っこくて饒舌《じょうぜつ》だ。

自分と他の記者を比較するような話をされたが、口調が親しげなのであまりプレッシャーを覚えない。彼としても、初対面の私を威圧する目的ではなく、ただ感じたことを気軽に喋る性格ゆえに出た言葉だろう。ついつい相手のペースにつられ、そのまま本題に入らず話し込んでしまった。

「息子（おそらく当時中学生の次男）が野球をやっていてさ、いい選手なんだ。今度、日本まで試合に行くんだぜ」

この陽気な熊男の名は、「ウルケシュ」と記すのがウイグル語の原音に比較的近いらしい。だが、本人が生まれつき漢民族の社会で育ち、その文化や生活習慣に馴染んでいることから、日本語や英語圏のメディアでは漢字表記名の「吾爾開希《ウアルカイシー》」を中国語読みした「ウアルカイシ（Wu'erkaixi）」と表記されることが多い。

正直なところ、ウアルカイシへの取材はよい意味で予想を裏切られた。事前に彼についてさまざまに報じられた内容を調べたり、従来の取材の過程で耳にしたりした話から判断して、もっと尊大で魅力の薄い人物ではないかと心配していたからだ。だが、彼は尊大どころか憎めない人懐っこさがあり、顔を合わせていて楽しい相手だった。

もっとも、憎めない性格と脇の甘さは表裏一体だ。やがて予定時間を大幅にオーバーして取材が終わった後、打ち解けた彼は私にこんなことを言っている。

「日本のビールはとても美味《うま》いんだよな。私は特にヱビスビールが好きなんだ。あと、ウイスキーもいいよねえ。実に美味い！」

いくら友好的な雰囲気だったとしても、取材者としてそんな話を聞けば文章に書くしかない。彼が過去、メディアへの対応に失敗した経験はおそらく一度や二度ではないだろう。ウアルカイシにまつわる負の報道の一部は、彼のこうした個性ゆえに生まれたものも多いのではないか。

もっとも、「じゃあ今度、日本からヱビスを送ってあげますよ」と思わず申し出たくなる親近感を漂わせた人であることも、やはり確かであった。


ウアルカイシ、一九六八年北京市生まれ。父親の故郷は新疆《しんきょう》ウイグル自治区イーニン市。六四天安門事件当時は北京師範大学の学生リーダーで、恵まれたルックスとメリハリのある演説が話題を呼び、海外メディアからの人気が特に高かった。『天安門文書』収録の内部資料によれば、一九八九年四月二八日の党指導部の会議内で李錫銘《リイシーミン》という幹部が「この吾爾《ウアル》開希《カイシ》は狂っている」と発言しており、為政者たちを相当に苛立《いらだ》たせたリーダーだったことがわかる。五月中旬、学生の代表たちがカメラの前で政府幹部と対話をおこなった際に、彼が現役首相の李鵬《りほう》を相手にものすごい勢いで食ってかかった映像も有名だ。

八九六四の鎮圧後のウアルカイシは、まずフランスに亡命している。持ち前の知名度の高さを活《い》かし、パリで発足した民主中国陣線の副主席に就任したが、さしたる活動もないまますぐに離脱してアメリカに留学。やがて当時の各国メディアによってぜいたくな暮らしや華やかな女性関係が報じられた。一九九六年に台湾人女性と結婚して台湾に移住し、やがて中華民国国籍を取得。その後はテレビのコメンテーターになったり、台湾政界で立候補を目指したりしたが、これらはあまりうまくいかなかったようだ（取材後、二〇一六年の中華民国立法委員総選挙にも立候補したが、ほぼ泡沫《ほうまつ》候補に近い得票数で敗退している）。

私の手元にある『〝六四〟人物詞典』（溯源書社、二〇一三年）の彼の項目には、女性リーダーの柴玲と並んで「学生リーダーのなかで物議をかもすことが比較的多い」人物だと冷ややかな評価が記されている。ビール好きの大食漢なのがたたってか、往年の売りだったルックスも三十路を超えるころにはずいぶん恰幅《かっぷく》のいい姿に変わってしまった。かつては甲高かった声も、現在は年齢相応に渋く落ち着いている。

「ウアルカイシはパフォーマンスを好み、地道な活動をしない」

民主化活動家たちの間ではそんな批判の声も根強い。事実、彼は二〇一〇年の訪日時に元《もと》麻布《あざぶ》の中国大使館に「対話」を求めて突入して現行犯逮捕（不起訴処分）されたり、マカオや香港の入国管理局に大陸に残した親族との面会要求を主張して「自首」してみせ、台湾に送り返されたりと、むやみにニュースのネタばかりを提供するような行動も目立つ。

「私はウイグル人だけれど、生活習慣は漢民族に近い。ただ、身体にウイグルの血は流れている。すなわち、勇気を持って戦う血だよ」

　本人はこのような説明をしている。

　そんな彼へのインタビューは、たとえば以下の通りである。


——天安門事件の当時、あなたたちは民主主義についてどのように理解していましたか？

「中国で生まれ育った者は民主主義の社会を知らない。これは紛れもなく事実だった。しかし、われわれは何が民主であるのかは知らなかったが、何が民主に非《あら》ざるものかは知っていた。すなわち、人民を主役にしない世の中は民主ではないということだ。ゆえにわれわれは政治の変革を求めて立ち上がり……」

——事件を振り返ってどのように感じますか？

「当時のわれわれはまだ若く、経験もなかった。主張の内容には多分に幼稚なところもあった。だが、われわれは責任を負い、それを果たそうとした。それは歴史により与えられた責任だった。当時、中国全土で数千万人が北京の運動に共鳴したが、これは歴史によってそれだけの必要性を与えられていたためなのだ。そのなかで、人々は充分な理性と勇気を同時に示したと言えるだろう。一九八九年の運動は中国、いや世界の大衆運動のなかで、やはり多大な意義を持ち、また後世に大きな影響を及ぼした。それは光栄であり……」

実のところ、ウアルカイシが語る中国政治論や天安門観もまた、（共産党批判こそ強烈だが）やはりステレオタイプだ。言葉から彼独特の修辞法を取り去り、主張の要旨だけを抽出すると、たとえば王丹や陳破空《ちんはくう》（在米華人ジャーナリスト。大学教員として天安門事件に関わり投獄された後、アメリカに亡命）あたりと比較すれば話の密度はかなり薄くなる。また、ウアルカイシがフェイスブックなどに投稿する政論は、少なくとも私個人の印象としてはあまり興味深いとは思えない。

しかし、実際に一対一で顔を合わせて、演説モードに入ったウアルカイシの話を聞くと、本来はあまり新鮮味がないはずの意見が一〇倍くらいのきらめきと面白さを伴って聞こえてくる。それが彼の最大の特徴だ。

「何が民主であるのかは知らなかったが、何が民主に非ざるものかは知っていた」

「われわれは責任を負い、それを果たそうとした。それは歴史により与えられた責任だった」

言葉遣いが妙にカッコよく、ワンフレーズで引き付ける。普通に聞けば鼻白むようなオーバーな表現も、絶妙なタイミングで間を置き、速度を調節して喋ることでなぜか説得力ありげな匂いをまとう。立て板に水。語り口が上手《うま》いのである。

考えてみれば当たり前だった。彼は一九八九年の春、数十万人や数百万人の中国人を言葉ひとつで高揚させて、強大な中国共産党にケンカを売る決心を固めさせてしまった男なのだ。ウアルカイシは理論家でも政略家でもないのだが、天性の扇動家だ。その才能の片鱗《へんりん》は、事件から四半世紀が経って、往年のスマートなルックスや時代の追い風といったレバレッジを失った現在でもなお、彼のなかに濃厚に残っていた。

義務を果たし終えても責任は負う

どうしても建前論に流れてしまいがちな政治の話はほどほどに切り上げ、私は王丹に尋ねたのと同様の質問をウアルカイシにも投げかけてみた。

すなわち、彼は「過去の牢獄」とどのように向き合っているかという話である。

「多くの人が死んで、私は幸運にして死ななかった。そのことの罪悪感は背負い続けている。これからも一生にわたってそうだ。一九八九年の事件の中心にいた者として、亡くなった者のことを考えることだけはやめてはならないと思っている」

まず、彼はそう答えた。口調が演説調ではなくなっている。

「あなたが現在もなお、こうした取材を受けて発言をおこなうのは、過去への責任ゆえ。生き残った罪悪感を背負っているゆえだという理解で大丈夫ですか」

「その問題に答えるのは、非常に……。慎重にならざるを得ないね。そう、つまり。私と同じように、事件の中心にいた人たちは、他にも大勢いるんだ。それゆえに……」

ここまで流れるように会話を紡いできた彼が口ごもり、確かめるように一言一言を句切って喋るようになった。

「思うのだが。……私を含めた、私の仲間たちについてだ。仮定の話だ。仮にもしも、私たちが『われわれはすでに義務を果たした』と言ったとしよう。もしそう言ったとしても、誰も私たちを批判することはできないと考えている」

「それはどういう意味なのですか」

「義務と責任は異なるものなんだよ。ここで言う義務は『社会に対して負うもの』であり、責任は『自分の内面で負うもの』だと考えてくれ。その定義の上で、義務について述べるならば、私たちはすでにそれを担い終えている。そう考えている。私だけではなくて、一九八九年のデモに参加したすべての人間が、そうだと思う」

日本ほど濃厚ではないにせよ、「世間に申し訳ない」という発想は中華圏にもある。

だが、自分たちが過去の牢獄に囚《とら》われることは、すでに世間に対する必須《ひっす》の責務としては免じられるべき段階に入っている——。というのが彼の考えだ。

「『すでに義務を担い終えた人間でも、責任は担い続けなくてはならない』。そのような意見がある。事実、私は自分自身に対してはそのように考えているんだ。だが、この言葉は当事者が自分で言うのは構わないし、当事者の両親がそれを言ってもいいはずだが、他の人間が当事者に対して要求するべきものではないとも思う」

「確かに、そうかもしれません」

「もうすこし私個人について話させてくれ。生き残ったことへの罪悪感を持つ者として、自分の内面で責任を自覚し続けることは、むしろ気を休めるという面もあるんだ。だからこそ、罪悪感に向き合ってもなんとかそれを担っていける。さもなくば押しつぶされてしまうかもしれない」

一九九〇年代に台湾に土着したウアルカイシは、間もなく二児の父となった。彼の息子たちはもうすぐ、天安門事件に参加した学生たちと同じ年齢になる。

一九八九年当時の映像をはじめ過去の報道を通じて受けるイメージよりも、現在のウアルカイシの雰囲気が柔らかくて謙虚に見えるのは、おそらく彼が家庭を持って年齢を重ねたこと無縁ではない。だが、人間性が丸くなり物の哀れがわかるようになるほど、むしろ良心は若いころ以上に痛むことになる。

「先日、王丹さんに会ったとき、おそらく同様の思いがあるだろうことは彼の表情や口調から感じました」

「そうか。そうだろうね」

「しかし、誰もが責任や罪悪感を担えるほど強くないんじゃありませんか」

「そうだ。そういう事情もよくわかる。担えなくなった人を責めるべきではないよ」

「たとえば柴玲さんも、担うことに耐えかねてしまった一人ではないでしょうか」

「…………ん」

かなり長い間、気まずい沈黙があった。表情が動かない。

女子学生リーダーの柴玲は、ウアルカイシ以上に後世の毀誉《きよ》褒貶《ほうへん》が激しい人物だ。

柴玲は一九六六年生まれ。一九八九年当時は北京師範大学大学院生で、デモ終盤に保衛天安門広場指揮部の総指揮官に就任する。間もなく「父よ、そして母よ、悲しまないでください。私たちがたとえ死んでも悲嘆にくれないでください」「わが祖国への忠誠をこのように絶望的な方法でしか表せないことをどうかお許しください」という文言で有名な、感動的な演説で話題になった（この演説が生まれた背景や、事件後の柴玲の迷走についてはノンフィクション作家・譚璐美《たんろみ》の『「天安門」十年の夢』（一九九九年、新潮社）に詳しい）。

事件後、アメリカに亡命した柴玲は現地男性と結婚してIT企業の経営者となり、しばらく運動から離れた。やがてドキュメンタリー映画『天安門』（一九九五年、米）のなかで「私たちが期待したのは流血だった」「広場が血の海になってこそ全中国人はやっと真の意味で目覚めて団結するだろうと考えていた」と発言したシーンを取り上げられたり、キリスト教福音派の信仰を得てから「私は彼ら（鄧小平《とうしょうへい》・李鵬や戒厳兵士）を赦《ゆる》す」という文章を二〇一二年に発表したりしたことで、多くの人の困惑や反発を招いている。

「柴玲さんは精神的に不安定なのだ」

とは、本書に何度か出てきた在日中国人民主化活動家の葉子明《イエヅウミン》の弁であり、彼と似た意見を述べる人は他にも多い。柴玲は近年、アメリカで中国国内の女性や子どもの人権擁護を掲げるNGOを組織している。私は本書の執筆にあたって何度か取材を申し入れたが、ついに返事はもらえなかった。

私が彼女について「天安門の元リーダーとしての責任や罪悪感を担うことに耐えかねたのではないか」とウアルカイシに尋ねてしまったのも、そうした事情ゆえだ。

「……可能吧《たぶんな》」

長い沈黙の末、ウアルカイシは一言だけ小声で短く言い放った。

ヒマワリ学運は天安門から何を学んだのか

ところで、王丹とウアルカイシは台湾に来てから、往年の彼らの運命を狂わせた事件とそっくりな出来事と思わぬ縁を結んでいる。奇《く》しくも、六四天安門事件からちょうど二五年目にあたる春のことである。

――ヒマワリ学運。

二〇一四年三月に台北で発生した学生運動だ。当時、総統の馬英九が中国と結ぼうとしていた中台サービス貿易協定に反対する学生運動グループが立法院（台湾の国会に相当）の建物を占拠し、やがて五〇万人規模のデモを組織して政府当局と交渉。ついには世論の後押しも受けてサービス貿易協定を実質的に棚上げさせ、奇跡的な無血勝利を挙げた事件である（当時、私も現地で取材しながら彼らに魅了された。拙著『境界の民』（KADOKAWA、二〇一五年）に詳しい）。

ヒマワリ学運の二人の学生リーダーは、林飛帆《リンフェイファン》と陳為廷《チェンウェイティン》といった。

林飛帆は沈毅《ちんき》な理論家タイプで、陳為廷はよく口が回るヤンチャな革命家タイプだ。それぞれキャラクターの類型としては、一九八九年当時の王丹とウアルカイシになんとなく似ており、台湾メディアにもそれを指摘する声があった。

（余談ながら、陳為廷は運動後に過去の性犯罪がバレるなどしてミソが付き、現在は活動家としての精彩を欠いているが、ヒマワリ学運当時の彼はまぎれもなく英雄然としていた。人懐っこくて豪快な性格と引き換えに欲望の自制に難がある点や、ひとつの組織に長く腰を落ち着けて活動することが苦手な点も、天安門事件後に民陣の副主席を放り出してスキャンダルの嵐のなかで沈没したウアルカイシとよく似ている）

この林飛帆と陳為廷は、いずれもヒマワリ学運の発生以前から王丹と面識があった。特に陳為廷は当時の王丹の勤務先である国立清華《せいか》大学の大学院生で、「民主サロン」にも出入りしており、王丹とは浅からぬ師弟関係があった。

いっぽう、ヒマワリの学生たちが立法院を占拠してからわずか二日後の二〇一四年三月二〇日早朝、王丹はウアルカイシとともに立法院内に入って陣中見舞いをおこなっている。当時、王丹のフェイスブックページは運動に参加する若者たちの情報交換の場のひとつにもなった。

「いったい、王丹先生はあなたに何を教えたんです？」

「そうだなあ。ううん……、別に大したことはないよ。いや……、いっぱいかなあ」

それからしばらく後の四月一日。私がある週刊誌の取材で、デモ隊が占拠中の立法院内に立ち入って陳為廷に三〇分間のインタビューをおこなった際、陳との間でこんなやりとりをしたことがある。一音一音を伸ばして「很多吧《いっぱいかなあ》」と発した声には、やや冗談めかした響きがあった。私の質問を上手くはぐらかしたのか、本当に大したことは何もないのか、どちらとも取れる返事だった。

ただ、彼らは過去の東アジアの学生運動をずいぶん研究しており、普段から台湾と交流が深い香港のみならず、中国大陸の学生活動家とすら個人レベルではコネクションを持っていた。当時の陳為廷は日本メディアの記者の取材を受けるときは「全共闘運動を参考にした」としばしばリップサービスをおこなっていたが、彼の人脈は日本人の全共闘ＯＢたちよりも王丹との関係のほうが明らかに深い。

台湾と言語を同じくする中国大陸の天安門事件について、林飛帆や陳為廷には一定以上の知識があったと考えるのが自然だ。学生が国家の中枢部（天安門広場や立法院）を占領して、その撤退を交渉材料として当局に対話を要求する手法も、天安門事件とヒマワリ学運に共通している。

いっぽう、学生運動としての天安門事件の総括は、過去に王丹がおこなっている。たとえば日本の月刊誌『現代』に寄稿した手記（一九九四年七月号。伊藤正《いとうただし》 訳）で、王丹は天安門の運動が失敗した原因を大きく以下のように分析している。

【1：思想的基礎の欠如】 一人一人の参加者が「民主や民主運動についての明確な概念」を欠いていた。結果、明確なイシューを打ち出せないまま広場の占拠が長期化し、運動方針の混乱を招いた。

【2：組織的基礎の欠如】 参加者に対するしっかりした指導の中心や指揮系統が存在せず、途中から運動が四分五裂に陥った。

【3：大衆的基礎の欠如】 学生と知識人だけが盛り上がり、一般国民（労働者や農民）への参加の呼びかけを怠った。また、政府内に存在するはずの改革派と「暗黙の連合」を組む姿勢をとることもできなかった。

【4：運動の戦略・戦術の失敗】 運動を政治目的を達成するための手段として使うという意識が薄かった。デモ参加者たちは学生運動の「純粋性」をひたすら強調し、当局への譲歩や一時後退といった柔軟な戦術を一貫して否定し、弾圧を招くことになった。

わかりやすくまとめれば、天安門の学生デモは指揮系統や要求内容を絞りきれず、具体的になにを目指すかの共通認識も欠けていた。また、国民全体から見ればごく狭い範囲のエリート（と言っても全国で何百万人もいたのだが）たちの内輪の盛り上がりにとどまり、ノンポリの一般庶民に理解を求めることを想定していなかった。さらに「ピュアな若者」というイメージで自分たちを縛り、当局という「汚い大人」を相手取るしたたかな交渉戦略を否定して、ろくな落とし所を準備できないまま国家中枢の占拠を続けてしまった――。だから負けたというわけである。的確な分析だろう。

たとえば、二〇一四年秋に香港で起きた雨傘革命（第五章参照）は、完全にこのパターンで失敗している。指揮系統や闘争方針が一本化されず、ダラダラと市街地の占拠を何か月も引き延ばしたことで経済的影響を被った一般市民の反発を招き、空中分解したからだ。

「いっぽうでヒマワリ学運は、王丹さんが以前に指摘した四つの注意点をすべて克服していて、だからこそ勝てたように思うのですが、いかがでしょうか？」

「確かにその通りです。彼らは本当に見事だったと思いますよ」

話の舞台は二〇一五年九月五日、台北市内の喫茶店に戻る。『現代』の手記を示して意見を求めた私に、王丹は素直に頷《うなず》いた。

「では、あなたはこの四点の指摘を、陳為廷ほか台湾の学生に教えたことがありますか？」

「当事者として、一九八九年の学生デモの経験や反省については言及したことがあります。しかし、この四点について特に述べたことはありませんね。むしろ『理想を持ち続けることは重要だ』といった点のほうを強調して喋ってきました」

だが、ヒマワリ学運が成功した要因が、王丹が過去におこなった天安門の総括と奇妙なほど符合しているのは間違いない。運動の指揮系統は林飛帆と陳為廷に集約され、デモ隊の主張を協定撤回のワンイシューに絞ったことで与党・国民党の支持層にすらも同調者を広げた。彼らは政府当局や与党との交渉を積極的におこなって政治的な妥協を引き出し、わずか数週間で結果を出してサッと撤退している。鮮やかすぎる手際だった。

「では、ヒマワリ学運の当時、王丹さんはウアルカイシさんといっしょに立法院に入って、学生たちになにをアドバイスしたのですか？」

「特に何も。陳為廷に会いに行っただけです。私は彼の教師ですし、彼は親しくしていた学生だった。ああいう事態のときは顔を見てやらねばという気にもなる。さして言葉は交わしませんでしたが、それで充分だったのですよ」

「でも、なにか言ったのではありませんか？」

「……いや、何も。あなたも陳為廷をご存じでしょう？　彼は自分自身の考えを持つタイプで、人の話なんて聞きません。仮に私が何かを言ったところで、大人の話におとなしく従う子ではありませんよ」

実際、王丹は精神論や運動中の当事者の心理といったソフトなことしか教えなかったのかもしれない。もっとも、仮に王丹が陳為廷にもうすこし具体的な指導をしていたとしても、現時点で記者に対して軽々しく打ち明けるような話ではないのも確かだ。

「ヒマワリ学運をおこなった学生たちは、天安門事件の経験に学んだと思いますか」

「思いませんね。私たちが一九八九年におこなった学生運動は、五四運動以来の中国の伝統的な知識人の価値観にもとづいて、国家を救おうとしたものです。しばしば指摘される『西側の影響を受けたもの』ではなかったのではないかと思っています」

「ヒマワリ学運は、中国的な知識人の伝統は継承していないのですか」

「ええ。台湾や香港はもともと西側の影響が強い地域です。ヒマワリ学運も雨傘革命も、グローバル化のなかで起きたもので、中国の伝統とは無縁です。特に台湾の場合、市民自身の間に民主化を勝ち取った社会運動の長い歴史があります。陳為廷たちの成功は、これらを体験的に知っていたためではないでしょうか」

王丹はどこまでも慎重である。

「自分の家の問題は解決できなかったが、よその家の問題を解決していた――」

「もっとも、天安門事件は結果的に、当事者ですら意図しない形でヒマワリ学運に影響を与えていたかもしれません。お話を聞いているうちに、だんだんそう思えてきました」

インタビューが終わりに差し掛かった頃、私はそんな感想を言った。王丹が「どういうことです？」と逆に尋ねた。

「つまり、後世の歴史に与えた影響ということです。八九六四の武力鎮圧が大きな国際的非難を招いたことで、その後の各国の独裁政権は、大衆運動を銃で解決する選択肢を非常に取りづらくなったのではないかと思うのです」

「確かにその通りでしょうね。しばしば『天安門事件は中国を変えなかった』という批判がなされますが、しかし『たとえ中国を変えなくても世界を変えた』とは言えるはずですよ」

天安門のデモ発生から一年後、その事例のひとつが中華圏の別の国家で見られた。一九九〇年三月、台湾（中華民国）で野ユリ学運という大規模な学生運動が起きたのだ。

当時、台湾全土の学生たちは中華民国版の「天安門広場」である台北の中正紀念堂広場を占拠し、政治の民主化を要求した。彼らは広場内でハンガーストライキをおこない、マイクを握って長広舌を振るった女子学生の一人には「台湾の柴玲」というあだ名が付いた。中正紀念堂広場の選挙地域には「民主の壁」が作られ、「民主の野ユリ像」が建ったというから、当事者たちは前年の北京の学生運動をかなり意識していたようだ。

いっぽう、当時の台湾は動員戡乱《かんらん》時期臨時条款という準戦時体制が四〇年以上も敷かれ、中国国民党の一党独裁体制が続いていた。一九八八年に蔣経国《しょうけいこく》が没したあと、開明的な李登《りとう》輝《き》が総統代行の地位にあったとはいえ、保守派との政争が激しく権力基盤は不安定だった。国民党による長年の恐怖政治を知る海外のメディアは、台北の学生運動が結果的に前年の北京と同様の幕切れを迎える可能性を書き立てた。

――だが、結果的に台北は北京にならなかった。

李登輝が学生の代表者たちとの対話を承諾し、政治改革の実行を約束したためだ。結果、学生たちはデモ発生の六日後に中正紀念堂広場から退場。この出来事を境に、現在まで続く台湾の民主化の歴史が本格的に幕を開けることになった。

風が吹けば桶屋《おけや》が儲《もう》かるような話だが、前年の北京で起きた八九六四の惨劇が、台北でデモに直面した国民党や中華民国軍の指導者たちの判断になんらかの影響を及ぼしたことは間違いない。そして、台湾の社会運動史はこの野ユリ学運の成功体験と直線的につながる時間軸の先に、二〇一四年のヒマワリ学運を迎えている。

「……もしかして天安門事件は、中華人民共和国ではなく中華民国を民主化させた事件として、歴史的な意義を持っているのではないでしょうか」

「きっと関係があるのでしょうね。それ以外の国の民主化運動に対して与えた影響も大きいはずです」

王丹はそう言ってから、すこし考えて言葉を継いだ。

「私たちは自分の家の問題は解決できなかったが、よその家の問題を解決していた――」

ウアルカイシとヒマワリ学運の関わりについても述べておこう。

彼は運動の発生まで林飛帆や陳為廷と面識はなかったが、王丹とともに占拠中の立法院に足を踏み入れ、学生たちと言葉を交わしている。

「当時、あなたは何を喋ったんですか？」

「大したことは何も言っちゃいない。よく身体に気をつけろ、あとはどの局面で切り上げるか、出口をちゃんと考えておけよって伝えただけだ。他にやったことは……。そうだ。あいつらの肩をポンポンと叩《たた》いて『頑張れよ』と言っておいた」

ウインクしてニヤッと笑ってから、大きな手で自分の肩を叩いてみせる。

「二五年前にな。私や王丹があの連中と同じことをやったときのことを思い出したんだ。(劉暁波《りゅうぎょうは》をはじめ) たくさんの大人がいろいろなアドバイスをしたけれど、私たちは何も聞きやしなかった。あのとき、当事者としていちばん励まされたのは、周囲にあれこれと何かを言われることじゃなくて『黙って肩をポンポン』だったんだ。だから、自分でもそれをやってみたのさ」

やがて、彼に肩を叩かれた若者たちは勝利をおさめた。

それまで馬英九政権下で大胆な対中傾斜を進めつつあった台湾は、ヒマワリ学運で刺激を受けた民意を背景に国家の方向性を変え、二〇一六年に蔡英文《さいえいぶん》を総統に選出して再び中国大陸と距離を置きはじめる。これによる経済停滞について蔡英文政権への批判の声も大きいとはいえ、同じく中国に飲み込まれかけている香港とは、決定的に異なる道を歩むことになった。

結果、両岸問題の解決に並々ならぬ関心を示してきた北京の習近平《しゅうきんぺい》政権は、台湾の「変節」によって面子《メンツ》が潰《つぶ》れ、大いに歯嚙《はが》みをすることとなる。習近平はもともと台湾対岸の福《ふっ》建《けん》省での勤務経験が長く、国民党名誉主席の連戦《リエンチャン》など台湾側の要人との関係も深い。二〇一三年に政権を握った彼の、当初の最大の目標は両岸の統一だったはずなのだ。

人間の運命はあまりにも皮肉である。

一九八九年の春、天安門のデモに熱狂した中国全土の数百万人の若者は、紛れもなく時代の中心にいた。なかでもリーダー級の学生たちは、五〇〇〇年にわたる悠久の中国史にその名を残すほどの、歴史の主役になった。

だが、彼らはやがて戦車と銃弾に蹴散《けち》らされて心身に深い傷を負い、人生を大きく狂わせた。空前の盛り上がりを見せたデモは祖国の民を救わず、中国の歴史を異なる方向へ導くこともできなかった。リーダーたちの亡命先のアメリカや台湾では多額の寄付が集まり、政府機関もお金をくれるため、一時は贅沢《ぜいたく》をする者も多かった（往年のウアルカイシはもちろん、王丹をはじめ他のリーダーにもカネにまつわる噂はゼロではない）。

デモの元参加者である一般学生たちも、当初こそ怒りの声を上げていたが、間もなく一人二人と脱落していき、やがて当時の主張を真面目に繰り返す人はほとんどいなくなった。

いっぽう、時代の表舞台から滑り落ちた王丹とウアルカイシは、カネも影響力も減り、やがて漂泊の末にもうひとつの中華圏の国家・台湾に流れ着いた。現地では地に足の着いた生活を送り、台湾に馴染むようになった。

ただ、中年を迎えた二人の男がそれなりの自己実現を果たした新天地の、自由で民主主義的な社会とは、皮肉にも過去の彼らの敗北を踏み台にして実現されたものであった。

——そして、八九六四から二五年後。

いまや完全に歴史の傍流に埋もれた王丹とウアルカイシは、現地の学生運動と不思議な縁を結び、過去の経験知を少しだけ分けてあげたところ、運動の勝利にいささかの貢献を果たしてしまった。それは、彼らがこの四半世紀を通じて必死で取り組んできたあらゆる行動や言論活動よりも、はるかに効果的なしっぺ返しを中国共産党の指導者に食らわせるものであった——。

悲劇と喜劇は紙一重だ。残酷で意地が悪い運命のいたずらを前に、私は果たしてどのような感想を抱けばいいのか。

あまりにも早すぎる時期に一生のハイライトを迎えた後も、人生はずっと続いていく。

そして、生きて同じ道を歩んでさえいれば——。

放棄《やめ》ることさえなければ、若き日の思いの一部が奇妙な形で報われることもある。

ひとまず、そんな教訓らしきものだけは得られるのかもしれない。

終章

未来への夢が終わった先に

言論の自由を求めるプラカードを首から下げる学生たち。かつての要求は実現したのか、していないのか。

目立ちたがり屋たちの「天安門ジャック」

——つまらないどころの話ではない。本日の責任者、出てこい。

二〇一六年六月三日、明治大学リバティタワーの講演ホール。壇上では白髪の日本人男性が喋《しゃべ》り続けている。このN氏はもうすぐ七〇歳になる通信社の元記者だという。

「僕はねえ、むかしね、台湾の美麗島《びれいとう》事件も韓国の光州《こうしゅう》事件も現場で取材したんです。フィリピンのピープルパワー革命も取材したことがありますよ僕は。そこでねえ、僕がね、僕が思うことは——」

壇上には「天安門《てんあんもん》事件27周年記念　元民主化運動リーダー王丹《ワンダン》氏講演会」と大書された看板。だが、N氏の〝講演〟時間は王丹のスピーチの時間をゆうに上回り、しかも天安門と関係がない話が多い。「僕はね」という主語の連発に、司会者が困惑した表情を浮かべている。

おそらく留学生だろう。私の左側の席に中国人の女子学生二人が座っていた。彼女らは当初、冷やかしと怖いもの見たさがない交ぜになった様子で王丹の話を聞く興奮をささやきあっていたが、いまや冷め切った顔で散会後の夕食の相談をはじめている。

N氏はさんざん喋り続けた後、聴衆と王丹の質疑応答に入りかけた司会者を再び遮った。

「あのですね、いまから特別にですね。僕の知人を紹介したいんです。彼はカメラマンのI

さんで、最後まで天安門広場に残ったメディアの人間でしてね。王丹さんよりも遅くまで残っていたのかな。ははは」

丸刈りの中年男性が壇上に登る。事前の予定になかったらしく、司会者が戸惑っている。

「Iさんはね、僕の知人なんですよ僕の。当時の取材の話をしてもらいましょう」

それからN氏はなんと、延々と三〇分間もI氏に話をさせた。I氏は一九九〇年に出版したという自身の著書まで持ってきて、得意げな顔でそれを示してみせる。

会場のあちこちでため息が漏れた。なぜ王丹の講演会にやってきて、中国問題の専門家ですらない無名の報道カメラマンの、大昔の手柄話を聞かされなくてはならないのか。

中国人の女子学生たちが、ついにスマホのパズルゲームで遊びはじめた。中国民主化運動が次世代の支持者の獲得に失敗した、リアルタイムの瞬間である。

結局、合計二時間の「王丹氏講演会」のうち、本人の話は質疑応答を含めても一時間足らず。それも通訳を介しているので、実質的には三〇分ほどしか喋らずに終わってしまった。

「事情はよくわかりませんが、N氏やI氏は別の人が声をかけて連れてきたみたいです。あんなひどいことになってしまって――」

後日、招聘《しょうへい》に関係したはずの民主化活動家・王戴《ワンダイ》（第四章参照）に電話をすると、そんな話があった。

袋小路に入った社会運動にありがちな話だ。小粒な関係者たちが多数出入りしたため、船頭多くして船山に上る状況。ゆえに王丹の知名度にタダ乗りしたい変な人たちにイベントを乗っ取られたらしい。

王丹は同年六月五日にも講演会を開いたが、こちらでもさまざまな中国人活動家が（さすがにアポなしではなかったが）壇上に上がり、統制が取れぬままバタバタと閉幕した。

――天安門事件は、もはや風化も極まれりである。

往年の世界を沸かせたスーパーヒーローは、もはや有象無象の目立ちたがり屋たちが売名に利用する程度の値打ちしかなくなった。イベントのたびに変な人たちが跋扈《ばっこ》するほど、まともな記者や学者は距離を置く。たまに事件に興味を持った若い中国人も、イケていない雰囲気を感じ取って離れていく。

これは日本のみならず中国でも同様だ。

「現在、中国で声を上げる維権人士《ウエイチユエンレンシー》（人権活動家）の七割は、かつて天安門広場にいた人たちやその仲間なのです」

王丹は明治大学の講演でそんな話もしている。逆に言えば、中国国内の活動家は世代交代が進まず、天安門世代の後に続く人は少ないということだ。とはいえ。

「私は理想主義者ではありません。しかし、仮に民主化の実現が難しいとわかっていても、これは正しいことであるのだから、やり抜く勇気を持って、私はやっていきたい」

前年九月の私の取材時と違い「勇気」という情緒的な単語を口にしたのは、聴衆を意識したためだろう。出席者の九九パーセントがうんざりしていた講演会でも、彼は大勢の前で「疲れた」とは決して言わない。

事件が風化しても、後継者がいなくても、自分が売名の道具に利用されても放棄《やめ》ない。変わらない。

王丹は相変わらずそんな役目を背負う人生を歩んでいる。

変わる意見と変わる人生

だが、他の天安門世代の中国人の多くは「変わる」ことを選ぶ。

前章までに収録し切れなかった人たちの姿も、最後にすこし紹介しておこう。

18 趙天翼（仮名）

事件当時20代なかば、在日中国人留学生　取材当時50代、大学教授
「八九六四」当時の所在地：日本国　東京都内
取材地：日本国　東京都小川町の喫茶店
取材日：2015年6月

「学生運動は、しょせんは子どもの政治ごっこ。要求ばかりで現実味がない。天安門のデモをやった学生をぶん殴りたいとすら思う。ああいう運動を抑え込まないと中国は駄目になる」

「もちろん武力で鎮圧するのは絶対によくない。ただ、放水でも煙責めでも、他の方法で鎮圧すればよかったんだ。香港《ほんこん》の占中《チヤンヂヨン》（雨傘革命）を潰《つぶ》したような方法を取るべきだった」

現在は中国北部の某大学で教鞭《きようべん》を執っている趙《ヂヤオ》天翼《テイエンイー》（仮名）はそう吐き捨てた。

一九八九年当時、彼は日本に留学中。初期の段階では北京《ペきん》のデモを愛国運動かもしれないと感じたが、間もなく「嫌悪感を覚えた」と話す。日本のテレビや新聞でニュースを追ってはいたが、運動へのシンパシーはまったくなかったという。

「天安門事件の最大の成果は、学生リーダーたちを国外に追い出せたことだ。あの時点でそれをやったから、中国は成功できた。いま中国国内にいる五〇代の知識人の九割以上は、私

と同じ意見のはずだ」

……と、趙は言う。これもまたひとつの立場だ。

もっとも彼は、私が話を聞いたなかで最も警戒心が強い人物だった。共通の知人の紹介で、いちど都内で夕食を共にしてから日を改めて会ったのに、取材の前に「あなたは何でメシを食っている人間なのか」「なにか（政治的な）背景があるのか」といったことを執拗《しつよう》に気にしてみせた。また、生年月日や出身地を私に細かく明かすことすら避けた。

趙は日本で学位を取っており、日本国内で働いたこともある。この国の社会や日本人の政治性の希薄さはよく知っているはずだ。そんな人物が、初対面でもない私と安全な東京で会ったにもかかわらず、ここまでの警戒を示すのはやや異様な印象すら受けた。

もしかして、一九八九年当時の彼の考えや行動は、現在の言葉とは一八〇度違っていたのではないのか――？　そんなことも想像してしまうが、真相はうかがい知れぬことだ。

ただ、現在はビジネスで成功したり社会的地位があったりする人ほど、かつての自分の姿を「黒歴史」として隠したがる傾向が強いことは、本書のなかでも見てきた通りである。

19 呂秀妍（仮名）

事件当時27歳、黒龍江省某大学講師　取材当時53歳、出版関連業
「八九六四」当時の所在地：中華人民共和国　黒龍江省某都市
取材地：日本国　関東地方某都市のショッピングモール
取材日：２０１５年３月

いっぽう、趙天翼を紹介してくれた在日中国人女性の呂秀妍《リュイシュウイエン》（仮名）は、名前こそ非公開とはいえ、いざ取材するとオープンになんでも話した。かつての彼女は、旧満洲《まんしゅう》のある大学の若手講師だった。

「当時、大学教員として立場上はデモ隊の監視を命じられていましたが、心情的には学生の主張に反対していなかった。むしろ、彼らは正しいと感じていましたね」

もっとも、一九八九年の黒龍江省《こくりゅうこう》は辺境だけに北京の情報が入らず、デモ学生たちは牧歌的で誰もイデオロギーを深く考えている様子はなかった。デモは六月四日を過ぎると自然消滅的になんとなく終わり、大部分の参加者は責任を問われなかった。呂自身、数年後になるまで北京の武力鎮圧を詳しく知らなかったというから、かなりフワフワした八九六四の体験である。

だが、それでも事件は呂に影響を与えた。一九九一年に日本で暮らしはじめてから隠れ中

国民主化シンパになり、『民主中国』など当時の民主派の雑誌をむさぼり読むようになったのだ。「それから一〇年くらい、日本は素晴らしい民主主義国家で中国はダメな独裁国家だと考えていた」という。

しかし、彼女の認識は二一世紀を迎えてもう一度変転する。

「そこそこ人権が保障された法治社会で、経済が発展するなら、政治体制が独裁的でも別にいいと考えるようになりました。特に社会に自由な雰囲気があった胡錦濤《こきんとう》時代は、共産党の統治を支持してもいいと思っていたんですよ。現在の習近平《しゅうきんぺい》はやりすぎですから、問題が多いと思いますが……」

日本という「素晴らしい民主主義国家」はずっと不景気で、国際的な競争力も人々の生活水準も衰退するばかりだが、民意が選んだはずの政府は問題を解決できず、的外れで非効率的なことばかりしている。いっぽう、「ダメな独裁国家」であるはずの中国は経済規模で日本を追い抜き、いつの間にか日本に代わりアジアの顔になった。仮に天安門の学生デモの要求が容《い》れられて中国の体制が変わっていれば、現在の祖国はこれほどうまくいっただろうか。

「日本の民主と中国の独裁、半分半分くらいの社会が理想だと思えるんですよね」

多くの天安門世代が認識を変えたターニングポイントは、過去に何度か存在したようだ。

最初は鎮圧直後の当局による「学生デモは西側の謀略」だとするプロパガンダ、次にソ連や東欧の社会主義圏の崩壊、さらに一九九〇年代なかばの元学生リーダーたちの没落や在外民主化運動組織の分裂、そして中国の未曾有《みぞう》の好景気である。だが、それでも諦《あきら》めなかった人たちを大量に「転向」させたのは、二〇〇八年の北京五輪だった。

民主化を望むような中国人は、なんだかんだ言って本当は祖国が大好きだ。ゆえに中華民族が力をつけ、中国が国際社会において重きをなしていく事態は、やはり心から嬉《うれ》しくなってしまう。

祖国の民主化と、祖国が強くて豊かで立派になることのどちらにより重い価値を置くか。北京五輪の開催でそんな二択問題を突きつけられると、後者を選ぶ人がずっと多かった。呂もまたそんな一人だったのかもしれない。

20 サンギェ・ドゥンドゥプ（仮名）

事件当時20歳前後、青海民族大学学生　現在消息不明

「八九六四」当時の所在地：中華人民共和国　青海省西寧市（チベット　アムド地方）

少数民族の場合は中国の民主化とは別の目的のほうへ「変わる」人もいる。

チベットのアムド地方のチェンツァ（青海《せいかい》省黄南チベット族自治州尖扎《ジェンヂャー》県）出身のチベット人、チュイデン・ブンは一九七三年生まれ。天安門事件の当時は高校生で、地元のデモ（辺境のチベット圏でも複数のデモがあった）をよくわからないまま眺めただけだった。同年一月、村で弓の練習をしていたときに聞いたパンチェン・ラマ一〇世の示寂《じじゃく》の知らせのほうが、当時のチュイデンにはずっと大事件だったという。

天安門世代に該当するのは、彼の隣の家に住んでいた数歳年上の兄貴分、サンギェ・ドゥンドゥプ（仮名）だ。村で最初に大学進学を果たしたエリートだった。

「あの春、青海民族大学に在学していたサンギェは、他の何人かのチベット人学生とともに西安《せいあん》まで運動の応援に出かけたが、途中の蘭州《らんしゅう》で阻まれて引き返したようだ。なにか大きなことをやろうとしていたのだろう。その後、村で彼から学生運動の話を聞いた記憶がある」

チュイデンはそう話す。一九八九年の春、青海省のチベット人学生たちも北京の運動に呼応してデモを起こしていた。当時の彼らは、中国の領域内にいる少数民族（＝広義の「中国人」）として、あくまで中国国家の体制改革を求めて声を上げていたらしい。チベットだけではなく、新疆《しんきょう》ウイグル自治区のウイグル人や、内モンゴル自治区のモンゴル人の学生たちも同様だった。

だが、八九六四の鎮圧が起きた後、チベット人学生運動家・サンギェは「中国人」であることをやめた。

彼は大学を離れてしばらく行方がわからなくなり、数年後に村に戻ると急進的なチベット独立主義者になっていた。インドに渡り亡命チベット人と接触していたらしい。

「一九九三年ごろ、サンギェは家に大量の文書を隠し持っていて、十数人の仲間といっしょに公安に逮捕された。これは人民解放軍の内部文書で、中国の対インド軍事行動シミュレーションの部隊配置や使用武器、民兵動員のノルマなんかが記されていた。中国側の軍事機密をインドに流すことで、チベットの独立に役立てようと考えたようだった」

逮捕されたサンギェは、釈放後もながらく公安の監視下に置かれた。他に逮捕された十数人の同志たちは拷問によって「人間として使いものにならなくなった」という。

だが、やがてサンギェは不思議なことに羽振りがよくなり、何か月間も村を留守にすることが増えた。彼が中国の逆スパイにさせられ、インドやネパールの情報を収集しているという噂が流れた。

「私自身、村で彼と話していて、スパイの噂は事実だと思った。ただ、彼がそんな自分につらさを覚えているだろうことも感じた。本心では大きな葛藤《かっとう》があったようだった」

やがて中国の公安が彼を「切った」らしく、サンギェの暮らしは再び傾いた。彼は鬱々《うつうつ》として楽しまない毎日を送り、二〇〇九年ごろにふっと村から消えて、それからの消息はわからないという。ネパール方面へ流れて行ったとの噂もある。

　サンギェの人生もやはり、一九八九年の学生運動をきっかけに一変したのだ。

　現在、天安門世代のチベット人やウイグル人には、中国国家の一員として体制の改善を望むことをやめ、自分の民族の独立や自治を求める考えに転じた人がめずらしくない。

　一九八九年当時、中国の体制は現在以上に社会主義的だったが、反面で「民族大団結万歳」という建国当時のスローガンがまだ一定の現実味を持っていた。そのため少数民族のエリートには、自分を中国人だと考えて天安門のデモに同調する動きも多かった（ウイグル人のウアルカイシはその代表選手だ）。だが八九六四の鎮圧の後、中国共産党は社会主義の代わりに「中華民族の復興」というイデオロギーを前面に出すようになった。

　この「中華民族の復興」は、漢民族の民主化シンパたちを転向させるのには効果的だったが、反面で少数民族を多数派の漢民族に同化させる圧力を強める結果も生んだ。ゆえに現在、チベット人やウイグル人の間では反発が強まり、中国の民族問題は非常に深刻な状況にある。

　結果、少数民族出身の天安門世代たちもまた、中国の民主化については冷ややかになる人が多く出た。第五章で紹介した香港とやや似た図式というわけだ。

21 李建陽（仮名）

事件当時25歳、米国留学中　取材当時54歳、在米民主化運動家
「八九六四」当時の所在地：中華人民共和国　北京市内
取材地：日本国　東京都内のマリオットホテル、ペニンシュラホテル
取材日：２０１７年11月、12月

「中国の民主化などはファンタジーだ。そう、ただのファンタジーだよ」

私の目の前で、白髪に太鼓腹のアメリカ人の男がレッドブルをがぶがぶ飲みながら言い放った。彼の名はスティーブン・バノン。右派系ニュースサイト『ブライトバート・ニュース』を率いてアメリカのオルタナ右翼たちを操り、トランプ政権を誕生させた影の軍師だ。彼は二〇一七年夏にホワイトハウスを離れ、やがて翌年一月にトランプから完全に縁切りをされているが、私が雑誌『ＳＡＰＩＯ』の仕事で取材をおこなった時点では、まだ政権と一定のつながりを維持していた。

労働者階級の出自から叩《たた》き上げでハーバード大学ビジネススクールのＭＢＡを取得したバノンは、その政治的思想はともかく、人文学的な教養と知性を豊かに持つ知識人である。そして、中国脅威論者である彼に「民主化を支援することで中国を牽制《けんせい》するという考えをどう

思うか？」と私が尋ねたところ、冒頭のような答えが返ってきたのだった。

「中国は四〇〇〇年の歴史を経ても何も変わりはしなかった。近代史においても、アヘン戦争から太平天国の乱、日清《にっしん》戦争に義和団事件、そして国共内戦を経ても文化大革命を経ても、中国は変わらなかった。今後も、短期間で中国に民主主義が根付くなんていう意見はジョークとしか思えない。おふざけだ《kidding》」

この意見には私もほぼ異論がない。すくなくとも今後の数十年、習近平が権力を失って中国で内乱が起きる可能性はあっても、中国の民主化がまともに実現する可能性はほぼゼロに近いだろう。

だが、民主化活動家やそのシンパたちは、この「ファンタジー」を夢見て人生を賭《か》けてきた。

そこで私が気になったのは、取材中の室内に控えていた、バノンに仕えている人物の存在である。

――李建陽《リイジエンヤン》（仮名）。

在米民主派の中国人団体のなかでも強い影響力を持つ某組織の主宰者だ。若いころ、数学にズバ抜けた才能を発揮した彼はアメリカの名門校に大学院生として留学。だが、直後に母国の首都で発生した学生デモを聞きつけ、急遽《きゅうきょ》帰国した過去を持つ。バノン取材の前月に日本国内で会ったときは、こんなことを話していた。

「北京に戻ったのは五月だった。私はもともと北京師範大学の教員だったから、（当時の同僚の）劉暁波《りゅうぎょうは》ともよく会っていたし、（同校の学生だった）ウアルカイシも知っている。八九六四の虐殺があったときは、西単《シーダン》の六部口《リョウゴーコウ》にいた。戦車に人間が轢《ひ》かれて死ぬ光景もこの目で見たとも」

第四章の凌静思《リンジンスー》の母が入院していた病院の近くだ。

「私はパスポートとアメリカのビザを持っていたから、鎮圧の発生後に数日間北京の郊外で身を隠してから、空港に急いで向かってアメリカへ戻った」

もともと数学者だった彼は、デモと弾圧に直面して政治に関心を持つようになった。アメリカに戻ってからは専攻を変え、ハーバード大学で政治経済学の博士号を取得している。

天安門関係者には、たとえ国外に亡命していても英語がさほど上手ではない人も多いが、李建陽の英語は一級品だ。そのため、彼はやがてアメリカでロビイストに近い活動もするようになった。他の人に聞いたところでは、李建陽はかつて学生遺族の親たちからなる天安門母親運動の主宰者の丁子霖《ディンヅウリン》にノーベル平和賞を授与するロビー活動にも関係したらしい。結局、二〇一〇年の平和賞は獄中の劉暁波に与えられたが、賞が天安門関係者に与えられた時点で、彼がそれなり以上の周旋能力を持っていたことを想像させる話だ。

そんな李建陽と仲間たちが近年になり猛アプローチを仕掛けたのが、トランプ政権誕生の黒幕だったスティーブン・バノンである。

李建陽たちはバノンを、彼らが主催する中国民主化関連集会に呼んで講演させるなどして歓待。二〇一七年一二月のバノン来日は、日本で開催された保守系イベントへの出席が目的だったが、李建陽たちは同行してバノンのスケジュール管理など事実上の秘書役を務めていた。

思想の根底では白人至上主義的な考えを抱いているかとも思われるバノンが、中国人ばかり引き連れて来日しているのはちょっと奇妙な光景でもあった。

とはいえ、李建陽が仕えるバノンは中国民主化運動の味方なのか。答えはもちろんノーだ。

「中国の民主化などはファンタジーだ」

バノンに目の前でそう言われても、同室内にいた李建陽の様子はほとんど変わらず、取材後に笑顔で私を送り出した。自分の後半生をまるごと否定するような言葉を聞いても、さして意に介していないらしい。

バノンはトランプの選対本部長として、二〇一六年の大統領選でフェイク・ニュースやマイノリティ叩きやエスタブリッシュメントに対する嫉妬《しっと》の扇動といった、悪しきポピュリズムを駆使した。いわば民主主義のエラー部分をハッキングしてトランプを勝たせたようなものだ。また、バノンは二〇一七年八月に公職を辞任した後も同年末ごろまで、トランプとの個人的な友人関係から政権に影響力を持ち続けたが、これも「民主的」な権力行使とは言えない性質のものだろう。

いくら現政権への太いパイプだとしても、アメリカの民主主義をなによりも軽々しく扱った張本人を持ち上げる戦略は、果たして中国の民主化運動とやらに本当にプラスになるものか。

李建陽は現在でも活動家であり、公には中国の変化に期待をつむぐ発言を続けている。彼の表向きの姿勢は、八九六四の時代から変わっていない。だが、亡命先のアメリカで国籍を取得し、その政治に容喙《ようかい》するなかで、知らぬ間になにか重要な価値観が「変わった」人物だと言えるのかもしれなかった。

新天地への適応を望み、現地でも国家主義的と見られる陣営に接近する傾向は、やはり一部の天安門世代の間でままあるパターンだ。最後にもう一人、そんな人物を紹介しておこう。

22 石平

事件当時27歳、在日中国人留学生・神戸大学大学院修士課程学生　取材当時55歳、評論家
「八九六四」当時の所在地：日本国　関西地方
取材地：日本国　大阪市北区の中華料理店など
取材日：2018年1月4日、2月21日

「あなたの地元は滋賀県の東近江市《ひがしおうみ》ですか。蒲生郡《がもう》のあたりに渡来人が多かったところですね」

初対面の雑談のなかでそう口にしたのは、元中国人（すでに日本に帰化）で評論家の石平《せきへい》だ。

「そうです。百済寺《ひゃくさいじ》ですとか鬼室《きしつ》神社ですとか。ほかに近所に秦荘《はたしょう》という地名もあります。渡来人の荘園だったたんでしょう」

「東近江市の太郎坊宮《たろうぼうぐう》には行ったことがありますよ。山の中腹にお宮があってね――」

本人への失礼を承知で言えば、すこし驚かされた。近年の彼の著書の題名やＳＮＳでの言説などから受ける先入観から、こうした穏やかな会話をのんびりとできる人間だとは思っていなかったからだ。

四川《しせん》省出身の石平は一九八八年に日本に留学。二〇〇二年に著述家としてデビューした。

彼の著作は当初からピリッと辛味の利いた中国論が持ち味だったが、いわゆる「反中本」がヒットするようになった二〇一〇年前後から『「全身病巣」国家・中国の死に方』（宝島社）、『なぜ中国人にはもう1％も未来がないのか』（徳間書店）、『世界征服を夢見る嫌われ者国家中国の狂気』（ビジネス社）……と、「辛味」どころではない題名の書籍を刊行することが増えた。近年、ツイッターでは百田尚樹《ひゃくたなおき》ら右派系の識者の投稿をしばしばリツイートし、自身もいわゆるネット右翼に受けがよさそうな投稿をおこなう例が少なくない。近年は保守系のシンポジウムなどでも常連の登壇者だ。

——だが、実は石平の素顔はそれらだけから量れるものではない。

「石平さんの『石』という中国姓は珍しいですね。私は石達開《せきたつかい》（太平天国の将軍）くらいしか知りません」

「ほかには石虎《せきこ》（後趙《こうちょう》の皇帝）や石敬瑭《せきけいとう》（後晋《ごしん》の皇帝）あたりかな。いずれにせよ、『石』というのはもとは漢族ではなかった民の姓ですから、私の先祖も大昔は異民族なんでしょう。石達開にしてもチワン族だという話があるし」

「石平さんのご先祖の伝説はないんですか？」

「ははは、ないなあ。ずっと四川省にいたらしいんですが。ただ、四川省は張献忠《ちょうけんちゅう》（明《みん》末の群雄。蜀《しょく》で住民を大虐殺した）が入ってきた際にいちど住民が空っぽになったから、おそらく先祖はその後に北方から流れてきた移民です」

石平は、文革直後の一九八〇年に一八歳で北京大学の哲学系に入学したという、同時代の中国人のなかでは驚異的な高学歴の持ち主である。来日後も勉学に励み、神戸《こうべ》大学の博士課程を修了。本書の登場人物のなかでも、実は王丹の向こうを張れるほどの超エリートだ。

「安田さんは論文を書かないの？　ジャーナリズムもいいけれど、学問はいいもんですよ」

「両立は難しいですよ。内藤湖南《ないとうこなん》（二〇世紀前半、ジャーナリストから京都帝大教授となり京大東洋史学の泰斗となった歴史学者）みたいにはいきません」

「内藤湖南かあ。ああ、それは確かに高い山ですねえ」

こんな話をポンポンとできる人は、日本生まれの日本人でもあまりいない。ツイッターでわが国の「保守ムラ」の住民として振る舞っているかに見える帰化日本人の評論家「石平太郎《せきへいたろう》」（@liyonyon）と、該博な教養と論理的思考力を持つ中華知識人「石平《シイピン》」は、彼の内部にある別々の顔なのだろう。私は彼と出会ってから自分のなかに感じたギャップをひとまずそう納得することにした。

一九八九年、日本留学中に母国の学生運動に刺激を受け、民主化の未来を夢見て青春の思いをたぎらせたのは、「石平《シイピン》」としての石平だった。

「一九八九年のデモ当時の写真は一枚だけ残っている。旗を持っているのが私。その近くにいるのは、若いころのM（在日中国人作家、関西方面の大学教授）なんです」

もとは毛沢東《もうたくとう》礼賛教育を受けて育った石平は、一九八〇年代に大学生活を通じて文革の実態を知り、傷痕《しょうこん》文学（一九七〇年代末に中国文壇を風靡《ふうび》した文革の悲惨さを描く小説群）を読みふけるようになった。哲学専攻だった彼はやがて、ルソーやロックの思想にはまりこみ、同級生と民主主義中国の建設についての「書生論」を散々に戦わせた。

卒業後に四川省の某大学の助手になってからも学生に民主化議論を吹っかけ続け、やがて学内の党委員会に睨《にら》まれて居心地が悪くなった。そこで思い切って日本に留学した。若いころの石平の経歴は余明《ユイミン》（第二章参照）や呂秀妍に近いが、彼らよりずっとアクティヴな民主化青年だったらしい。

北京で学生デモが起きたのは、日本語学校を経て神戸大の大学院修士課程に入った春のことだ。当時、関西にいた中国人留学生たちはまたたく間に連帯組織を作り、大阪の中国領事館にデモを仕掛けるなど盛んに活動をおこなった。京大・阪大・神戸大のエリート留学生が揃った組織のなかで、政治好きで筆が立つ石平が相当活発に動き回ったことは想像に難くない。

「あのころ、関西で一緒に運動をやっていた留学生仲間は、みんな転向しちゃっていますよ。

中国国内で大学教授になったやつもいるし、金持ちになったやつも多い。共産党の幹部になったやつも結構います」

彼が八九六四の鎮圧に相当な憤りとトラウマを抱いていることは、初期の著作からも強く伝わる。

ただ、青年時代の九年間をいろどった民主化の夢が最悪の形で破れ、大学時代に共に議論した中国国内の友人数名が犠牲になった事件は、石平のなかの何かを壊した。中国の未来に心から絶望し、代わりに別の理想を求めた結果、彼のアイデンティティは大きく変質しはじめた。

石平は日本の保守論壇の常連になった後の二〇一二年にも、リベラルな中国文学者で劉暁波との親交も深い劉燕子《リウイエンツ》との共著で『反旗』（扶桑社、二〇一二年）という本を書いている。内容に中国脅威論や日本の愛国主義の色は薄く、硬骨な文体で中国民主化運動史をがりがりと描いたストイックな書籍だ。

しかし、『反旗』のまえがきにはこんな記述もある。

私自身にとって、かつての祖国だった中国に絶望した後、全身全霊で日本という国に惚れてその国民の一員となったことは運命の定めであるとは思う。

彼ら（筆者注・中国民主化活動家）を題材とする本書を書く中で、私は常に深刻に思って、そして深刻に思い悩んだことが一つある。それはすなわち、かつては共通した理想と夢を分かち合った私と彼らとの間では、今後は果たして未来というものを共有できるのか、私の志すものと彼らの目指すものは果たして共通した目標となりうるのか、ということである。

他の同世代の中国人たちとは異なり、石平は大人になっても八九六四への怒りや中国共産党に対する反感を変えず、新天地・日本での言論活動を志した。

だが、空っぽになった器《うつわ》は別のなにかで満たされなくてはならなかった。そこに近年の日本のナショナリズム・ブームや反中国的言説を歓迎する出版業界の商業的需要といった変数も絡まって、いつしか彼の後半生は現在の場所へと導かれることになった。

後日、あらためて彼と会った際はこんなやり取りもあった。

「ご経歴から考えて、石平さんはナショナリズムの限界も危うさも全部理解していますよね」

「その通り。もちろん理解しています。しかしながら、ちょっと語弊のある言い方になるけれど、私が日本の愛国者になったのは、ある意味では『自分のため』であった。自分の帰属感を満たすためだったとも言えるのです」

日本人となった石平の新たな人生は、かつて母国の改革に燃えた民主化青年の姿を、歳月を経るほどに塗り替えていく。さらに尋ねてみる。

「ツイッターの『石平太郎』さんと、こうしてお会いしている石平さんって、同じ人ですか？」

「ひどいなあ、同じ人ですよ。……そんなに違うかな？　違わないでしょう」

「違うと思いますよ」

「まあ、ツイッターはつぶやき、感想ですね。本格的な論説とは違います」

私はこの先も、彼ともっと深く語り合う機会を得てみたいと思っている。

語り合う相手はもちろん、ＳＮＳの暴れん坊・石平太郎さんのなかに現在も息づいている、敬愛すべき八九六四世代の知識人・石平《シイピンシエンション》先生だ。

「中国の未来」を担う世代よ、さようなら

——ここまで、八九六四をキーワードに膨大な数の中国人の人生を眺めてきた。

事件への関わり方もその後をどう生きるかも、彼らはまさに十人十色。あまりにも個性豊かだ。

しかし、一見バラバラに見える天安門OB・OGたちにも、ひとつの最大公約数的な共通点がある。

それは「自分が中国の未来を担って変えてやるのだ」という妙に気負った感情を、少なくとも一九八九年の時点では誰もが持っていたように思える点だろう。これは一昔前まで、中国の知識人の間で伝統的に受け継がれてきた考え方であった（第三章で登場した姜野飛《ジャンイエフェイ》やマー運転手は知識人出身ではなかったので、現代になって周回遅れでそれをマネしたのである）。

「僕は将来、中国の指導者になりたい」

たとえば若いころのウアルカイシなどは、そう豪語していたと聞く。


だが、二〇歳やそこらの若者が本当に中国を担えるかといえば、それは難しい。

世界の果てまで自分の力で飛べると思っていた孫悟《そんご》空《くう》は、実際は身の丈相応の場所をぐるぐる回っていたにすぎなかった——。ちょっと意地悪に言えば、八九六四後の彼らの人生とは、各人各様の方法と段階を踏んでその事実に気づくプロセスだったという見方もできる。

ただし、かつての辛亥《しんがい》革命も日本の明治維新も、この手の気負った孫悟空たちが暴れ回って本当に歴史を変えた事件だ。若い時期の万能感ゆえの空回りは、あながち一笑に付していいものではない。

むしろ興味深いのは、私が見る限り、天安門世代よりも年下の中国人の多くにこの手の気負いが非常に希薄であることだろう。たとえ大学生や知識人であってもそうなのだ。

現在の二〇〜三〇代の中国人には、天安門世代を「独特の考えを持つ人たちで、理屈っぽくて面倒くさい」と敬遠する傾向も見られる。デモ隊が求めた目標は違うとはいえ、往年の日本の全共闘世代とその後の世代のギャップにやや近い構図があると言えるかもしれない。

天安門世代が学生のころまで、「中国の未来」は個々人が担うことができる（と勘違いできる）ほど身近な存在だったが、いまやそうではなくなった。

ゆえに彼らよりも若い中国人が国家に対して取る選択肢は、巨大な体制に積極的に協力するか、もしくは関心を示さずに距離を置くかであり、公然と体制を批判して改善を働きかける行為は——。すなわち、わざわざ面倒な思いをしてまで「中国の未来」を担おうとする行為は、考慮の外となっている。

先進国になった台湾や韓国で学生運動がいまだに強いことを考えると、こうした若者の従順さやシラケ現象は、中国の社会の成熟や高等教育の大衆化（大学進学率の上昇）によって生まれたわけではない。過去の学生運動の挫折《ざせつ》体験が強すぎるからなのだろう。やはり、日本と似た部分がないともいえず、この点は日中両国の社会における意外な共通点かもしれない。

――今年もまた、八九六四から二九回目のあの日を迎えようとしている。

かつて現代中国史上で最大の事件に直面した人たちの日常は、今日も淡々と続いていく。

大志を抱いた孫悟空の人生は、実は筋斗雲《きんとうん》を降りてからのほうが長かったのだ。

あとがき

二〇一一年初冬の北京《ぺきん》での晩餐《ばんさん》からずいぶん長い時間を経て、この本が出来上がった。

現代の中国社会は変化のスピードが極めて速く、六年半のうちに多くのことが変わった。

なにより大きな変化は、中南海《チョンナンハイ》の主人が胡錦濤《こきんとう》から習近平《しゅうきんぺい》に交代したことだ。保守的な習近平のもと、中国は八九六四以降で最も政治的に抑圧された雰囲気が強まっている。

社会のサイバー化も進み、都市部ではスマホ抜きでは生活ができないほどになった。だが、これはデータを一括管理する当局に、個々人の言動や交友関係が筒抜けになったことも意味する。いまや全世界の監視カメラの七割が中国に集中し、その一部には最新鋭の顔認証技術やクラウド化技術が組み込まれた。私のような外国人の物書きや、体制に不都合な思想を持つ中国人は、間違いなく監視のターゲットになっている。

本書の登場人物のうち、中国国内に住む人の大部分は、これらが本格的に進行する以前の二〇一五年の夏ごろまでに取材を終えた。今後、同様の取材を行うのは困難だろう。

この本は取材が成立し得るギリギリ最後の時期に、滑り込みセーフで書けたのである。

一九八九年の北京で起きた学生デモは、傍目《はため》には中国の変化の胎動を強く感じさせたが、実態は意外といい加減で情けなかった。参加者やシンパには高潔な人もダメな人も、深い考えを持つ人も持たない人もおり、そんな彼らの全員がこの一大群像劇を作り上げた。

語り継ぐことを許されない歴史は忘れ去られる。現代中国史の大事件に関係した人たちの、人間臭い実情をいまのうちに書き残せたことを、私はなにより嬉《うれ》しく思っている。

本書が出来上がるまでには多くの人たちのお世話になった。個々の名前は伏せるが、取材に応じてくれた方や手伝ってくれた方は、本文で紹介できなかった人も含めて大勢いる。まずはその全員に心から感謝を述べたい。

また、中国をはじめ国外各地でのインタビューには、『クーリエ・ジャポン』(講談社)、『SAPIO』(小学館)、『週刊プレイボーイ』(集英社)などの取材時の空き時間を用いて実施したものも多い。各誌の担当編集者に篤《あつ》く御礼を申し上げる。

本書の取材・執筆にあたっては、講談社の井上威朗《いのうえたけお》氏より数多くの的確なアドバイスと激励をいただいた。最大限の感謝をお伝えしたい。また、刊行にあたり多大なご尽力をいただいたKADOKAWAの岸山征寛《きしやまゆきひろ》氏にも御礼の念は尽きない。

最後に、あの時代の中国を生きたあらゆる青年たちの、その後の人生にエールを。

そして八九六四の犠牲になったすべての方に、衷心からの哀悼の意を捧《ささ》げたい。

本書が読者にとって、中国や六四天安門《てんあんもん》事件を眺める視点をいっそう豊かにする一冊となることを願ってやまない。

二〇一八年四月吉日　東京都府中《ふちゅう》市内の仕事場にて

安田《やすだ》　峰俊《みねとし》

新章

〇七二一　香港動乱

プリンス・ウォン

はじめに

本書『八九六四』の単行本は、二〇一八年五月一八日に刊行された。その一年後となる二〇一九年五月、第五〇回大宅壮一《おおやそういち》ノンフィクション賞の受賞が決定。また同月には石平《せきへい》との対談書『「天安門」三十年』（育鵬社）を刊行した。一連の出来事を経て、私のなかの六四天安門事件は、とりあえずひとつのマイルストーンに達したと考えてよかった。

しかし、これと切り替わるように新たな出来事が起きた。

二〇一九年六月九日、この年の春から香港《ほんこん》で懸案となっていた逃亡犯条例の改正案問題について、主催者発表で一〇〇万人が参加した巨大な反対デモが起きたのだ。やがて六月一二日、先日と異なり無許可でなされた抗議運動の参加者に、香港警察が催涙弾とビーンバッグ弾（暴徒鎮圧弾）を放ち強引に鎮圧、内外の強い非難を浴びた——。

いわゆる二〇一九年香港デモの幕開けである。

私はこのデモに対して、相当な長期間、深く入り込んで取材をおこなうことになった。

今回、角川新書版『八九六四』の新章に組み込むのは、この香港デモの記録である。

まず第一節で紹介するのは、デモが最も盛り上がっていた二〇一九年九月末に香港のホテル内で執筆した現地ルポだ。こちらは雑誌（『文藝春秋』二〇一九年一一月号掲載）向けに執筆したため、本書の他の章とはやや文章の調子が異なっている。また、その後に更新される数字（催涙弾の発射数や逮捕者数など）や、現在から考えれば必ずしも当たらなかった見立ても掲載されているのだが、当時の生々しい雰囲気をそのまま伝えるため、あえて修正を最小限にとどめて原稿を転載しておきたい。

いっぽう第二節は、まったく新しく書きおろした文章だ。二〇二〇年六月三〇日に北京《ペきん》の中央政府が施行した香港国家安全維持法と、新型コロナウイルス流行にともなう集会制限によって香港デモはいったん収束した。「祭りのあと」になってから当時を振り返って、香港デモの性質について私なりの分析を加えたのがこちらである。

『八九六四』の完全版を作るには、香港デモの取材と考察が絶対に必要だった。いっぽう、香港デモについて私が本気で論じるならば、それは必ず『八九六四』の記述を下敷きにしなくてはならなかった。

それではさっそく、話の舞台を二〇一九年九月の香港島へと移すことにしよう――。

第一節　光復香港、時代革命――催涙ガスと銃撃のなかで

和理非と勇武派

――ボンッ。パアン。

二〇一九年九月一五日午後五時一五分、金鐘《アドミラルティ》地区の香港政府総部ビル前。催涙弾やビーンバッグ弾の発砲音が次々と鳴り響くなか、私は最前線から十数メートル離れた夏慤道《ハーコート・ロード》の高架橋の上でカメラを構えていた。

この近辺は東京でいう丸《まる》の内《うち》や霞《かすみ》が関《せき》に相当する。だが、周囲のビルや商店は軒並み入り口を固く閉ざし、殺伐とした雰囲気が漂う。日曜日の午後にもかかわらず、屋外で動いている人間はデモ参加者と報道陣と警官隊だけだ。

――ガコッ、ガコッ。

発砲音に交じって鈍い音が響く。デモ参加者の若者が政府総部の壁に向けて石塊を投擲《とうてき》しているのだ。さらに周囲は、若者たちが威嚇のためにバス停やガードレールを叩《たた》く音、投擲

に用いる路上の敷石を砕く音、煙や衝撃を受けて鳴り出したままの火災報知器のベル音、加えてさまざまな怒号と悲鳴が渾然《こんぜん》一体となり、ひどく騒々しい。

今回の大規模な抗議運動は、もとは香港政府が打ち出した逃亡犯条例改正案への反対運動が発端だが、九月四日に林鄭月娥《キャリーラム》行政長官が条例改正案の完全撤回を表明してからもおさまる気配はない。デモ参加者の大部分は平和的な方針を取る人々（「和理非《ウォーレイフェイ》」）とはいえ、運動の長期化によって事態の過激化も進んでいる。いまや「勇武派《ヨンモウパイ》」と呼ばれる、警官隊と積極的に交戦する数千〜数万人程度の過激な若者が運動の主役の座を奪いつつある。

この日は本来、香港の民主派勢力の連合組織である民間人権陣線が穏健なデモを予定していたが、警察側が不許可。結果、一〇万人程度の和理非たちが許可を得ずに香港島の銅鑼湾《コーズウェイベイ》に集まり、午後二時ごろから道路を練り歩いて往復していた。

やがて、夕方五時ごろからは和理非が引き下がり、勇武派たちが政府総部前で警官隊と対《たい》峙《じ》するようになった。日中の和理非のデモを第一幕、夕方からの勇武派の戦闘を第二幕とする抗議運動の展開は、八月中旬以降のデモ現場ではもはやお馴染《なじ》みとなっている。

私がいる高架橋は警官隊を見下ろす位置にあり、投石で側面攻撃をおこなう勇武派の部隊が陣取っていた。コンクリート製の路側壁に身を隠して警官隊の砲火を防ぎつつ、石を投げている黒シャツ姿の若者集団を見て、思わず西部戦線で塹壕《ざんごう》戦をおこなう第一次大戦の兵士を連想してしまった。

香港戦線異状なし

――カラン。ブシュッ。

香港の西部戦線にも、やはり「毒ガス」は付きものだ。私のすぐ一メートル隣まで、複数の催涙弾が着弾しはじめた。

金属製の殻が落ちると、すぐに道路工事用の三角コーンを持った勇武派が駆け寄り、手慣れた様子で催涙弾を密閉して無力化していく。装備不足でガスが目に入った若者がうずくまると、仲間が肩を貸し後方の救護班へと搬送する。

もっとも、ある程度は場慣れした勇武派にとって、すでに催涙弾はそこまで大きな脅威ではない。顔に密着するゴーグルと防塵《ぼうじん》マスクがあれば、ほぼ防御できるからだ。ビーンバッグ弾を撃つ銃声に対してすら、よほど運が悪くない限り当たらないとなれば、やはり慣れてくる。私自身、はじめて戦闘を取材した八月三一日の大規模衝突では怖くて震え上がっていたのだが、この日はもはや、すぐ隣で催涙弾を処理する若者たちを黙々と撮影できるようになっていた。

むしろ厄介なのは胡椒《こしょう》球弾だ。内容物が肌の露出部に触れるとピリピリ痛むうえ、水分と混じることで作用が激化するらしく、汗ばんだ首筋が凄《すさ》まじい痛みにさいなまれる。

「七月二七日の元朗《ユンロン》の衝突で肩に胡椒球弾が直撃して、パウダーで上半身が真っ白になった。刺激成分が直接、肌に大量に付着したんだよ。首が腫《は》れて大変だった」

二二歳の勇武派の男性・李《レイ》（仮名）は言う。たとえガスマスクを装備していても、胡椒球弾が直撃した場合は悲惨なことになるのだ。

また、被害率は低いものの命中した場合のダメージが大きいのがビーンバッグ弾である。これは鳥撃ち用の散弾を布で包んで殺傷力を落としているが（ゆえに広東語《かんとん》の名称は「布袋《ボウドイ》弾《タン》」だ）、弾丸には変わりない。八月一一日に九龍《カオルーン》半島の繁華街・尖沙咀《ちむさーちょい》で起きた衝突では、ビーンバッグ弾が右目を直撃した女性が失明に近い大ケガを負った。

私自身、九月六日の夜に危険な目に遭っている。群衆が抗議に押し寄せる旺角《もんこっく》の警察署前で取材していたところ、わずか一〇メートル足らずの至近距離にいる警官隊から、レミントンM八七〇散弾銃で狙撃《そげき》されたのだ（さいわい命中しなかった）。

どうやら、私たち報道陣の背後に勇武派が何人か隠れ、警官隊に投石攻撃をおこなっていたことへの報復らしい。だが、デモ参加者と区別できるように蛍光色の報道ベストを着用していたにもかかわらず、記者に向けていきなり発砲してくる香港警察の暴力性は明らかだ。

現地紙によると、今回の抗議運動が始まった六月九日から九月一六日までの期間、発射された催涙弾は約三一〇〇発に及んだ。これは二〇一四年の雨傘革命で用いられた数の約三六倍に相当する。さらにビーンバッグ弾（約九〇発）、ゴム弾（約五九〇発）、スポンジ弾（約二九〇発）など、従来は用いられなかった兵器も使われている。逮捕者数は一四五三人。香港では、ここ半世紀で最大規模の騒乱だ。

「ノンセクト・ラジカル」の闘争

高架橋から最前線に移動する私の頭上を、いくつもの火炎瓶が舞う。やがて瓶が警官隊の放水車に命中して屋根を焼くと、怒った警官側が車を動かした。放水車は最近登場した新兵器で、青い色水と「胡椒水」と呼ばれる刺激物入りの透明な水を高圧で撒《ま》き散らす。

「いたいよう。いたい」

放水車の射程範囲から慌てて離脱した私の傍《そば》で、頭から胡椒水を浴びた香港人の女性記者が泣き叫んでいた。周囲が騒然とするなかで、全身に青い飛沫《ひまつ》を浴びた若者たちが前線から退却してくる。付着するとなかなか取れない青い水は、覆面姿の彼らを識別する目的で撒かれているのだ。後衛の若者たちが即席の路上シャワーを作り、仲間を洗いはじめた。

「急退《ギャットウイ》！　前線危機《チンシンガイゲイ》!!」

デモ隊のなかにいる情報伝達班が、命令用の手持ち旗を黒い撤退旗に持ち替えると、若者たちが一斉に後退をはじめた。算を乱して逃げている様子はなく、戦略的撤退らしい。今夜はこれから湾仔《わんちゃい》・銅鑼湾方面に転戦していくようだ。

今回の香港の抗議運動は、リーダーや統括組織が存在しない。勇武派の戦いも、往年の日本の学生運動用語でいう「ノンセクト・ラジカル」的な若者たちの連帯闘争だ。だが、警官隊との抗争が三ヶ月以上も続いたことで、彼らはかなり戦い慣れた動きを見せている。

彼らの多くは一〇代後半～二〇代前半だ。服装はいずれも黒っぽい服装にヘルメット、防塵マスク（ゲバ棒がわりのバットを持つ者もいる）――。と、やはり往年の日本の学生運動を彷彿《ほうふつ》とさせる。ただ、彼らをよく観察すると内部にはさまざまなグループが存在している。

全体の核と思われるのは、トランシーバーを装備して機敏に動く完全覆面の精鋭部隊だ。香港デモの現場にはサバイバルゲームの愛好者グループが多数参加しており、おそらく彼らがそうなのだろう（催涙弾の処理方法も、軍事知識を持つサバゲー部隊が伝えたという）。

また、後述する破壊活動をおこなう部隊も、同様に完全に顔を隠し、グループ単位で統制された動きを見せる。旗で作戦を指示する情報伝達班は比較的軽装の女性たちだが、彼女らもおそらくサバゲー部隊などの指令を受けている。

こうした精鋭たちの背後には数千人以上の若者たちが控えている。彼らは服装や装備品がバラバラで、動きも統制されていないが、投石用の敷石を砕いたり威嚇音を出したりして前線部隊を支援している。体格や顔つきを見る限り、女子を含めた小中学生も多い。事実、八月二五日に郊外の荃湾《ちゅんわん》付近で起きた衝突では、一二歳の男子児童が逮捕された例がある。

「これは香港の自由のための最後の戦いだ。仲間が全員倒れるまで、絶対に終わらない」

勇武派に加わっている、二二歳の専門学校生の張《ジョン》（仮名）は言う。

「八月一〇日、九龍半島の黄埔《うおんぽう》で仲間三人と逮捕された。留置場では警官にゴキブリ野郎だと罵倒《ばとう》され、何度も殴られた。四日後に釈放されたが、警察のイヌどもは絶対に許せない」

警察の暴力がデモ過激化を生む

若者の戦いがここまで激しくなった背景をひとまず整理しておこう。

香港は一九九七年の中国返還時に約束された民主化が棚上げにされ、市民は選挙で首長（行政長官）を選出できない状態に置かれてきた。立法会（国会に相当）議員の一部は普通選挙で選出されるが、業界団体からの選出議員も多いことで民意は充分に反映されず、常に親中派が議席の多数を占める。もっとも、香港は一国二制度のもとで言論や集会の自由が保障され、ゆえに従来は、市民が平和的なデモを通じて民意を政府に伝える習慣が根付いていた。

だが今回の香港デモは、時を追うにつれ警官隊との衝突が増え、現場は暴力化の一途をたどっている。その最大の要因は、林鄭月娥行政長官が六月九日の一〇〇万人規模の平和的デモを無視して逃亡犯条例改正案の強行採決を試みたことだ（筆者注・この部分はデモ後に書いた第二節の記述と矛盾するが、二〇一九年九月時点、私はそう理解していた）。

結果、大人の一般市民やインテリ学生たちが引き続き平和的なデモを繰り返すいっぽうで、穏健な抗議に限界を覚えた低所得層の若年労働者や中高生・専門学校生らを中心とする人々が、警官隊との衝突を辞さない「勇武派」になることを選びはじめた。

五年前の雨傘革命が、穏健派と急進派に分裂して敗北したことや、近年強まる中国の圧迫のもとで民主派や本土派（香港独立派）の議員が職を追われたことなど、従来の政治運動への失望感が強かったことも、反政府的な若者が過激な抗議行動にはしる下地になった。

また、香港の社会では既存の政党や学生運動団体などがあまり信用されておらず、リーダーのスキャンダルや逮捕によって運動が瓦解《がかい》することの懸念もあった。ゆえに、香港版のノンセクト・ラジカルたちは、ＳＮＳを通じて個人がゆるくつながる形でネットワークを作り、戦うことになる。

だが、こうした抗議に対して、香港政府は六月一五日に条例改正案の棚上げこそ発表したものの高圧的な姿勢を改めず、警官隊を用いた実力鎮圧を繰り返した。七月二一日に元朗で親政府的な白シャツ集団がデモ隊を無差別に襲撃したことも、市民の強い反感を招いた。

いつしか抗議運動の主張のなかで、当初の条例改正案問題は重視されなくなり、民意を無視した香港政府と暴力的な香港警察への非難を主としたものに変わっていった（九月四日に条例改正案が完全に撤回されても運動が終わらないのはこのためだ）。いっぽう、一連の展開がデモ参加者たちの怒りを煽《あお》ったことで、勇武派はいよいよ台頭していく。

二〇一九年九月、香港中文大学がおこなった世論調査では、暴力的な抗議手段の積極的な行使に賛成する市民は二〇％以上におよんだ。さらに、一定の理解を示す市民まで含めると約五八％にものぼった。

約六割という数字は、今回の抗議運動への賛同者の割合とほぼ同じだ。平和的な「和理非」も含めて、香港の世論全体が勇武派の行動を容認、もしくはある程度は黙認する状況となっている。

暴徒化する勇武派

もっとも、出口の見えない運動が三ヶ月以上も継続した結果、綻《ほころ》びは広がっている。いまや香港デモは「中国共産党を後ろ盾とする香港政府に立ち向かう、純粋な若者たちの抵抗運動」という、当初のイメージから乖離《かいり》した姿に変わりつつある。

理由のひとつは、警察側の鎮圧の強化に対応したものとはいえ、八月半ばごろから勇武派の暴力的な行動や私刑行為がエスカレートしていることだ。

いまや衝突の現場では、歩道を破壊して作った巨大な石塊や火炎瓶の投擲、射程一〇〇メートル以上の強力なレーザーポインターで警官の目を狙うといった、警察側に死者や重傷者が出かねない攻撃が常態化している。火炎瓶も、当初は警官隊の足止めや威嚇を目的とする使用が多かったが、いまや警官に直接ぶつけるために投げられるケースがまま見られる。

また、中国銀行や中国人寿（大手保険会社）といった中国資本系の店舗や、トラムの駅などの公共施設に対する黒スプレーを用いた大量の落書き、路上の柵《さく》や公共のゴミ箱、バス停などを破壊してのバリケード構築（さらにバリケードに火を放つ）、外国人客への影響も大きい香港国際空港への交通妨害なども、ほぼ毎週末ごとに実行されるようになった。

特に落書きによる汚損行為は、現地フランチャイズの経営母体が親中的な企業だとみなされている日系食品チェーンも標的にされ、吉野家や元気寿司の店舗が荒らされている。スターバックスなど、他の外資系チェーンも同様の被害を受けている。

よりひどいのは香港地下鉄の施設破壊だ。八月三一日、九龍半島の太子《プリンス・エドワード》駅構内で警官がデモ参加者を暴行して以降、港鉄は「香港を裏切った」敵として認定され、デモのたびに駅舎や改札機・券売機などが破壊や放火を受けるようになった。九月一六日までの約半月間に破壊や汚損を受けた駅は、合計四〇以上にものぼっている。

背景には、当初はデモの終了後に帰宅する市民のための臨時列車さえ走らせていた港鉄が、中国メディアの批判を受けたとたんに駅を封鎖してデモに非協力的になり、警官を改札内に立ち入らせるようになったこともある。だが、それらの事情を勘案しても、デモ側の閉じた論理にもとづく理不尽な裁きがおこなわれている印象はぬぐえない。

「ガラスを割る様子を撮らないほうがいい。デモ隊に殴られるぞ」

私自身、九月七日夜に九龍半島の油麻地《やうまてい》と旺角、翌日午後に香港島の中環《セントラル》や銅鑼湾、九月一五日に同じく香港島の金鐘などで破壊行為を確認しているが、撮影を試みるたびに周囲の人から注意された。

事実、デモのスローガンである「光復《グウォンフック》香港《ヘオンゴン》、時代革命《シードイガックミン》」(香港を取り戻せ、革命のときだ)を叫びながらガラスを割り続け、駅が破壊されるたびに歓声をあげる群衆の姿に、「純粋な若者」の運動の面影はない。感じるのは集団的狂気に通じる怖さだけだった。

破壊は中国政府のスパイの謀略だとする巷説《こうせつ》もあるが、群衆は破壊部隊の行為をむしろ容認して煽っている。どう見てもデモ側の行動だ。

造反有理、革命無罪

「最初は運動に賛成していましたが、付いていけません。でも、現在の香港でデモに批判的なことを言えば、周囲から吊《つる》し上げられかねない。文化大革命みたいです」

香港島に住む中流階級の三七歳の女性・徐《チョイ》（仮名）は話す。大学関係者などのインテリ層と若者世代をのぞき、市井の香港人に丹念に話を聞くと、デモへの違和感をこっそりと語りだす人は決して少なくない。

理由は経済的影響についての懸念や、中国を刺激することへのおそれも大きい。ただ、徐が「文化大革命」と言うように、存在感を増す勇武派系のデモ参加者の、狭量で息苦しい雰囲気を嫌う意見も一定数聞かれる。

その矛先は日本にも向く。香港取材中の大手紙の記者はこう話す。

「運動の初期、香港に支局を置く別の大手紙が、デモ隊が嫌う『暴徒化』という表現を用いて強烈な抗議を受けた。結果、同紙はデモ取材自体を大幅に手控えるようになった」

デモに批判的な言説の監視は、日本語メディアすら対象に含まれているのだ。他ならぬ私自身、文藝春秋のウェブニュースでデモの暴徒化を指摘する記事を書いたところ、複数の殺害予告を受けてしまった。香港デモはSNS世論が全体の方針に大きな影響を与えているが、それゆえに過激な意見や極端な行動が人気を得やすい面を持っている。

今回の香港デモは、かつて路線対立で瓦解した雨傘革命の反省から、「不讃責《バッヒンジャッ》」（互いを批判しない）や「不割蓆《バッグオッジエッ》」（仲間割れをしない）を合い言葉にしている。

この方針は当初、路線が異なる穏健派の和理非と急進的な勇武派が上手に住み分けて抗議をおこなえる状態を生み、デモの裾野を広げた。なにより、条例改正案の撤回や、政府や警察への怒りは、党派や社会階層をこえて香港の市民が同意できる問題だった。

だが、警察の鎮圧のなかでデモ参加者が余裕をなくしたこともあるのか、「互いを批判しない」というルールを外部にまで強要する独善的な姿勢は徐々に強まっている。

北京が待つ「あさま山荘」

今回の香港デモで、リーダーや統括組織を持たない闘争が選ばれたのは、リーダーがいればその失脚によって運動全体が瓦解してしまうという懸念ゆえのことだった。

だが、代表者がいない運動は、仮に迷走や過激化が起きてもそれを止められない。また、落としどころを見つけて妥協することも難しい。

デモ側は七月以降、警察の暴力行為に対する独立調査委員会の設置などを求める「五大要求」を提唱し、すべてが認められるまでの闘争継続を表明した。

しかし、要求事項には普通選挙による行政長官の選出など、香港の現体制下ではほぼ実現不可能なものも含まれている。戦いは終わりようがないということだ。

「デモに参加する若者たちに、日本の全共闘運動の末路についての書籍を紹介したことがありますが、あさま山荘事件やよど号事件についてはよく知らないようでした。他国の話とはいえ、過去の誤りから教訓を汲《く》み取れていないのではないかと心配です」

現地で取材を続ける、香港中文大学ジャーナリズム・コミュニケーション学院講師の譚《タム》蕙《ビビアン》芸はそう指摘する。彼女もまた、当初はデモに感じたシンパシーが薄れつつある香港市民の一人だ。

日本では、香港デモに対する人民解放軍や武装警察の介入の可能性がささやかれているが、実際にそうなる可能性は低い。中国政府は八月に一時的に恫喝《どうかつ》する姿勢を見せたが、基本的に「放置」することで運動の退潮を待つ構えである。

むしろ、北京の中央政府としては、抗議運動が先鋭化した末に香港版の「あさま山荘」のような事態が発生し、運動から市民の支持が失われる展開を静かに待っているのかもしれない。

催涙弾と火炎瓶が飛び交うなかで、一〇代の少年少女が街を破壊しながら戦う光景はあまりに危うい。空前の規模で展開した香港の抗議運動は、大きな山場に立たされつつある。

第二節　暴動の女神――国安法以後

容疑は「暴動罪」

「わたし、あのときは何もしていなかったんですよ。ほんとにそう。彼氏と旺角に買い物に行って、道を渡ろうとしたときに、いきなり警察に捕まった。まあ、あのときは周囲にいた若い人が全員、かたっぱしから逮捕されたんですけど……」

リモート取材中のパソコン画面の向こうで、二二歳になった彼女が喋《しゃべ》っている。

二〇二〇年になってからの香港デモは、新型コロナウイルスの流行を受けてやや下火になったものの、炎はくすぶり続けていた。初夏になるとコロナ禍が一時的に落ち着いたこともあり、二〇二〇年五月一〇日、香港各地のショッピングモールで歌を歌ったりスローガンを叫んだりする抗議活動「和你《ウォーレイ》 sing」（一緒に歌おう）が企画された。

だが、和你 sing は各地で香港警察によって妨害され、通行人を含めた多くの若者が逮捕された。主たる理由は、コロナ流行防止を理由に定められた、公共の場で九人以上（当時）

が集まることを禁じた集会禁止令への違反だ。

当時、彼女がインスタグラムに投稿したところでは、旺角の街で警察に捕まっている人（おそらくデモ参加者だろう）を見かけたという。封鎖線の外からその様子を撮影していたところ、警官によって封鎖線のなかに無理やり押し込まれ、集会禁止令に反しているとして現行犯逮捕されたらしい。

もっとも、現在の彼女にとってこの程度の出来事は大きな問題ではない。なぜなら本人が「あのとき、、、は何もしていなかった」と話したように、半年前にはもっと派手な事件に関係していたのだ。もちろん、こちらの件では大いに「何かして」いたので捕まっている。

香港デモが最も激しかった二〇一九年一一月一八日未明。勇武派の大部隊が、香港理工大のキャンパスを戦場にして警官隊と過去最大規模の激突をおこなった夜、九龍半島の繁華街・油麻地でも理工大を支援する街頭闘争が展開されていた。彼女はこちらに参加していたところ、運悪く警官の大部隊に包囲され、検挙されたのだ。

さいわい数日で保釈されたが、容疑はよりによって「暴動罪」だった。

もはや手段を選んでいられる状況じゃない

日本ではあまり伝えられなかったが、実際の香港デモの現場では、警官隊だけではなく勇武派の暴力行動も目に余るものがあった。

バス停やガードレールを壊して街頭にバリケードを作り、棒や火炎瓶で警官隊と戦う……。ここまでは理解できるが、駅や商店を破壊して火を付けたり、デモ隊の行動をたしなめた市民を集団でリンチしたりする様子は、私が現場を見る限り明らかにやりすぎであると思えた。

だが、彼女は勇武派の行動を認める立場だ。デモの高揚のなか、彼女はヘルメットにガスマスクという完全武装の「勇武派ルック」で自分のポートレートを撮影し、ツイッターの顔アイコンに使用してさえいた。

「中共《ジョンゴン》（中国共産党）の支配のもとでは香港に民主主義なんて望めない。私たちは立ち上がるしかない。そのためにはあらゆる行動が選択肢に含まれる。だって、もはや手段を選んでいられる状況じゃないでしょ？」

内容こそ過激だが、口調に気負った感じはない。ごく当然の話、という表情だ。

私がリモート取材をおこなった二〇二〇年七月二一日時点では、すでに香港市民の政治活動の自由を大幅に制限する香港国家安全維持法（国安法）が施行され、デモ関係者たちの大量摘発が進行中だった。かつて、運動にお祭りムードが残っていた二〇一九年初秋ごろまでは、自分に酔って矯激な意見をぶつ若者にも大勢出会ったが、もはや香港の政治環境はその手の軽薄な連中が意見を表明できる状況ではない。

「国安法のせいで、抗議者たちは何もできなくなった……、って言うよね。でも、そんなことないですよ。何をやっても捕まるのなら、逆に開き直って何でもやっちゃえばいい。危険を恐れてもしょうがないです」

彼女はこのとき、二〇二〇年九月六日に予定されていた立法会選挙（立法会は香港の国会に相当。選挙は新型コロナの影響で延期された）の、民主派系候補者の予備選への立候補を表明していた。香港の独立とデモの抗戦継続を訴える姿勢を隠さない「本土抗争派」を名乗る急進派だ。

もっとも、香港では選挙の際に、体制にとって不都合な候補者がしばしば「ＤＱ」（参加資格取り消し）処置を受けて立候補を妨害される。「香港を中国共産党独裁下の植民地にするな」と書き込んだビラを公式フェイスブックページで公開し、国安法が成立した翌日には「香港人よ奴隷になるな！」と戦闘的なメッセージをツイートしていた彼女では、たとえ予備選を突破できても本選の立候補が認められることはまず考えられない。

「立候補が認められるか自体は重要じゃないです。ＤＱ上等、むしろＤＱを食らえば活動の燃料になる。大事なのは抗議者たちの声をより広く伝えること。これが香港人の民意の主流なんだって、できるだけ大きな声で言ってやるんです。私は屈しない。絶対に希望はある」

本気である。

もっとも、彼女は政治的な姿勢以外の部分では「ゆるい」。すくなくとも、一般的な日本人がイメージする国政選挙の立候補者の姿からはかけ離れていた。

どうやら自室でスマートフォンを使って取材に応じてくれたらしく、背後には洗濯したての部屋着や下着が吊るしっぱなしだ。デモのユニフォームである黒いTシャツから伸びた細い腕にはタトゥーがある。本人が公開している他の写真を見ると、タトゥーは両腕と左胸・左肩にそれぞれ入れているようだ。このときは立候補を表明していたためか黒髪だったが、数年前は髪を真っ赤に染めていた。

彼女のインスタグラムを見ると、政治活動の写真に交じって、かなり露出が多い写真やボーイフレンドとキスしている写真が何枚も見つかる。

猥雑《わいざつ》な色っぽさと、芯《しん》の強さと危なっかしさ。現在の彼女はサイバーパンク都市の香港にふさわしい、ハードコアな反逆者なのだ。

「安田《やすだ》さん、もちろん覚えてますよ。ちゃんと」

しかし、取材がはじまったとき、彼女は私を見て確かにこう言った。

「五年前、天安門事件のインタビューを受けましたよね？　えへへ、ご無沙汰してます」

タトゥーを入れた「民主の女神」の後継者

プリンス・ウォン。中文名は黄子悦。

かつてジョシュア・ウォン（黄之鋒）が率いていた学生運動団体「スカラリズム」（学民思潮）に所属。「民主の女神」のニックネームで日本のメディアでも有名な周庭《しゅうてい》の後任として、広報を担当していた女子高生……。というより、本書『八九六四』第五章の章扉（二一三ページ）を飾っていた女の子であると説明したほうがわかりやすいかもしれない。

彼女は子どものころから六四天安門事件について教えられるような、伝統的な民主派の家庭で生まれ育ち、一七歳のときに一歳年上のジョシュアや周庭に従って雨傘革命に参加した。このときは最後まで平和的な抗議方針を貫き、ジョシュアと一緒に一一八時間におよぶハンガーストライキをおこなって香港政府に抗議。世間ですこし名を知られたが、運動自体はなんら成果を得ることなく瓦解した。

やがて二〇一五年五月、スカラリズムの広報担当者に就任。直後に私の取材を受けた（本書第五章）。当時、黒髪にノーメイク、地味なブラウス姿で、慎重に言葉を選びながらそつのない回答ばかりを喋っていた彼女は、いかにも生真面目そうな学生運動家だった。この時期にはマレーシアで開かれた天安門事件の関連イベントに、スカラリズムを代表して出席したこともある。

その後、スカラリズムは二〇一六年三月に解体して、「デモシスト」（香港衆志）という政党に発展的解消を遂げた。

デモシストは、政治的立場としては「自決派」である。本土派のように香港独立を公言したり香港人ナショナリズムを過度に強調したりはしないが、古い民主派のような中国人アイデンティティへのこだわりも薄い。

現状の一国二制度の枠組みを守りつつ、中国本土から一定の政治的距離を置き、香港のことは香港市民自身が民主的に決定していける社会を作ろうと訴える穏健なリベラルである。優等生的な姿勢ゆえに若者層の人気はやや伸び悩みがちだが、古い民主派の年配層からも理解はされ得る立場であり、なにより西側諸国から安心感を持たれやすかった。

しかし、プリンスはこのデモシストに加わらず、ジョシュアや周庭たちと袂《たもと》を分かった。

その後、彼女の政治活動への参加は徐々に低調になり、いっぽうで髪を真っ赤に染めたりタトゥーを入れたりと、個性的なファッションに目覚めていくことになる。

「私がジョシュアさんたちと一緒にやらなかったのは、なにかトラブルがあったとかじゃなくて、理念が違うところがあったから。つまりは個人的な判断というか、まあ……」

スカラリズムの広報担当者だったのに後継組織に加わらなかった理由を聞くと、すこし歯切れが悪い。もっとも、彼女が二〇一六年ごろから政治活動と距離を置いていったこと自体は責められない。

なぜなら、それはプリンスだけではなく、香港の他の若い活動家たちの多くも同様だったからだ。たとえば第五章に登場した、香港本土力量の元関係者であるサイモン・シン（冼偉賢）にしても、二〇一六年ごろに政治活動全体から完全に足を洗っている。

優等生の学生運動から「本土抗争派」へ

事実、二〇一九年六月に香港デモが本格化するまで、香港の政治運動は明らかに低調だった。

香港の独立を望む本土派は、二〇一六年二月に旺角で大規模な騒乱事件（「魚蛋革命」）を起こし、本土民主前線に所属する活動家の梁天琦《エドワードレオン》らの九〇人が逮捕された。さらに、同年九月には本土派政党である青年新政のメンバー、梁頌恒《バギオレオン》と游蕙禎《ヤウワイチン》が立法会選挙に当選したものの、就任宣誓でパフォーマンスをおこないすぎて議員資格を剝奪《はくだつ》される。しかもこのときは、自決派のデモシストの党首であるネイサン・ロー（羅冠聡）や、同じく自決派の劉小麗《ラウシウライ》（本書第五章参照）なども巻き込まれる形で議員資格を失ってしまった。

雨傘革命以来、香港の若者の間では自決派や本土派に近い考えを持つ人がどんどん増えていたとはいえ、街頭闘争と議会戦略の両方で失敗したことによって、彼らの政治運動それ自体は大幅に失速した。

やがて、二〇一九年の香港デモで「無大台《モウダイトイ》」(No big platform)が叫ばれ、あれだけ大規模かつ長期間の運動にもかかわらず象徴的な代表者が誰もいないという不思議な事態が起きたのは、こうした過去の経緯ゆえだ。香港の反体制世論のなかで、特定の活動家や政治団体が引っ張っていく政治運動に対する失望感は、それだけ根強いものだったのである。

さておき、プリンスは二〇一九年の香港デモに対して、すくなくとも当初は末端の一市民として参加することになった。

五年前の雨傘革命のとき、運動の中心にいた(正確には中心にいるジョシュアや周庭に従っていた)のとは、まったく違う立場だ。

「デモシストに入らなかったことで、いいこともあったかな。今回の香港デモには、完全な一個人として運動に入ったから、活動家じゃない普通の人の考えもわかるようになった」

その結果、彼女は「本土抗争派」になった。

現在の香港でこうした立場を堂々と名乗ることは、本書の第五章で描いた二〇一五年時点での本土派とは比較にならないほどリスキーである。プリンス自身は「スカラリズムにいた時期から本土派だった」と話すが、実際は激化する香港デモの最前線にノンセクトの立場で加わっていたことで、考えを変えていったのだろう。

事実、香港デモはある段階から、民主派から本土派へとメインストリームが切り替わった。やがてデモが際限なく過激化し、ついに国安法の施行によって北京の露骨な介入を招くことになった一因も、そのことが大きく関係していたように思われる。

ヒマワリ学運よりも短時間で結果を出した

私にとって、香港デモは非常に評価が難しい。

中華圏で起きた出来事のなかで、自分が最も長期間向き合い、また当事者たちの内在的な論理に深く入り込んだ事件だったことは間違いない。私はデモが本格化した直後の二〇一九年六月から、新型コロナウイルスの流行で渡航がほぼ不可能になる直前の二〇二〇年二月末まで、八ヶ月間で六回ほど香港に向かい、かなり長い時間を現地で過ごした。当然、急進的なデモ賛成派から徹底した政府支持者まであらゆる人の話を聞いており、各陣営に友人と呼べる人がすくなからずいる。

だが、私はそれゆえに、日本の一部のメディアやインターネット世論のような「正しい民主化運動」という単純化した理解で香港デモをとらえることができない。香港デモは最初期の姿が非常にスマートで、現地で取材をしながら台湾のヒマワリ学運（本書第六章や、拙著『移民　棄民　遺民』角川文庫を参照）に通じる強い好感を覚えていただけに、その後の展開への失望も大きい。

香港デモは二〇二〇年六月末、北京の中央政府が国安法を施行したことでひとまず収束した。ただ、デモたけなわの二〇一九年の九月時点で執筆した記事（新章第一節）からもわかるように、私はかなり早い段階から事態の先行きに不吉な予感を覚えていた（さすがに「終わりかた」の具体的な予測は外れて、「あさま山荘」パターンではなく北京の介入という形になったが）。

当初、香港デモは逃亡犯条例の改正案に反対の意思を示す平和的な抗議運動だった。やがて、無許可デモに対して香港警察が強権的な鎮圧をおこなったことが内外の批判を受け、林鄭月娥行政長官は二〇一九年六月一五日に条例改正案の棚上げを表明。翌日、入れ違いの形でおこなわれた抗議デモには香港返還後で最大規模の約二〇〇万人が参加する。ただ、このときの大規模デモは未曾有《みぞう》の参加者数を記録したにもかかわらず、最後まで平和的に声を上げる形で終了した。

逃亡犯条例の改正案は、香港の中国大陸に対する法律的・経済的な独自性を損なう可能性があったため、この時点では中国大陸との経済的な結び付きが強い建制派（親中派）やノンポリの市民でも、抗議運動を支持する人がすくなからずいた。

過去、香港では二〇〇三年に国家安全条例に反対する五〇万人規模の平和的なデモが起き、同案を棚上げに追い込んだ例がある。また、同じ中華圏の台湾で二〇一四年に起きたヒマワリ学運でも、デモ隊が中華民国立法院を占拠してから三週間程度で、当時の馬英九《ばえいきゅう》政権が進めていた海峡両岸サービス貿易協定の発効を棚上げさせることに成功している。

二〇一九年の逃亡犯条例改正案の反対運動もこれらと同じく、デモの本格化からわずか一週間程度で戦略目標を達成していた。私は六月一六日の二〇〇万人デモを現場で見ていたが、勝利を祝うお祭りイベントのような明るい雰囲気が強く印象に残った。

もちろん、北京の中央政府の香港に対する干渉は、五年前の雨傘革命の前後から急速に強まっている。根本的な問題は、条例改正案が生まれてしまう体制それ自体にある。しかし、さておきデモが起きた直接の原因については、最初期の段階でほとんど解決されていた（ゆえに、ここでは逃亡犯条例改正案の内容については詳しく説明しない）。

本土派の負の面を継承した香港デモ

香港デモの悲劇は、終わるべき段階できれいに終われなかった点にあった。

これまでに政治運動の挫折《ざせつ》が繰り返されてきたことで、若者層のフラストレーションが溜まりすぎていたのだ。

五年前の雨傘革命の捲土重来《けんどちょうらい》を期する人たちや、当時は運動に加われなかったより若い世代は、条例改正案の完全な撤廃や普通選挙を通じた行政長官の選出など、要求を五つに増やして抗戦の継続をとなえた。結果、本来は条例改正案問題のワン・イシューを解決するために起きたはずの抗議運動は、終わりなき延長戦に突入。香港政府の体制変革を求めはじめたことで非妥協的な姿勢が強まり、落としどころを失ってしまった。

やがて同年七月二一日夜、香港島では中国政府の出先機関・中聯辦《ちゅうれんべん》（中央人民政府駐香港特別行政区聯絡辦公室）に対する激しい抗議運動がおこなわれ、一部の参加者が建物に「支那」などの差別的な落書きを残して建物を傷付けるなど、暴徒化の兆候を見せはじめた——。

というより、二〇一五年ごろに繁華街で中国大陸出身者を罵《ののし》ったり、愛字頭（親政府派市民団体）や警官隊を相手に不毛な挑発を繰り返したりしていた破壊的な本土派の街頭闘争のやりかたが、香港デモの現場に持ち込まれはじめた。この手の闘争は二〇一六年二月の旺角騒乱で大量の逮捕者を出して下火になっていたはずだが、香港デモが長い「延長戦」に入ったことで復活してきたのだ。

しかも、七月二一日の中聯辦汚損事件は、その直後こそデモ支持者の内部でも懸念の声が上がりかけたが、ここで不幸な偶然が起きた。同じ日の夜に郊外の元朗駅で、政府支持派の地元住民や黒社会関係者などからなる白シャツ集団が、デモ隊や市民を無差別に襲撃して暴行を加える事件（元朗七二一事件）を起こしたのだ。

デモ支持者の多くは、元朗の白シャツ集団が香港政府や北京の中国共産党の意向を受けてデモ鎮圧のために動員されたと信じた（白シャツ集団の正体については拙著『現代中国の秘密結社』中公新書ラクレを参照）。結果、元朗事件に対する怒りの声が高まり、デモの急進化を憂う声はかき消されてしまった。

いっぽう、香港警察の鎮圧行動もエスカレートしていき、街頭だけではなく駅の構内などでも平気で催涙弾を発射するようになる。八月一一日にはデモ参加者の女性が、至近距離からビーンバッグ弾で狙撃されて右目を負傷した。これらによって、デモ隊の側では香港警察に対して暴力で対抗することを容認する空気がいっそう強まった。

いわば、香港デモは二〇一九年七月二一日（〇七二一）を境に「壊れた」と考えてもいい。過去の中華圏の大規模デモ――。すなわち、一九八九年の天安門広場のデモや、台湾の野ユリ学運やヒマワリ学運、香港の雨傘革命などが（すくなくともその高揚期に）持っていた、社会の変革を明るく信じるポジティブさや、それと表裏一体をなしている理想主義的な甘ったるさが、香港デモの現場からは急速に消えていったのだ。

かわって選ばれたのは、私が本書の第五章で描いた本土派の街頭闘争や、二〇一六年二月の旺角騒乱に代表される、ニヒリズムと閉塞感に満ちた陰惨な運動を継承することだった。

二〇一九年の六月以前であれば、一般市民からちょっと距離を置かれていた過激なイデオロギーや闘争方法、ネットスラングに由来する独特の語彙《ごい》などが、徐々に運動の主流を侵食し、乗っ取りをはじめたのである。

旺角騒乱で逮捕された梁天琦が過去にとなえていた「光復香港、時代革命」（香港を取り戻せ、革命のときだ）という本土派のスローガンは、中聯辦汚損事件のころからデモ現場で盛んに使われるようになり、やがてはデモ全体の合い言葉になっていく。

また、本来は中国との境界付近の街で、中国人の個人輸出業者を締め出す運動を指して本土派が用いていた「光復〇〇」（光復上水、光復元朗など。通称「光復行動」）というネーミングも、香港デモのなかでこれらの地域が戦いの舞台になるたびに用いられるようになった。

さらに二〇一九年八月ごろからは、デモ参加者の間で「攬炒《ラムチャウ》」（死なばもろとも）というやけっぱちの合い言葉が唱えられはじめた。社会をより良く変えることを諦め、すべてをぶち壊すことを望む虚無のエネルギーが表面化しはじめたと考えていい。

結果、香港デモの最前線では、三年半前の旺角騒乱がかわいく思えてしまうほどの大規模な暴力や破壊活動がどんどん展開されていくことになる。

黒警死全家（ポリ公どもはくたばれ）

ここで台頭したのが、黒装束にヘルメットとガスマスク姿で「黒警《ハッギン》」（ポリ公）と積極的に交戦する実力闘争部隊「勇武派」だった。もちろん、その後も従来型の平和的な抗議者（「和理非」）たちのほうが人数は多かったのだが、すくなくとも二〇一九年の八月中旬ごろからは勇武派がデモ全体を引っ張るようになっていった。

また、勇武派の別働隊とみていい「畫家《ワァガー》」（画家）や「装修師傅《ジョンサウシーフウ》」（修理職人）などのチームも登場しはじめた。「畫家」はデモ現場で落書きを盛んにおこない、「装修師傅」たちは公共施設や中国大陸系資本の店舗、さらにはネットコミュニティ内で「親中的」だと判断された店舗への破壊・放火行為を展開した。

特に被害が深刻だったのは香港地下鉄で、二〇一九年一〇月八日の時点で合計一一五駅と、自動改札機八〇〇機以上、券売機五〇〇機以上が「畫家」と「装修師傅」による汚損や破壊を被った。第一節でも書いたように、吉野家や元気寿司、スターバックスなどの店舗も、香港でフランチャイズ経営をおこなっている企業が親中国的であるという理由で攻撃対象にされた。

「黒警死全家」（ポリ公どもはくたばれ）
「#CHINAZI　支納粹」（チャイナチス）

「駆逐共党」（共産党を駆逐せよ）
「支那人滾出香港」（支那人は香港から出ていけ）

毎週末の夜、勇武派たちが大荒れした後で現場に残された落書きを観察してみると、かつて本土派が街頭で叫んでいた言葉と類似した表現のものが多かった。

もともと、本土派は過激な民族主義や移民排斥をとなえるインターネットカルチャーとの親和性が高く、日本のネット右翼やアメリカのオルト・ライトとの共通点が多い。

そのためか、いつしか香港デモの現場ではアメリカのオルト・ライト勢力が好んで使う「カエルのぺぺ」のイラストが多数用いられるようになった。さらには、ハッカー集団アノニマスのトレードマークであるガイ・フォークスのマスクや、アメリカ大統領のドナルド・トランプを礼賛するポスター、ＭＡＧＡ（メイク・アメリカ・グレイト・アゲイン）帽子なども少なからず見られるようになった。

また二〇一九年九月ごろからは、インターネット上かリアルかを問わず、デモの現状に批判的な言説をおこなう人間を中国共産党の「間諜」（スパイ）扱いし、片っ端から吊るし上げてリンチを加える事例も頻発していく。こうした狭量な世界観も、日本やアメリカのネット保守派とよく似ていた。

フェイクニュースも数多く流された。すなわち、香港警察が地下鉄太子駅の構内で市民を殺害したが隠蔽《いんぺい》した、九月に変死体が見つかったデモ参加者の一五歳の少女は香港警察に暴行されて殺された被害者である……といった真偽不明の「真相」が、チャットソフトを通じて大量に拡散したのだ（なお、二〇一九年八月三一日に太子駅構内で警官が市民に暴行を加えたことは事実である）。

もとはおとなしいデモ参加者だったにもかかわらず、これらの陰謀論を根拠として「間諜」や香港政府への憎悪を募らせ、公共施設や商店の破壊に賛成するような人も続出した。

デモ参加者の情報交換がもっぱらインターネット上でおこなわれたことで、顔の見えない会話が極論の台頭を招いた。加えて落としどころの見えないデモの長期化と社会混乱が、当事者間で集団ヒステリー的な心理を生み、そこに陰謀論の苗床が生まれたのだった。

三〇年後の新たな失敗

いっぽう、各種の世論調査では、その後もデモに賛同する声が香港市民の六割程度を占めていた。運動が暴力的になり、陰惨さの度合いを増すなかでも、従来型の穏健路線のデモは並行しておこなわれ、数十万人以上の参加者を動員し続けた。

だが、これらの穏健路線を担う旧来の民主派や自決派などのリベラル勢力が、暴力行為や扇動的なフェイクニュースの流布をほとんど批判せず、むしろ容認する姿勢を見せていたのも事実だった。

これは、かつての雨傘革命が穏健路線と急進路線の対立によって空中分解した反省から、香港デモでは「不割蓆」（分裂しない）、「不譴責」（互いを批判しない）が合い言葉になっていたためだ。特定のリーダーがいないとされる政治運動が、約一年間も続けられた理由のひとつは、参加者たちが内部分裂の回避につとめていたからだった。

しかし、相互に批判を避けるルールは、運動に自浄作用を失わせる結果も招いた。完全武装をした勇武派の姿が、デモ隊の「文宣《マンシュン》」（プロパガンダ）部隊によってヒロイックな姿で盛んにポスターに描かれたことも、急進路線に対する批判をいっそう難しくした。

やがて、勇武派の実力闘争は二〇一九年一一月の香港中文大学・香港理工大学を舞台にした戦いでピークを迎えたが、結果的に大量の逮捕者を出して失敗した（プリンスが暴動罪で逮捕されたのもこのときである）。いっぽう、これに続いておこなわれた一一月二四日の区議会選で、デモに賛同する民主派系の候補が議席の八割以上を獲得したことで、香港政府の現状にノーを示す民意がおおやけに示された。

逮捕者の続出で勇武派が弱体化したことと、選挙が一定のガス抜きになったことで、その後の過激な抗議運動はやや沈静化した。さらに二〇二〇年に入ると、新型コロナウイルスの流行によってデモは低調になった。やがて香港デモは、二〇二〇年の六月三〇日の国安法の施行によって基本的に収束する。

国安法の施行後、民主派シンパの雄である地元大手紙『蘋果日報《アップル・デーリー》』の創業者・黎智英《ジミーライ》や、ジョシュアや周庭らの活動家が多数逮捕された。また、ジョシュアの同志でデモシストの党首であるネイサン、本土派政党の青年新政に所属する元立法会議員の梁頌恒などの大物活動家が何人も海外に亡命する。

他方、五年前の雨傘革命から強まっていた香港社会の分断は、香港デモを通じて修復が不可能なレベルまで拡大した。市民が日常的に利用する商店や食堂まで、政府に近い「藍色」と、デモを支持する「黄色」に色分けされる傾向さえ生まれた。

デモの参加者全体を「暴徒」扱いして「海外勢力との結託」を言い立てる藍色と、逆にデモの批判者を「中国共産党の手先」として吊るし上げる黄色では、もはや共通の話題を見つけることすら難しくなっている。社会分断は家庭内まで広がり、保守的で中国人アイデンティティが強い親世代と、香港人アイデンティティが強い若者世代の断絶が特に多くみられた。

結果から見れば、香港デモは政治面では北京の介入と国安法の施行による一国二制度の崩壊、社会面では徹底した分断の発生という、最悪の形で終わることになった。

——香港デモは、ちょうど八九六四から三〇年後の六月に本格化し、翌年六月に収束した。

かつての八九六四とは違い、香港のデモ隊の目の前には、人民解放軍の戦車や兵士はあらわれなかった。デモを通じて直接生命を落とした人数も、おそらく一桁台にとどまった。

しかし、運動の挫折によって香港の社会が失ったものは、おそらく中国本土の社会が八九六四によって失ったものと同じくらい大きかった。

「過去の牢獄」への入門

話の舞台を二〇二〇年七月に戻そう。

本節冒頭のプリンスへのインタビューの数日前、私は別のリモート取材に臨んでいた。

「イギリスに着いてから、国会内の香港問題委員会で発言する機会があり、与野党の有力な政治家につながることができた。最後の香港総督だったクリストファー・パッテンにも会った。イギリス政府の香港政策に影響を与えた手応えを感じている」

そう話しているのは、デモシストの元党首であるネイサン・ローだ。すなわち、ジョシュア・ウォンや周庭が所属する組織のリーダーだった人物である。かつて、二〇一六年の立法会選挙で五万票以上を集め、香港史上最年少となる立法会議員に当選した自決派の雄だが、ほどなく香港政府によって議員資格を取り消された経歴を持つ。

香港デモが本格化してからのデモシストの主な仕事は、高い知名度を活かした海外向けの

PR活動だった。特にネイサンが担っていたのは、主に対英米向けの遊説やロビー活動だ（余談ながら、日本において党首のネイサンよりも周庭のほうが有名だったのは、日本語を話せる彼女が対日PRの担当者を務めていたからである。また、日本国内の報道を見ると勘違いしがちだが、デモシストの党員は数十人程度で、香港デモ全体を指導するような立場にあったわけではない）。

さておき、ネイサンは言う。

「二〇一九年八月から二〇二〇年三月まで、私はアメリカで活動していて、ハーバード大やイェール大などで演説したり、香港民主法案の制定を目指すロビー活動をおこなったりしていた。ポンペオ国務長官や、ナンシー・ペロシ下院議長（ともに肩書きは当時）にも会っている。私のこうした活動が国安法に抵触してしまうのは間違いない」

リモート取材に応じる彼の背後は真っ白な壁だ。画面からは所在地がまったくわからないが、実は彼はすでに香港にいない。六月三〇日に国安法が成立する直前、密かにイギリスへ亡命したのだ。なお、デモシストの組織自体も、国安法の施行を前に解散した。

「出国にあたってはジョシュア・ウォンと相談した。彼には事情を理解してもらえたが、他のメンバーには伝えづらい部分もあって、あまり話さないまま香港を去ることになった。もちろん、自分の安全上の理由だけではなく、海外に香港の声を広く伝えたいという目的もあって、イギリスに行くことを決めたのだが」

事情を考えれば香港脱出を責めることはできないと思えるが、彼はさすがに亡命の理由とその経緯については口が重かった。事実、彼と袂を分かって香港に残ったジョシュアや周庭は、その後に国安法違反容疑で逮捕されている。

かつて八九六四のとき、学生リーダーたちの大部分は人民解放軍が北京に入る前に、おそらく事前に情報を得て天安門広場を抜け出した。特にウアルカイシや柴玲《チャイリン》は、香港経由ですぐさま海外に亡命する逃げ足の速さを見せている。

彼らの三〇年後の後輩にあたるネイサンもまた、往年の先達と同じ行動を取っていた。

「(北京の中央政府は)現行の制度内であらゆる手法を駆使してきたが、香港人たちのデモを止められなかった。香港デモはあまりにも上手くいっていたから、国安法の制定を招いてしまったのだ。しかし、国安法が成立したことで、より国際社会からの注目は強まった。全体的な流れは、決して私たちにとって不利にはなっていない」

例によって彼もまた、小論文の模範解答例のような言葉を話すリーダーである。だが、リモート取材では相手の懐に入り込むことが難しく、かつて台北《たいぺい》で会った王丹《ワンダン》のように本音の素顔をのぞき見ることは最後までできなかった。

ネイサンはこの月に二七歳になったばかりだ。しかし、彼はきっとこの先、たとえ四七歳になっても六七歳になっても、若き日の運動が失敗した理由を常に問われ続ける人生を送ることだろう。私の MacBook Pro の画面の向こうで喋り続けている、この話がつまらない青年もまた、かつての王丹やウアルカイシや柴玲を捕らえ続けた「過去の牢獄《ろうごく》」の門を潜《くぐ》ろうとしているのだ。

無名の少女は殿軍を務める

「先週、ネイサンさんから、いきなりメッセージが来たんですよ」

数日後、取材時にそう教えてくれたのはプリンスである。

香港デモの参加者たちは、テレグラムと呼ばれる匿名性の高いメッセージアプリで情報をやり取りしている。プリンスは二〇二〇年五月に立法会選挙への立候補を決め、民主派陣営内部の予備選に臨む際、選挙情報の発信用に新しいテレグラムのチャンネルを開設した。そこに、何の前触れもなくネイサンからのメッセージが届いたらしい。

「正直、めちゃくちゃびびりました。『えっ、私に?』『なんで』って」

腕をオーバーアクション気味に動かすと、パソコン画面のなかでタトゥーが揺れた。

六年前の雨傘革命のとき、ネイサンは香港の学生運動団体の連合組織・学聯の最高幹部の一人だった。新興サークルであるスカラリズムの、さらに下っ端のメンバーに過ぎなかった当時のプリンスから見れば、四歳年上のネイサンは完全に雲の上の存在である。

二〇一六年にスカラリズムが解体してデモシストが結党されると、ネイサンは新党に合流して党首に就任した。だが、プリンスはデモシストには加わらず、ネイサンどころかジョシュアや周庭とさえ疎遠になった。

しかも、プリンスはその後、香港の独立とデモの徹底抗戦を唱える「本土抗争派」になったので、自決派のデモシストとは政治的な立場も違う。あらゆる意味で、ネイサンとは距離が遠いはずだった。

「先週の連絡ってことは、ネイサンさんが香港を脱出した直後ですよね。どういうメッセージが届いたんですか？」

「いや……。『がんばれよ』って。それだけです」

おそらくネイサンは、事前に国安法施行の情報を得ていちはやく香港を脱出したものの、安全地帯のイギリスに到着してから、「敵前逃亡」に忸怩《じくじ》たる思いを覚えたのではないか。

スカラリズムの幹部格だったジョシュアや周庭ならばともかく、雨傘革命当時のプリンスは、指導者のネイサンから見れば顔と名前さえろくに一致しないくらいの人物だったはずだ。当然、デモシストの結党以降の接点もほとんどなかっただろう。

その小柄な女の子が、現在の絶望的な敗勢のなかでなおも徹底抗戦を叫んでいる。大先輩がとっとと逃げ出した香港で、危険な殿軍《しんがり》を引き受けている。

たまらなくなって一声を掛けてしまった行動から、ネイサンの弱さと良心が垣間《かいま》見える気がする。

——その後、二〇二一年一月六日。

政治的な締め付けが強まる香港において、前年の立法会選挙の民主派予備選に立候補した候補者ら五三人が国安法違反容疑で逮捕された。二月二八日には、うち四七人が起訴されている。プリンスはそのなかに含まれており、この原稿を執筆している二〇二一年三月一〇日現在も拘留中である。彼女は逮捕時点で二三歳だ。おそらく四七人のなかでは最も若い。

——逃れる者、忘れる者、寝返る者、あくまでも戦う者。

かつて三〇年前の八九六四のあと、デモの参加者たちはさまざまな人生の選択肢を突きつけられ、やむを得ず各人なりの答えを選ばざるを得なかった。

いま、香港の若者たちもまた、同じ問いに直面しようとしている。

主要参考文献

王丹、伊藤正訳・解説「王丹手記「天安門に再び民主の風が吹く」」『現代』一九九四年七月号、講談社
王丹『六四備忘錄』渠成文化出版社、二〇一四年
加々美光行編、村田雄二郎監訳『天安門の渦潮――資料と解説 中国民主化運動』岩波書店、一九九〇年
刈間文俊、代田智明編『衝撃の中国　血の日曜日――燃え上がった民主化闘争』凱風社、一九八九年
歸化章、浦前編『〝六四〟人物詞典』溯源書社、二〇一三年
産経新聞取材班『総括せよ！　さらば革命的世代――40年前、キャンパスで何があったか』産経新聞出版、二〇〇九年
柴田哲雄『中国民主化・民族運動の現在――海外諸団体の動向』集広舎、二〇一一年
石平『私は「毛主席の小戦士」だった――ある中国人哲学者の告白』飛鳥新社、二〇〇六年

石平、劉燕子『反旗——中国共産党と闘う志士たち』扶桑社、二〇一二年
譚璐美『「天安門」十年の夢』新潮社、一九九九年
張良編、アンドリュー・J・ネイサン、ペリー・リンク監修、山田耕介、高岡正展訳『天安門文書』文藝春秋、二〇〇一年
富坂聰『龍の伝人たち』小学館、一九九四年
柳本通彦『台湾革命——緊迫！台湾海峡の21世紀』集英社新書、二〇〇〇年
矢吹晋、ロビン・マクロー、白石和良、村田忠禧『天安門事件の真相（上・下）』蒼蒼社、一九九〇年

口絵・章扉デザイン　國枝達也
地図・図版　本島一宏
写真提供　佐伯加奈子
（口絵前半・序章・第二章・終章）
口絵・章扉写真　安田峰俊

本書は二〇一八年五月に小社より刊行された単行本を改題のうえ修正し、新章を加筆したものです。

安田峰俊（やすだ・みねとし）
1982年滋賀県生まれ。ルポライター。立命館大学人文科学研究所客員協力研究員。立命館大学文学部東洋史学専攻卒業後、広島大学大学院文学研究科博士前期課程修了。2018年に本書『八九六四 「天安門事件」は再び起きるか』（KADOKAWA）で第5回城山三郎賞、19年に第50回大宅壮一ノンフィクション賞を受賞。他著に『「低度」外国人材 移民焼き畑国家、日本』（KADOKAWA）、『和僑 農民、やくざ、風俗嬢。中国の夕闇に住む日本人』『移民 棄民 遺民 国と国の境界線に立つ人々』（角川文庫）、『さいはての中国』（小学館新書）、『現代中国の秘密結社 マフィア、政党、カルトの興亡史』（中公新書ラクレ）など。

八九六四《はちきゅうろくよん》　完全版《かんぜんばん》

「天安門事件《てんあんもんじけん》」から香港《ほんこん》デモへ

安田峰俊《やすだみねとし》

2021年5月10日　初版発行
2024年11月15日　5版発行

発行者　山下直久
発　行　株式会社KADOKAWA
〒102-8177　東京都千代田区富士見2-13-3
電話　0570-002-301（ナビダイヤル）

装丁者　緒方修一（ラーフイン・ワークショップ）
ロゴデザイン　good design company
オビデザイン　Zapp!　白金正之
印刷所　株式会社KADOKAWA
製本所　株式会社KADOKAWA

角川新書

ISBN978-4-04-082396-6 C0295

KADOKAWAの新書 好評既刊

ステップファミリー
子どもから見た離婚・再婚

野沢慎司
菊地真理

年間21万人の子どもが両親の離婚を経験する日本。〝ステップファミリー＝再婚者の子がいる家族〟では、継親の善意が子どもを追いつめやすい。第一線の家族社会学者が調査事例を基に、親子が幸福に暮らせる〝家族の形〟を提示する。

ザ・ラストマン
日立グループのV字回復を導いた「やり抜く力」

川村　隆

「自分の後ろには、もう誰もいない」――ビジネスパーソンに必須の心構えとは。決断、実行、撤退……一つひとつの行動にきちんと、しかし楽観的に責任を持てば、より楽しく、成果を出せる。元日立グループ会長が贈るメッセージ。

破壊戦
新冷戦時代の秘密工作

古川英治

暗殺、デマ拡散、ハッカー攻撃――次々と世界を揺るがす事件の背後を探るため、著者は国境を越えて駆け回る。偽サイトのトロール工場を訪ね、情報機関の高官にも接触。想像を超えて進化する秘密工作、その現状を活写する衝撃作。

「婚活」受難時代

結婚を考える会

コロナ禍が結婚事情にも影響を与えている。急ぐ20代、取り残される30代後半、40代。会えない時代の婚活のカギは？　多くの事例をもとに、30代、40代の結婚しない息子や娘を持つ親世代へのアドバイスが満載。

サラリーマン生態100年史
ニッポンの社長、社員、職場

パオロ・マッツァリーノ

「いまどきの新入社員は……」むかしの人はどう言われていたのか？　ビジネスマナーはいつ作られた？　会社文化を探ると、日本人の生態・企業観が見えてくる。大衆文化を調べ上げてきた著者が描く、誰も掘り下げなかったサラリーマン生態史！